大清 内务府

从帝王的家奴到鹰犬

袁灿兴

著

浙江人民出版社

图书在版编目（CIP）数据

大清内务府：从帝王的家奴到鹰犬 / 袁灿兴著. —
杭州：浙江人民出版社，2022.11（2024.4重印）
ISBN 978-7-213-10746-7

Ⅰ.①大…　Ⅱ.①袁…　Ⅲ.①内政部—档案资料—中
国—清代　Ⅳ.①D691.22

中国版本图书馆CIP数据核字（2022）第160881号

大清内务府：从帝王的家奴到鹰犬

袁灿兴　著

出版发行：浙江人民出版社（杭州市体育场路347号　邮编：310006）
　　　　　市场部电话：（0571）85061682　85176516
责任编辑：魏　力　方　程
策划编辑：魏　力
营销编辑：陈雯怡　张紫懿　陈芊如
责任校对：杨　帆
责任印务：幸天骄
封面设计：东合社·安宁
电脑制版：北京之江文化传媒有限公司
印　　刷：浙江新华印刷技术有限公司
开　　本：710毫米×1000毫米　1/16　　印　　张：20
字　　数：245千字　　　　　　　　　　插　　页：4
版　　次：2022年11月第1版　　　　　　印　　次：2024年4月第3次印刷
书　　号：ISBN 978-7-213-10746-7
定　　价：88.00元

前　言

　　清廷崛起于白山黑水之间，生活习惯上与关内有诸多不同。入关之后，清廷仍然保持了在关外的生活习惯，以示不忘祖先。入关之前，清廷已设内务府负责皇家事务，此时机构简单，事务单一。入关之后，内务府的功能得到完善，结构庞大，可以说是无所不包。内务府设有七司、三院等五十余个机构，囊括了皇家的吃、穿、住、行等一切事务。

　　因为内务府负责的是皇帝的家事，所以有"天下大事，不问内务府"之说。内务府大臣经常由与皇室有亲戚关系者出任，如康熙帝选择乳母之父凌普担任总管内务府大臣。内务府世家高斌家族有多人出任内务府大臣，因为高斌的女儿是乾隆帝的宠妃。位高权重者任内务府大臣，可以有效地管理太监。有清一代，未曾出现太监弄权的情况，与内务府大臣管理太监的设置相关。

　　"内务府官员设置无定额"，主要考虑到两个方面：一是互相牵制，二是内务府具体事务庞杂。内务府下辖单位颇多，如雍和宫、咸安宫官学、圆明园、御茶膳房、上驷院、武备院、奉宸苑等，这些机构常派王、贝子加以管理。王、贝子先取得内务府大臣的身份，再分派以上各处事务，然后或一人管理一处，或一人管理数处，或数人管理一处。

因为各处兼管事务没有明确的划分，故而内务府大臣也无法采取定额。

入关之后，清室还面临诸多战事，所以宫中一切经费开销力求节俭。顺治七年（1650）规定，内库钱粮皆归并户部管理，内廷所用物品如皮毛、丝绸、茶叶、纸张等也由户部提供。康熙帝收复台湾、平定"三藩"后，社会局势稳定，经济蒸蒸日上，内务府也开始获得各种收入。除了户部拨款外，内务府也通过皇庄，从貂皮、人参等贸易中获得可观收入。此外，内务府还从事房屋租赁、开设当铺等商业活动，这些都充实了皇帝的荷包。

在后金发动的一系列战争中，大量汉人被俘虏，成为包衣的重要来源。包衣的作用，一是追随主人征战；一是奉职在家，从事种植养殖等杂役。清朝初期，包衣是屈辱的奴才；随着清室在关内统治的巩固，能混成内务府的包衣，成为皇帝的奴隶，在时人看来也是无上荣光。亲信包衣常被皇帝委派至全国各地，执掌最有油水的衙门如江南三织造局、粤海关、两淮盐政等，既为清廷牟取私利，也可监控地方。

康熙一朝，由于皇帝喜好使用密探，江南三织造局承担了监控的任务，相应地，其主要业务织造工作受到了影响。后来雍正帝加以纠正，不时对江南三织造局进行敲打，以使其回归织造主业，而不是监控地方。至乾隆朝时，江南三织造局回归到原先的工作，即从事织造，为内廷服务。至于江南三织造局的任职人员，也改变了内务府包衣家族垄断的做法，改由内务府司官担任，一切活动均由内务府大臣管辖。原先江南三织造可以越过内务府大臣，直接向皇帝上奏，雍正朝改革后江南三织造的一切请示汇报，均需经过内务府大臣。至于原先拨给织造管辖的肥差，如两淮盐政等，也多被取消。

清室入主中原后，以天下养一人，少不得要采纳各地的珍稀贡品。逢年过节，各地定例要有进贡，此为例贡，如元旦贡、冬至贡、万寿庆辰、端午贡、万寿贡、年贡、上元贡、中秋贡等。诸多贡品被纳入内务府之中，到了民国时期，逊清小朝廷被赶出紫禁城后，还清理出了一大批珍稀贡品。

内务府杂务繁多，如日常的太监管理、宫廷建筑的修缮、皇帝的饮食等，都在其职责范围内。在服务皇室方面，内务府做到了极致，其事务也被视作皇室的私人事务。是故历史上诸多内务府弊端不了了之，因为皇室知道，此种弊端难以彻底根除。

内务府存续时间长，涉及的事务林林总总，无所不包，小到日常衣着，大到皇室工程，都在其管理范围之内，在书稿中难以全部呈现，只能选择某些内容，加以写作。笔者尽力避免碎片化，在不降低可读性的同时，使读者对内务府有较为全面的了解。

历史的书写常受作者个人意志的影响，带有私人烙印，只是烙印的深浅程度不一而已。虽然历史写作难免要受主观影响，但著史者所能做且应该去做的，是尽可能地还原客观历史。本书在写作中，尽可能不作主观评价，而以展示史实为主。

目　录
Contents

第一章

皇权一定要独尊：内务府的诞生

一、皇帝与奴才

秦统一六国之后，建立了高度集权的君主政体。秦始皇自称"朕"，表示其至尊无上的地位，号称"德高三皇，功过五帝"，故称"皇帝"，并规定皇帝按世代排列，"传之无穷"。

秦始皇确立了至高无上的皇权，皇帝下设三公、九卿，组成中央政府。三公是丞相、太尉、御史大夫，分管行政、军队和监察百官。三公之间相互制约，便于皇帝集权于自身。三公下设九卿，由皇帝任免，不世袭。九卿中有七卿是直接为皇帝服务的，负责如宗庙礼仪、宫廷警卫、宫廷车马、皇宫保卫、宫廷修建工程等事务。中央以下的郡，设郡守为一郡的最高长官。郡守是皇帝的代理人，只对皇帝本人负责。这套政治体制以皇帝为中心，以官僚体系为支撑，皇帝拥有最高权力，官僚体系拥有管理日常事务所必需的一定权力。

自秦至清末，中国政治体制表现为皇权至高无上、中央集权和官僚政治，其中心则是集中权力。皇权至高无上表现为帝位终身制与皇位世袭制，皇权不受监督和制约。皇帝拥有至高无上的权力，形成了"人存政举，人亡政息""一言兴邦，一言丧邦"的局面。面对纷繁复杂的国家事务，皇帝可以靠权术驾驭臣下，但用这套来治理万民却不合适。权力无边的帝王发现，他仍然需要一套官僚体系来治理国家，这就是政治。

政治，在中国古代的意义即对国家事务的管理，"政者事也"，"治者理也"。到了近代，尽管政治的实际生态发生了很大变化，但这一古老的观念仍没有改变，政治仍被解释为对国家事务的管理。孙中山说："政治两字的意思，浅而言之，政就是众人的事，治就是管理，管理众人的事便是政治。"①

皇帝依赖大批知识分子出身的官僚统治整个国家。知识分子进入权力圈的方式，在春秋战国时为对自己学术的推销，在汉代是察举制和太学，到了曹魏时期则有九品中正制，自隋唐后则是科举制。获取职位后，仕途的腾达则全赖于他们的具体政绩。知识分子出身的官僚熟读圣贤书，将儒家典籍中的伦理教条作为治国安邦的大策。但是，纷繁复杂的社会、层出不穷的事件、上下应酬的官场，常常让初入仕途的书生们不知所措，书袋里的知识明显是不够用的。

为了弥补这种不足，在科举取士之外，另有熟悉当地事务、善于处理以公文为中心的行政事务的"吏"作为辅助。如此，中国古代上自朝廷、下至乡里的全国范围内，官吏作为纽带与皇权相互协调，形成一套严密、完整的统治体系。

中国古代历代王朝，要进行有效统治，必须具备一个有统一信仰的官僚阶层。皇权与官僚阶层之间存在互相利用的关系，在一定的历史时

---

① 《孙中山选集》，人民出版社1981年版，第692页。

期，皇权来不及集中权力，造成官僚体系的权力膨胀，便会引发皇帝与官僚体系的权力之争。

比如西汉初年，由于连年内战，人口大大减少，有些地方人口甚至减少到原来的五分之一，整个社会极端贫困。在这种情况下，汉朝初年的统治者在国家治理上采取了比较宽松的政策，其重点不在于集权，而在于恢复发展生产，尽快解决民生问题。待"文景之治"恢复国力后，汉武帝便开始强化权力了。

汉武帝首先强化皇权，限制相权。他提拔平民出身的公孙弘为相，公孙弘在朝中无人支持，只能对皇帝唯唯诺诺，成为汉武帝的工具。汉武帝选拔中下层官员作为自己的高级侍从和助手，替他出谋划策、发号施令，形成了以汉武帝为中心点的"中朝"。"中朝"成为实际的政务决策机关，以丞相为首的"外朝"逐渐成为一般的政务机关，只负责具体执行"中朝"的决策。汉武帝还行使手段控制全国经济，如国家垄断铸币权和盐铁专卖权，对富商大贾课以重税，鼓励告发偷漏税者，等等。汉武帝的系列措施，加强了皇帝的政治、经济权力。

再如明朝建立之初，集权专制的色彩并不十分强烈。明朝初年，中央设左右丞相，地方设行中书省。朝中大小事由丞相处理后奏闻皇帝，行中书省则总管一省军、政、司法。朱元璋不久便发现丞相和行中书省权力过大，于是，他首先废行中书省，在全国设十三承宣布政使司，置左右布政使各一人，主管一省民政和财政；另设提刑按察使司管司法，都指挥使司管军队。三者合称"三司"，互不统属，分别归中央有关部门管辖。这种权力分散、条块分割的机构设置，利于皇帝集所有大权于一身。

朱元璋又以"谋不轨"的罪名，杀左丞相胡惟庸，分相权于六部。六部尚书执行皇帝命令，直接对皇帝负责。随后朱元璋宣布不许再议置丞相，大臣如敢奏请者，处以重刑。明朝还实行特务统治，以宦官①执掌特务机构，对臣下进行监控。太祖时设锦衣卫，成祖时设东厂，宪宗时设西厂。三者只对皇帝负责，无须经司法机关批准即可随意缉拿官民。

概而论之，皇帝与官僚的矛盾，源于皇帝担心臣下的权力过大，危及自身统治，于是便急于对官僚体系加以整肃，以维护自己的无上权力；而在至高无上的皇权面前，臣下唯有俯首被戮的份。

皇帝通过不断的洗牌、打击，确保了对权力的掌控，并通过对文武官员的任命选调，使官僚队伍处于不断的循环流动之中，避免世袭的官僚贵族阶层抱团。在历史上，皇权能保障官僚队伍流动已是相当不错了，至于提高官僚体系效率、保持官僚体系廉洁之类的目标，则不敢想象。

皇帝自称孤家寡人，这孤独感是权力上的。皇权紧握在手，不想与官僚集团分享，可又依赖官僚集团来帮助自己治理国家。于是，为了制约官僚集团，皇帝开始寻找支持。皇室宗亲，大抵是不能用的。历史上，皇室自家内部权力的争夺厮杀屡屡上演，故而历代皇帝对宗亲防范最紧。

皇室也曾经重用外戚集团，希望外戚能协助皇权治理，保障皇权大一统。外戚不是皇室正统，是皇帝亲近之人，对皇帝构不成威胁，自然可以大用。但是，权力是腐蚀剂，外戚沾染之后，也可能会腐化，生出觊觎之心。两汉频现外戚弄权，也让后世皇帝汲取经验，不敢重用外戚。

环顾四周，皇帝发现自己能重用的只有宦官了。宦官常年陪伴在皇帝身边，是皇帝最可靠的心腹。宦官身体被阉割，没有子嗣，地位低

---

① 宦官历史悠久，"自书契已来，不无阉寺"。夏商两代，太监称为"宰"。战国时期，出现了"宦者令"，为王室服务，遂有"宦官"之称。宦是星座之名，在帝星之侧，故而被用来称呼国君周围的人。宦官又有诸多别称，如黄门、内官、内臣等。

贱，无法染指帝位，这让皇帝安心。在皇帝看来，宦官哪怕贪财也没什么，毕竟怎么也要补偿一下自己忠实的仆人。因此，在两汉之后，外戚集团受到历代王朝的制约，可是宦官仍能此起彼伏、兴风作浪，即使可能威胁皇权、废立皇帝，仍能不断走向政治舞台的中心，陪着皇帝呼风唤雨，只因皇帝太孤独了，除了宦官无人可用。

有明一代，宦官为患最烈，对宦官的防范也最严。洪武年间立下铁牌，铁牌上书"内宦不得干预政事，预者斩"。可铁牌并无效果，皇权不用外戚，能选择的奴才只有宦官，于是大明王朝各类权宦频频涌现。成化年间最甚，只知有宦官汪直，不知有天子；天启年间九千岁魏忠贤，直接处理朝政，已有皇帝气势了。

如何使用好下属，又不能让下属骑到主子头上，这是中国两千年来的皇权一直想要处理却从未解决的棘手问题。这个问题直到清代才得到了系统的解决。清廷高明之处，在于它使内外朝都臣服于皇帝。

在外朝，清廷设置了军机处，军机大臣虽然执掌大权，却是临时机构，所有军机大臣都是兼职，故而没有名分。他们每日里在皇帝身边，随时听候皇帝的指示，根据皇帝的心意处理朝政。军机大臣有权无名，又时刻在皇帝的眼皮子底下，战战兢兢，无法弄权，不敢弄权。军机处创设之前，还曾有过多尔衮、鳌拜这样的权臣；军机处创设之后，再无权臣。

在内朝，清廷设置了内务府。内务府上三旗包衣，乃是皇帝的奴才，被皇帝重用，一方面外放至各省，主持肥缺，为皇帝执掌天下财政大权；另一方面担任要职，参与朝政。在科举出身的官僚集团中，有一批皇帝的奴才担任高官，他们对官僚加以监督，并显示奴才的特权和荣耀。随着时间的推移，整个文官集团都以做皇帝的奴才为荣。想要为皇帝之奴而不得的大臣，使出各种尽显奴性的表演，甚至连皇帝也吃不消。皇帝不得不屡屡训斥："奴才"一词，乃是内务府奴才专属，尔等大臣，不可轻易使用。

既然外朝的官僚集团被皇权有意识地塑造成了"奴才集团"，也就无须使用宦官辅助皇权了。中国历代王朝，清廷对宦官的限制最到位，其根本原因也在于此。皇帝又任用内务府包衣担任内务府大臣，管理宫内事务，严格管理宦官，由此去除了宦官弄权的弊端。普天之下，莫非王土；朝野上下，皆是奴才。以奴才管理奴才，以奴才治理天下，如此皇权独尊，皇帝才能心安。而在清代，将整个官僚系统打造为奴才系统，在"以奴治国"的过程中，发挥最大功效的就是皇帝最贴身的"奴才"内务府了。

二、打天下的牛录

清代在政治机构上有诸多创新，如内务府、军机处、理藩院、总理衙门等。其中，服务于皇家，为皇帝心腹的内务府，堪称最特别的一个。

关于内务府，还得从女真人在关外时期的历史说起。明代女真部分为海西女真、建州女真、野人女真三大部，分布在黑龙江、松花江流域，以游牧、渔业为生。三大部中，建州女真在明永乐元年（1403）被招抚，并设置建州卫，以牵制其他女真二部。建州女真与明王朝之间保持着进贡关系，女真定期进贡，明朝则给予赏赐。女真人骁勇善战，曾被明成祖征调从军北征，立下军功。

建州女真部的首领王杲实力最强，桀骜不驯，屡屡犯边。努尔哈赤的祖父觉昌安和父亲塔克世依附于王杲，双方家族结下了政治婚姻。努尔哈赤十岁丧母，继母对他也不好，于是他时常到王杲家中生活，与外祖父王杲感情深厚。

后来觉昌安、塔克世背叛王杲，投靠了大明王朝。这对父子时而投降，时而背叛，让辽东总兵李成梁很不放心，就将努尔哈赤留在家中作为人质。十六岁时，少年努尔哈赤结束了人质生活，返回建州。在继母的唆使下，父亲与他分家。据说，努尔哈赤分家后生活很艰难，不得不入山采人参、松子之类，运到抚顺贩卖以维持生计。没过多久，努尔哈赤就去投奔了王杲，在外祖父羽翼之下，衣食总算无忧。

王杲不时出兵与明军作战，成为大明王朝的外患。万历二年（1574），辽东总兵李成梁出动大兵围剿王杲。王杲守卫的古勒城被攻破，不过他侥幸逃脱。此次战役中，正在王杲家中生活的努尔哈赤与其弟弟一起被俘。努尔哈赤与李成梁也很熟，作为俘虏的努尔哈赤表现出"抱成梁马足请死"的态度。请死是假，乞活是真。李成梁动了情，"不杀，留帐下卵翼如养子"。靠着以前做人质时结下的交情，努尔哈赤活了下来。

再回到李成梁身边后，努尔哈赤先在军中做杂役，后从军参战。努尔哈赤表现积极，"自媚于成梁"，以此获得李成梁的好感，以便于日后脱身。李成梁也想培养努尔哈赤，以便控制女真各部。努尔哈赤在李成梁家中受到了良好的教育，能读书识字。

万历三年春，王杲带领部众四处劫掠，被明军围剿，王杲再次侥幸逃脱。明军悬赏重金，以求抓捕王杲。觉昌安、塔克世站在了明军一方，多次为明军带路捉拿王杲。塔克世最为卖力，他担任向导，出奇兵，往返八日，擒获了王杲。

王杲被擒获后，在李成梁帐下的努尔哈赤亲眼看见外祖父王杲的悲惨状况。可他此时自身难保，只能隐忍不发，更加卖力地做事。王杲被送到北京后遭凌迟处死。塔克世、觉昌安在擒获王杲中的巨大作用，改善了努尔哈赤的处境。万历五年，十九岁的努尔哈赤结束了俘虏生活，返回了建州。

努尔哈赤返回建州后，入赘世代经商、富甲一方的佟佳氏。婚后，努尔哈赤一度到李成梁帐下再次从军，四处征战，提高了自己的军事素质，为未来的征战打下了军事基础。

到了万历十年（1582），深得李成梁信任的努尔哈赤突然从李成梁身边离开。有一种说法是努尔哈赤与李成梁的小妾私通，李成梁发觉后虽未追究，但努尔哈赤无脸再在李成梁身边。不过，这一走，努尔哈赤反而开创出了新的局面。

万历十一年，李成梁领兵围攻王杲的儿子阿台。努尔哈赤的祖父觉昌安、父亲塔克世也随同明军参与了战斗。此战极为惨烈，阿台、觉昌安、塔克世均死于战役中。后两人之死扑朔迷离，一种说法是，李成梁于此战之中，乘乱杀掉二人以除后患。觉昌安、塔克世死后，努尔哈赤起兵反明，确立了八旗制度，先主辽东，后一统东北，成为大明王朝的巨大威胁。

八旗制度的雏形，乃是牛录制度。

乾隆年间的军机大臣阿桂在《满洲源流考》卷十六《国俗》中云：女真人早先出动打猎时，各随族、党、屯、寨而行，每人各出一矢，十矢设一长统领，称为"牛录"（牛录系箭之意）。[①]各队之中，由精于射术者统领，此即"一个善射，十拙随之"。每十人出一支箭，意味着共同作战，共同分享战利品。

到了努尔哈赤时期，又对牛录制度进行了改革，以十牛录合一，给一令箭，参与围猎。围猎时，十牛录的人应在同一地方行动，共同协作，不准擅自脱队。在打猎过程中，努尔哈赤部众得到了战术训练，强

---

① ［清］阿桂：《满洲源流考》卷十六《国俗》，清文渊阁四库全书本。

化了纪律，提高了战斗力。

箭，在女真部落中有着重要的政治含义。女真族的祖先肃慎人，曾不远千里向周朝贡献"楛矢石砮"[1]。进贡弩箭，意味着肃慎人臣服中央政权。此后每逢部落结盟时，都以箭作为信物，"插箭发誓"。遇到军事行动，在请联盟部落帮忙作战时，将箭作为信物，"传箭请兵"。在战事中，则以箭作为信物，号令诸将。后吴三桂向多尔衮投降时，双方以白马祭天，乌牛祭地，折箭为誓。[2]

万历十二年（1584）是努尔哈赤起兵的第二年，他亲率五百兵攻打其他部落。在返回途中，努尔哈赤应王甲部酋长之邀攻打翁科洛城。酣战之中，努尔哈赤被敌兵鄂尔古尼和洛科射伤，血流如注。养好伤后，努尔哈赤再攻翁科洛城，俘获射伤他的鄂尔古尼、洛科二人。众将请斩二人，努尔哈赤却道："二人射我，乃锋镝之下各为其主，孰不欲胜？吾今释而用之。"于是将二人释放，提拔为牛录额真，将城中的降民编为二牛录，由其统辖。

初期牛录的成员，主要是建州女真、海西女真和东海女真，族群比较单一，牛录还保留着狩猎时临时组合的影子。随着努尔哈赤实力的扩张，牛录制度发展成熟，并成为一种国家制度。努尔哈赤起兵初期，有领兵过来投奔者，就任命其为牛录额真，统领其部众。

万历二十九年，努尔哈赤在牛录的基础上创设四旗。以每三百人为一牛录，每个牛录设牛录额真（佐领）一人。凡年满十八岁或身高五尺者，即为壮丁，牛录成员就是从壮丁中挑选出来的。将各部混编在一个牛录之中，削弱了原先以血亲为基础、临时拼凑的牛录组织，增强了努

---

[1]　[汉]扬雄：《方言笺疏》卷九，清光绪刻，民国补刻本。

[2]　[清]计六奇：《明季北略》卷二十，清活字印本。

尔哈赤的控制力。清代查慎行《人海记》中载："佐领即牛录也，秩如明朝千户，专管户籍。秩虽卑，凡位居公侯伯者并俯听其派拨，亦犹县令之辖乡绅。"①

牛录是旗的基础，以五个牛录为一甲喇，五个甲喇为一个固山（汉语译为"旗"）。初期分正黄旗、正白旗、正红旗、正蓝旗。最初努尔哈赤曾使用过黑旗，但黑旗在作战指挥时不够醒目，故改用黄、白、红、蓝四旗。四旗由努尔哈赤、努尔哈赤同母弟舒尔哈齐、努尔哈赤长子褚英和次子代善四人分领。

万历四十三年（1615），由于四旗人员的增加，又增设镶黄、镶白、镶红、镶蓝四旗，合称满洲八旗。每个牛录三百人，每个甲喇一千五百人，每个旗七千五百人，八旗合计六万人。此时八旗旗主世袭，旗兵是旗主的私兵。

在此后的征战中，八旗人数越来越多，牛录不断增加，但旗数一直保持八旗。努尔哈赤属下大量的蒙、汉民众，也被编入满洲八旗。

万历四十四年，努尔哈赤建元天命，定国号为"金"，史称后金。努尔哈赤以子侄八人，分别统辖八旗，封为和硕贝勒（也称固山贝勒或固山王）。在八旗制度下，旗主支配牛录，进而支配旗。努尔哈赤第一次立褚英为储君，结果父子爆发冲突，最后褚英被杀。第二次立代善为储君，代善失宠后又被废黜。经历了两次立储失败的教训后，天命七年（1622），努尔哈赤决定以八和硕贝勒共议的形式共治国政，八大贝勒可拥立、罢免汗王。在努尔哈赤看来，八王同议，可以集思广益，必然无失。

在努尔哈赤时期，大量汉人被俘获。这些汉人之中，不少原明军将

---

① ［清］查慎行：《人海记》卷上，清光绪正觉楼丛刻本。

领被置入八旗之中得到重用，而多数汉人却成了奴隶。天命末年，关外汉人起义反抗，被努尔哈赤残酷镇压。到了天聪年间，皇太极才出于诸多考虑，独立设置汉军旗。

在与明军的战斗中，努尔哈赤所辖军队长于野战，却在攻打城池时处于劣势。大炮是明军守卫城池乃至发动攻势时的犀利武器，后金军中则大炮稀少。努尔哈赤时期，虽然有"操炮汉兵"，但力量薄弱。努尔哈赤自己就在攻打宁远的战斗中被明军炮火击中受创，退回沈阳后不治而亡。努尔哈赤死后，经过八王推选，皇太极成为汗王。

当时，皇太极、代善、阿敏、莽古尔泰四大贝勒辅以诸贝勒共同处理军政事务。皇太极继位后，八王共议重大政务，三大贝勒与皇太极权力几乎同等，在朝堂之上与皇太极并坐。

天聪元年（1627），在宁远锦州的战斗中，皇太极所部遭到明军炮火攻击，不得不收兵，皇太极对此耿耿于怀。此后在与明军的战斗中，后金军掳回一些具有造炮技术的汉人，利用他们制造大炮。天聪五年，依靠汉人铁匠，造出"红衣大将军炮四十"。此年皇太极在颁发行军令时，特意强调"俘获之人，勿离散其夫妻父子，勿裸取其衣服"，以笼络汉人，使其为己所用。

此外，在皇太极登基之后，努尔哈赤确立的八王共治制度让他的权力受到一定限制。上朝时，代善、阿敏、莽古尔泰与他并坐，在重大事务上互相掣肘，让他心怀不满。皇太极决定集中皇权，通过分立汉军，他打造了一支忠于自己的军队，获得有力臂助。

满八旗创设后，初期曾将俘获的汉人兵丁、掠夺来的汉人壮丁编入八旗内，为汉人牛录，共十六牛录，由满洲大臣统领。被编入牛录的这些汉人，均具有独立身份，与身为奴隶的包衣不同。这些汉人虽然独立，但仍被满洲大臣当作奴仆使唤，心中大为愤懑，从而影响了战斗力。皇太极看到了此弊端，就做了一些调整。

天聪五年（1631），皇太极颁布《离主条例》。条例规定，主人有私行采猎活动，私自藏匿战利品，擅自杀人，强奸属下妇女，冒领战功，威胁阻止告发主人等不法行为，准奴仆告发。若所告属实，则脱离主奴关系，可以离开主人家。①

天聪七年，皇太极将满洲八旗中的汉人独立编为一旗，"诏于八旗满洲佐领（牛录）分出汉人千五百八十户"，此即八旗汉军之始。在此基础上，经过不断扩充，天聪八年，皇太极宣布将旧汉兵改为"乌真超哈"（汉语意为"炮兵"），此时汉军独立成一旗。在后金（清）军之中，满洲、蒙古八旗不使用火器，只有乌真超哈使用火器。汉军一旗，建立在"六甲喇"基础上，一甲喇为五牛录，此时汉军旗拥有三十牛录。

天聪六年元旦，皇太极改变朝仪，独自南坐。为庆贺此举，各旗分别设宴，每旗十席，用鹅五只。总兵官职诸员设席二十桌，鹅二十只。八旗加总兵席共一百桌，备烧酒一百大瓶，煮兽肉宴之。兽肉颇为丰盛，有虎、熊、狍、鹿、兔等。

天聪九年，皇太极给代善定下了四条大罪，剥夺了代善的大贝勒称号。在此之前，阿敏、莽古尔泰已先后被他剥夺权力。此时皇太极面南而坐，军政大权独揽。

汉军自编为一旗后，在与明军的战斗中，发挥了重大作用，而红衣大炮则被频繁使用，屡建奇功。努尔哈赤时期，被编入牛录的汉人受到很多限制，如不得骑马、不能获得丰腴田地等。皇太极时期，这些限制被取消，汉军旗的地位提高，增加了其归属感与忠诚度。

---

① 《清通典》卷八十《刑》，清文渊阁四库全书本。

此后，在蒙古牛录、汉军牛录的基础上，皇太极于天聪九年（1635）编设"八旗蒙古"。崇德二年（1637），汉军分建二旗，两年后分建四旗。明崇祯十五年（1642，也是清崇德七年），皇太极编设八旗汉军。之所以此时编为八旗汉军，是因为在前一年的锦州、松山之战中，十三万明军被击败。此战中，蓟辽总督洪承畴被俘，祖大寿、祖大乐、祖大名等将领投降，俘获的明军数量惊人。

自从创设八旗制度，牛录也在不断扩张。编入八旗的，不但有汉人、蒙古人，还有索伦、锡伯、鄂伦春、达斡尔等各民族人口。此外，牛录中还有俄罗斯牛录、高丽牛录等。如清末陕西巡抚升允的祖先就隶属于俄罗斯牛录，清末大学士世续的先人则隶属于高丽牛录。

凡在努尔哈赤时期被编入八旗的，不管是女真人还是其他族人，都被称为"老满洲"。在皇太极时期被编入满洲八旗的，被称为"新满洲"。天聪九年，皇太极宣布废除女真、诸申等各种称谓，统一改称"满珠"，有吉祥之意。"以国书考之，'满洲'本作'满珠'，二字皆平读。"[①]此后又演变为"满洲"之称。

在八旗之中，平民主要由两部分人组成，一是原女真各部部众，二是归降的兵民及部分俘虏。平民负有从军义务，每逢战争，都要随军作战，作战时俘获的战利品，集中之后再行分配。由于打仗能发财，每次出战，旗人无不欢呼雀跃，"其妻子亦皆喜乐"。

牛录从以血缘为主、服务于射猎的一种组织，渐渐地发展成为八旗军事组织的重要一环。入关之后，八旗作为军事组织，一直存续到清末。

---

① ［清］阿桂：《满洲源流考》卷一《部族》，清文渊阁四库全书本。

三、服务于主子的包衣

"我朝龙兴之初，创立内务府，以往昔之旧仆专司其事。"这里的旧仆，也就是皇室包衣。早在关外时，后金就已经设立内务府，使用包衣为亲贵服务。

包衣，最初是指因为犯罪或破产沦为奴仆的本族人或外氏亲族。他们与主人有着密切联系，是其最为得力的助手。在努尔哈赤不断对外征战的时期，更多的俘虏沦为包衣，这些包衣既有女真人，也有汉人、朝鲜人等。在八旗制度创设之前，满洲贵族的奴仆就属于主人的私有财产，或协助作战，或从事生产。

主人所亲信之人常被纳入包衣，这是主人的恩典，对于被纳入之人则是荣耀。《福陵觉尔察氏谱书》载，觉尔察氏祖上班布里原住在烟筒山下北哈达村，太祖努尔哈赤在木奇地方，有木奇、马尔墩之人诓哄太祖说有话商议。彼时来请太祖，太祖未识破其阴谋，即欲前往。班布里加以拦阻，劝谏道："兄长莫往，恐其有奸计也。"太祖听了班布里之言，只差了五名下属前去，结果五人均被木奇、马尔墩杀了。太祖谓班布里曰："你的牛录上，官差难当，你来我包衣牛录上。""我们四十家系包衣佐领兼管，百丁并无官差闲逸，按年穿的衣服、吃的米粮、使唤的奴才、耕牛骑马，俱给养赡之。"

在后金发动的系列战争中，大量汉人被俘获，成为奴隶。奴隶的作用，一是追随主人征战；一是奉职于家，从事各种杂役，如种植养殖等。

包衣汉人被称为旗鼓佐领，也作齐固佐领。包衣汉人之所以被称为旗鼓佐领，是因为在明代军队中，旗鼓或用作仪仗，或用来指挥作战。努尔哈赤起兵之后，一切效法大明王朝，也少不得要用旗鼓。而旗鼓这些活儿又具备一定的技术性，自然是汉人的专属，故以旗鼓命名。入关之后，旗鼓之类另有专门机构负责，而旗鼓佐领则成为包衣汉姓的专称。

入关之后，因为皇帝、皇后、皇太后，分别编在镶黄、正黄、正白三旗内，为了表达对帝、后的尊敬，称之为"上三旗"。其他诸王率领的五旗，则称"下五旗"。上三旗、下五旗，并无地位高下之分，也没有隶属关系。皇帝指挥下五旗，是以皇帝的身份，而不是上三旗的身份。不过上三旗也享有一些特殊荣耀。据《大清会典事例》，只有上三旗可以驻卫皇城，下五旗则只许驻扎外厢。御前侍卫多由上三旗中大员子弟充当。

入关之后，上三旗的皇室包衣与下五旗的王贝勒包衣产生了分化。上三旗包衣（旗鼓佐领）隶内务府，下五旗包衣（旗鼓佐领）属王公府。下五旗所属的包衣没有像内务府这样的统一管理机构，由旗鼓佐领加以管领。上三旗的包衣依附于至高无上的皇权，以皇帝家奴的身份获得了更大的发展，成为内务府的主要成员，有各种晋升机会。而王贝勒包衣的地位则未得到大的改变，仍然是家奴。

牛录分外牛录与内牛录。外牛录是身份自由的旗人，服务于国；内牛录则是包衣奴仆的组织，服务于皇室与亲贵之家。在入关之前，满蒙汉二十四旗，共有外牛录五百个，是后金（清）对外征战的主力，是国家的根本。属于王贝勒的内牛录，所占比例不大。天聪二年（1628），皇太极曾命令，国有的外牛录离开主人时，只可在本旗内另投新主，不准投入别的王贝勒。此命令的目的是限制贵族侵吞国家户口，削弱八旗实力。

包衣之中，属上三旗者隶内务府，充当骁骑、护军、前锋等营兵卒；属下五旗者，则分隶王府，世代为仆。内务府包衣三旗不同于外八旗，属内务府，在皇城居住，服务皇室。外八旗驻扎各地，承担军事任务。

下五旗的包衣，在人身上存在着双重隶属关系，即他们直接从属于家主，需要对家主效力；间接从属于皇权，也要对皇权效忠。而当家主与皇权产生冲突时，包衣的命运无疑取决于更强大的皇权。在法律上，包衣世代为奴仆，不经主人许可不得脱离奴仆身份。不过，通过参加科举考试或战场上获得战功等方式，包衣也可以脱离家主的控制。

包衣属于主人的私人财产，主人可以驱使其劳作，也可将其进行买卖。买卖包衣也有一定限制，如不许跨旗买卖，不许将父子、兄弟、夫妻分卖，不可将满洲、蒙古包衣卖与汉军，不许将汉军卖与平民等。主人可以惩罚逃跑的包衣，如处以鞭刑、在面上刺字等，但不得擅自杀死包衣。

所有八旗满洲人都是旗人。八旗汉军、八旗包衣旗鼓佐领管辖下的汉人是旗人，但不是满洲人。

旗人隶旗籍，政治身份和社会地位均高于民人。^①旗籍实际上相当于户籍，与族籍有明显区别。一个人是八旗汉军旗人（旗籍），不代表就是满洲人（族籍）。有清一代，旗人的旗籍、族属都是界限分明、不容混淆的。清廷不允许旗籍汉人、旗籍包衣汉人混入满洲，冒称满洲人。

在清室眼里，包衣汉人仍是汉人。乾隆帝就曾说，包衣"尔等原系汉人，并非满洲"。包衣参加科举考试、职官拣选时，务必"详加分别满洲、蒙古、汉军"，尤其不准包衣汉人"冒籍满洲"。内务府三旗包衣汉军如果"蒙混改入满洲"，"不独负欺君之罪，亦何颜以对乃祖

---

① 民人指未编入八旗的汉人及其他各族人。

乃父？"包衣虽是奴仆，但他们有特别的权力，可为主人办差，可以参加科举考试等。初期包衣可以随主人一起上战场，但非"应役之人"，即没有当兵的资格。外牛录则有当兵的资格。崇德二年，皇太极曾云："或朕包衣之子，皆非应役之人。其应役者，并未选及也。"

到了后来，当有需要时，包衣也被征募入军。康熙三十五年（1696）二月，康熙帝决定兵分三路，讨伐噶尔丹。皇帝亲自统帅中路军，直指克鲁伦河。此次出征，康熙帝做了全面动员，包衣也被大量征调。皇帝发布上谕，挑选两千名精于鸟枪弓箭、身材强壮、能耐艰苦的包衣，发往前方备用。中路军出兵后，一路艰难行军，地寒马瘦。有包衣曾对康熙帝进言，以为孤军深入到苦寒之地，马匹必然冻死，粮饷未到，难以前进。康熙帝立刻怒道："此中机谋，非尔等所知，如再妄言，即律以军法。"①

包衣虽为皇帝家仆，可地位低下，在八旗旗人眼中还是奴仆，谚语云"房新树矮画不古，此人定是内务府"。虽然包衣可能获得比主人更高的官阶，有更多的财产，但一般很难脱离自己的奴隶身份。因此，摆脱奴隶身份何其重要！周广业《过夏杂录》中载："旗下包衣人，盖世仆也。非特旨不能出籍。"②八旗万毓哈氏尼喀达，原隶正黄旗包衣，雍正元年（1723），因系定妃的娘家，方才特旨出包衣。汉军正黄旗包衣朱国治，官至云南巡抚。康熙十二年十一月，吴三桂发动叛乱时，朱国治"坚守臣节，骂贼不屈"，惨遭杀害。到了雍正七年，雍正帝考虑到朱国治忠勇，特下令从其后世子孙中选出一户，"出包衣，归于正黄旗汉军公中佐领"。

---

① ［清］傅恒：《平定准噶尔方略》前编卷二十二，清文渊阁四库全书本。

② ［清］周广业：《过夏杂录》卷五，清种松书塾钞本。

对一般包衣而言，摆脱奴籍主要通过战功。在战时，包衣追随主人上阵，如果表现得骁勇，其本人及父母妻子，经过带兵大员奏请，可豁除奴籍，出佐领为另户。除了战功外，清代内三旗（正白、镶黄、正黄）的包衣官至二品以上，有功勋获得特赏者，方能摆脱包衣身份，成为自由民。

包衣身份的改变，称为"抬旗"。抬旗有几种，如由内务府所属包衣三旗抬入汉军八旗，由下五旗抬入上三旗，由汉军旗抬入满八旗等。包衣汉姓，能被抬入汉军八旗，已是难得；若是进一步，抬入满洲八旗，更是罕见。

清代凡后族①，无论蒙古和汉军，均可抬入上三旗的满洲旗分中。内务府大臣金简，其祖上本是朝鲜人，隶内务府汉军正黄旗包衣，其妹乃是乾隆帝淑嘉皇贵妃。嘉庆初年，嘉庆帝将其抬旗，命其族改为满洲，赐姓金佳氏。

再如道光朝的大学士松筠，深得道光帝倚重。松筠是正蓝旗包衣出身，其旗主家中有丧事，松筠身着白袍，坐在大门外司鼓。道光帝认为此举有辱大臣，大为不妥，"即日降旨抬松（筠）旗，免其奴籍焉"。同治三年（1864），湖广总督官文因剿灭太平军、收复湖北等地，立下战功，将他由内务府包衣抬入上三旗满军旗。

也有犯下罪行，被贬入内务府包衣的人，如曾担任两江总督、漕运总督的赫寿。雍正四年（1726），雍正帝翻出旧账，令内务府审讯李煦当年为八阿哥允禩购买苏州女子一案。早在康熙五十二年（1713），八阿哥派了一名太监到江苏，找两江总督赫寿，请他帮忙购买苏州女子。赫寿不方便出面，就转托李煦在苏州花钱买了五名女子献给八阿哥。雍正帝登基后，重审此案，赫寿家产受此牵连被抄，家属二十一口被送入

———————

① 满语叫"丹阐"，汉译"母家"。

内务府，成为包衣。

在内务府中，这些获罪的包衣被称为"辛者库"。辛者库主要是犯罪的旗人官员，他们的地位比一般包衣还要低下。一般包衣可以参加科举考试，进而当官，而辛者库及其子孙即便后来摆脱了奴隶身份，也不准参加科举考试。一般包衣立下战功，或是得了恩典，可以当官，而辛者库则被禁止。一般包衣可以保留自己的财产，且得到法律保护，而辛者库则不能拥有私人财产。

辛者库中也有特例，如来保就一路高升，担任了内务府总管大臣。雍正三年（1725）十一月，雍正帝发布谕旨："来保原在辛者库，朕即位后，拨入佐领下，授为内务府总管。理应凡事加谨效力，乃并无一事输诚陈奏，一味苟且因循，沽名钓誉，甚属不堪。今姑从宽典，免其枷责。"

清初，包衣佐领下女子不得与八旗之人通婚。到了乾隆二年（1737），始准包衣与八旗通婚。满、蒙、汉在长期杂居共处之后，彼此之间的区别日益减少，形成了以满洲为核心的八旗。八旗汉人自认为是旗人，而社会上也只论旗人，不分满汉，进一步加强了他们对"旗人"身份的认同。到了晚清，出现了"但问旗人，不分满汉"的局面。

初期包衣是屈辱的奴才，随着清室在关内统治的巩固，能混个内务府的包衣，成为皇帝的奴隶，也是无上荣光。京师中的汉人、苏州的优伶、太监的亲戚等，也有混入内务府三旗，占据名额而分润油水者。乾隆在位时不得不加以限制，又特意发布谕旨："日后朕之子孙，不得将汉人等滥入内务府。"①

---

① ［清]王先谦：《东华续录》（乾隆朝）乾隆一百十八，清光绪十年长沙王氏刻本。

四、复活的十三衙门

清朝宫廷事务与历代王朝不同，太监不用管理后宫，而内务府执掌一切，所有太监都处于内务府大臣的管控之下。

中国古代帝王面临的一个难题是：要牢固地控制权力，就要集权，而皇帝要维持统治，将江山传承下去，却又须分权给大臣。于是，集权与分权成为皇帝与官僚集团之间不可调和的矛盾。

皇帝不放心将权力托付给官僚集团，他需要有最贴心的、最亲近的人去监督这些官僚。环顾四周，皇帝发现符合条件的人只有宦官。这些宦官伴当们，在皇宫大内之中陪伴着皇帝成长，皇帝熟悉并信任他们。

在宫廷中，宦官日日陪伴在君侧，很能体察皇帝的心思。他们能讨皇帝的欢心，想皇帝之所想，博得皇帝的信任。所以有皇帝发出感慨："中人无外党，精专可信任。"[1]更让皇帝们放心的是，宦官出身贫寒家庭，没有外界的亲友势力可以倚仗，净身入宫，没有子嗣，等于割裂于外面的世界，无法对皇权形成威胁。

宦官不同于权臣，权臣们大权在握后，更觊觎着皇权，好传给子孙后世，受用无穷。汉武帝时，开始用宦官统领尚书，参与政事，以达到削弱外朝的目的。南汉后主刘𬬮认为："群臣皆自有家室，顾子孙，不能尽忠，惟宦者亲近可任。"

唐代设中御府，设"中御大监""少监"等。到了明代，设十二监、四司、八局，共二十四衙门，各设掌印太监，太监遂成为宦官之专称。

朱元璋在奠定大明江山的基业后，为防止太监专权，特意在宫内竖

---

① ［南北朝］萧统：《六臣注文选》卷五十，四部丛刊景宋本。

铁牌，上书"内臣不得干预政事，预者斩"①。同时规定，太监只能从事"扫除之役"，不能识字。他将太监视为恶狗，认为"有此数人，譬如恶犬则人怕"②，加以严厉限制。可尽管如此，他仍利用太监监督百官。朱棣设置特务机构东厂，交给太监掌控，专门负责"缉访谋逆妖言大奸恶"，成为皇权的忠实走狗。明宪宗时期设置西厂，明武宗时期又设立内行厂，将文武百官全部置于监控之下。

明代历史上，太监弄权达到了极致。英宗时有太监王振，宪宗时有太监王直，武宗时有太监刘瑾，熹宗时更有飞扬跋扈的魏忠贤。历朝皇帝对太监持纵容庇护态度。正德年间，朝臣弹劾太监，武宗怒道："天下事岂皆内官所坏？朝臣坏事者十常六七，先生辈自知之。"③当有人弹劾太监刘瑾图谋不轨时，武宗大力袒护，甚至扬言，任由他刘瑾取走这天下也罢。

明代中后期，皇帝懒于与官僚们过多接触，将朝政托付给太监。太监为掌握权柄，也故意让皇帝沉迷于酒色，如刘瑾时常乘武宗沉溺酒色时，过来请示国家大政。武宗厌烦道："尔何为，乃一一烦朕。"于是一切皆由刘瑾掌握。得意之时，刘瑾称："满朝公卿，皆出我门。"

明代的二十四衙门，受十二监的第一监"司礼监"领导，"其宦官在别署者，见之必叩头称为上司"。司礼监直接听命于皇帝，不受外廷影响。后来的大明皇帝们懒于处理政务，创办了培养太监读书的"内书堂"，培养了一批有文化的太监帮忙"批红"。司礼监的秉笔太监有"批红"的权力，每日里各种军国大事，皇帝随便看上几个奏折，便全交给太监处理。秉笔太监与内阁串通好，就可以操控国务。到了明代后

① [明]邓元锡：《皇明书》卷十三，明万历刻本。
② [明]刘辰：《国初事迹》，明泰氏绣石书堂钞本。
③ [清]陈鹤：《明纪》卷二十四，清同治十年江苏书局刻本。

期，司礼监太监甚至可以出席内阁会议，代替皇帝发号施令。所以黄宗羲哀叹，首辅权虽重，而司礼监之权又在首辅之上。

很多时候，皇帝重用太监充当自己的耳目，监视文武百官。太监控制的东厂等特务机构，成为悬于朝臣头上的一把利刃。皇帝又派遣太监至各地，为自己办理各类重要事务。万历帝为了增加税收，派太监为矿监税使，至各地征税。矿监税使打着皇帝的旗号，在各地巧取豪夺，荼毒万民。

大明王朝的腐朽败亡，太监们与有力焉。到了顺治元年（1644），清军进入京师，多尔衮进朝阳门时，"内监以故明卤簿、御辇陈皇城外。跪迎路左，奏请摄政王乘辇"①。对于太监们来说，王朝更迭，不过是换个主子而已。果然，清室进入紫禁城后，将大明王朝留下的太监略加裁汰之后，留用了大部分。相比前代，清代的太监权力受到了很大限制，主要从事"供给洒扫之役"而已。

崇德八年（1643）八月，皇太极在盛京（今沈阳）去世，去世前，未曾指定接班人。此时有资格竞争帝位的，有皇太极的长子肃亲王豪格、皇太极的十一弟睿亲王多尔衮，双方各不相让。为了避免发生武力冲突，双方最后达成妥协，立六岁的福临为皇帝，定年号为"顺治"。

由于年幼，顺治帝即位的前七年里，朝政由多尔衮把持。顺治帝只能听其操控，所能履行的皇帝职责，不过是"拱手以承祭祀"②。清军入关之后的最初七年，由多尔衮摄政，此时，清室尚在统一全国的战争中，因此要集中权力，以获取最后的胜利。在这一时期，多尔衮实际上执掌了一切大权，"关内关外，咸知有睿王一人"。多尔衮专权跋扈，

---

① [清]彭绍观：《皇清开国方略》卷三十二，清文渊阁四库全书本。
② [清]王先谦：《东华录》顺治二十四，清光绪十年长沙王氏刻本。

妄自尊大，自称"皇父摄政王"。在华的传教士汤若望认为，多尔衮"大有自为皇帝的心思了"。

顺治七年（1650）十二月，多尔衮去世，皇权与满洲贵族的矛盾开始爆发。多尔衮死后第二年，顺治帝亲政，立刻宣布多尔衮的十余条罪状，下令将多尔衮开出宗室，平毁陵墓，鞭尸割头，可见其对多尔衮的痛恨。

顺治帝少时没有受过系统的教育，至亲政之后，阅读大臣奏章，竟茫然不解，愤懑之下，发愤读书。他苦读九年，博览全书，无所不读，甚至包括金圣叹批注《西厢记》《水浒传》。顺治帝亲政后，对满洲亲贵持有戒心，更愿意亲近汉人大臣。在皇宫之中，陪伴顺治帝成长的人是太监，其中有大明王朝遗留下来的太监，他们尝过权力的滋味，渴望着再次呼风唤雨。

在诸宦官之中，吴良辅对顺治帝的影响最大，也最得宠幸，不时怂恿顺治帝效法明王朝，恢复宦官旧制。此外，顺治帝本人仰慕汉文化，"专厌胡俗，慕效华制"。在他的主持下，清廷推行满汉复职制，将内三院改为内阁，大学士加殿阁衔，增加汉人大学士名额等。

顺治十年六月，顺治帝发出上谕，历数历史上宦官弄权的危害，同时又指出"内府事务殷繁，须各司分理"，不得不使用内监，为设置"十三衙门"做了铺垫。

在入关之前，皇家事务已由内务府负责，"凡内廷之会计、服御、物饰、宫御、武备等，皆统属于内务府大臣"。入关后，内务府负责的皇家事务更复杂更专业，这也是顺治帝想要创设十三衙门的主要原因之一。

顺治十一年，清廷正式裁撤内务府，设置十三衙门。在此过程中，宫中太监出力颇巨，"吴良辅煽立十三衙门，其名率沿明旧"①。十三衙门为：司礼监、御用监、御马监、内官监、尚衣监、尚膳监、尚宝监、司设监、尚方司、惜薪司、钟鼓司、兵仗局、织染局。②

清廷入关前的内务府，以包衣为主，负责宫廷事务。入关之后至十三衙门创设前，内务府一直为皇室服务。顺治时期，在内务府被短暂取消的时段内，包衣继续服务于皇权。

创设十三衙门虽然遭到了很大阻力，但顺治帝丝毫不为所动，他相信自己能控制住太监，不使其过于跋扈。而且，对顺治帝而言，创设十三衙门也有着深层考虑。在顺治朝前期，一直由摄政王多尔衮主政。至多尔衮病逝，顺治帝亲政后，他全面执掌权力的努力，遭到了满洲亲贵势力的阻挠。年轻的顺治帝在重用汉人官吏的同时，也任用自己身边的亲信太监。在内廷事务之中，顺治帝同样坚持使用自己的亲信太监，以避免外官控制内廷事务。

在心腹太监吴良辅的怂恿下，顺治帝最终创设十三衙门。创设后，他曾解释："虽然现在的内廷总管大臣忠诚为国，让朕无虑，可万一有如冷僧机③这样的人，'专权作弊，何以防察'？"

十三衙门创设后，限定了宦官"六个不许"：宦官不许擅离皇城，不许干涉职司之外一事，不许交结外官，不许使弟侄亲戚暗相交结，不许假弟侄等人名色置买田产，不许招引外人等。鉴于历史上有太监弄权的危害，顺治帝铸铁牌立于十三衙门和交泰殿，禁止宦官干政，凡有违背者，"即行凌迟处死，定不姑贷"④。为适应时代变化，十三衙门的

---

① ［清］王庆云：《石渠余纪》卷三，清光绪十六年龙璋刻本。
② 《清文献通考》卷七十七《职官考》，清文渊阁四库全书本。
③ 冷僧机，多尔衮亲信，曾担任过内大臣，于顺治九年被铲除。
④ ［清］于敏中：《日下旧闻考》卷七十一，清文渊阁四库全书本。

名称、职能也有所变更。顺治十二年（1655），尚方司改为尚方院。顺治十三年，钟鼓司改为礼仪监，尚宝监改为尚宝司，织染局改为经局。顺治十七年，内官监改为宣徽院，礼仪监改为礼仪院。

顺治帝很自信，他认为自己能掌握十三衙门。为了避免太监擅权，十三衙门由"满洲近臣与寺人兼用"，实权在满臣手中，"事权不在寺人，且所定职掌，一切政事，毫无干预，与历代迥不相同"①。

就在十三衙门创办当年，冬至次日，顺治帝大宴群臣。当日，依据明代朝堂陋习，十三衙门的太监入班行礼。众太监越过亲王班次，争相入殿行礼，乾清宫执事官太监孟进禄以"老臣"自称。有大臣目睹此景，上奏抗议，顺治帝随即颁布手谕，惩戒孟进禄等人，同时规定，太监不得入班行礼。顺治十五年，内监吴良辅与官员结交，作弊纳贿。此案暴露后，因为顺治帝宠幸吴良辅，其未受到处罚，而牵涉进去的大学士陈之遴则被革职。

顺治帝虽然执政时间较短，六岁继位，十四岁亲政，二十四岁去世，但他平定了南明王朝及各地的反清起义，厘清了财政，缓和了满汉官僚集团的关系，可谓有为之主。然而，在婚姻上，顺治帝却有着难言的苦楚。

顺治帝的第一位皇后，来自蒙古科尔沁部②，是孝庄太后的亲侄女。这段婚姻是政治联姻，自然不包含感情的因素。一般来说，就是皇帝不喜欢这个女子，为了政治考虑，也会加以容忍。可顺治帝性格刚烈，不是个善于隐忍的人，他不喜欢这个表妹皇后。顺治十年

---

① ［清］王先谦：《东华录》顺治二十一，清光绪十年长沙王氏刻本。

② 努尔哈赤时期，始与蒙古部落联姻。皇太极的一后五妃（其中之一便是著名的孝庄太后），都来自蒙古部落。与蒙古的联姻，使皇太极获得强有力的盟友，稳定了草原，得以全力经营中原。

（1653），他提出要废后，理由是皇后奢侈且善妒。在顺治帝的再三坚持下，孝庄太后不得不让步，同意废后，降为静妃。顺治帝的第二位皇后，也来自科尔沁草原，是孝庄太后的侄孙女。可顺治帝对这个蒙古皇后同样没有兴趣，他的真爱是董鄂妃。

董鄂妃本要嫁给顺治帝的弟弟，可在出入宫廷时，她与顺治帝产生了感情。顺治帝的弟弟襄亲王不服，找哥哥吵闹，被打了一记耳光，悲愤之下，自杀身亡。襄亲王一死，顺治帝虽然有悔意，可还是难过美人关。顺治十三年八月，他将董鄂氏纳入宫中。顺治帝对董鄂妃投入了真挚的感情，想将她立为皇后，又提出了废后的请求。这次孝庄太后不再让步，联合大臣，压下了顺治帝的要求。

顺治帝脾气敏感而暴烈，易受情绪影响。朝鲜使者曾描绘他："细看清主状貌，年甫十九，气象豪俊，既非庸流，眸子暴狞，令人可怕。"顺治十六年，郑成功围攻南京，清军作战失利，顺治帝暴怒之下，想要御驾亲征。孝庄太后劝告不能奏效，便让与顺治帝感情极深的乳母去劝说。乳母劝说时，更激起了顺治帝的怒火，扬言要用刀砍乳母。乳母深知顺治帝的脾气，落荒而逃。到了次日，当顺治帝的怒火稍降后，经过传教士汤若望劝说，才放弃了御驾亲征的念头。

顺治十七年八月，董鄂妃患病去世。顺治帝为她操办了盛大的葬礼，追封她为皇后，以宫女太监三十多人殉葬，又命四品以上官员去哭吊。顺治帝悲痛欲绝，终日郁郁寡欢，几欲自杀。董鄂妃去世后，顺治帝身体羸弱，又沉溺于酒色，经常失眠，"倦极而眠，始得安枕"。顺治帝也自叹："骨已瘦如柴，似此病躯，如何挨得长久。"

顺治十八年正月初二，顺治帝突然染上了天花。自知不久于人世，临终之前，他下了《罪己诏》。诏书中罗列了自己的十四条罪状，其中之一，便是设立十三衙门。"设立内十三衙门，委用任使，与明无异，致营私作弊，更逾往时，是朕之罪一也。"①

客观而论，顺治帝清晰地意识到了太监的危害，制定了"六不许"等措施。他命工部铸铁牌，警告太监不得干预朝政。因此，他创办十三衙门，并未造成太监弄权、影响朝政的局面。他下《罪己诏》，只是去世前给自己一个安慰，给满洲贵族一个妥协，给天下人一个交代而已。

此时，康熙帝不过是八岁儿童，大权掌握在索尼、鳌拜、苏克萨哈、遏必隆手中。此四人乃是满洲亲贵代表，不愿内廷事务被太监掌控，忧虑太监弄权，影响到自己的权势，遂撤去十三衙门，恢复内务府。"圣祖既革十三衙门，以三旗包衣另立内务府，置总管大臣兼以公卿，而无专员。"内务府恢复之后，又仿效古代礼制，"次第立堂郎中，及七司郎中。各率其属，以充其事"②。

内务府恢复后，"收阉官之权，归之旗下"③。原先被顺治帝宠幸、包庇的太监吴良辅，此时无人庇护，立即被处死。此后内务府一直存在，直至民国年间，仍在为逊清小朝廷服务。

康熙八年（1669），康熙帝铲除了鳌拜势力。康熙十六年一月，增设敬事房，统一管理宦官，敬事房则处于内务府的管辖之下。敬事房对外无行文之权，一切行文须经内务府转达。敬事房的主要职责不过是负责宫中皇帝、后妃及其子女的生活，负责宫中陈设、洒扫等杂务，再无昔日的辉煌。

---

① [清]王先谦：《东华录》顺治三十六，清光绪十年长沙王氏刻本。

② [清]王庆云：《石渠余纪》卷三，清光绪十六年龙璋刻本。

③ [清]刘锦藻：《清续文献通考》卷七十《国用考》八，民国景十通本。

五、内务府的七司、三院等机构

内务府设有七司、三院等五十余个机构，囊括了皇家的吃、穿、住、行等一切事务。七司、三院，皆设郎中、员外郎、主事管理，又设笔帖式以管文字杂务。雍正元年（1723），将总管内务府定为三品衙门。

（一）七司

七司者，即广储司、都虞司、掌仪司、会计司、营造司、庆丰司、慎刑司。

广储司

广储司（明代称御用监），主要为宫中提供冠服、装饰物，掌握金银珠宝、各类器物的收藏及出纳总汇。下设六库、七作、二房、三织造处、织染局、绮华馆等机构。

六库分别是银、皮、瓷、缎、衣、茶库。银库负责保管金、银、珠、玉、珊瑚、玛瑙、宝石、朝珠、自鸣钟等物；皮库负责保存皮革、呢绒、象牙、犀牛角等物；瓷库储存瓷器、铜器、锡器；缎库储存纱、缎、绸、绢、布、绫等织物；衣库储存御用冠袍、带履、朝服、便衣及八旗兵丁盔甲；茶库储存茶叶、人参、香、纸张、颜料、绒线等物。

各库开启时，必须经过内务府堂郎中批准，且需库官三人一起进入，不可一人进入。闭库时，则由库官二人共同在锁封上签字，再贴在锁眼上。库房钥匙则统一集中起来，由侍卫保管。库房每日夜间均有人值夜，可谓看管严密。

七作是银、铜、染、衣、皮、绣、花作。二房即帽房、针线房。三织造处即江宁、苏州、杭州织造处，负责制造宫廷及官员所用绸缎等纺织品。

广储司掌握着皇室的经济命脉，在内务府诸多部门中，地位最高。

都虞司

"都虞"为管理山泽之意，掌管宫廷护卫事宜及所属武职官员的铨选任用，此外还管理打牲捕鱼等事宜。都虞司掌内府兵卫，训练内府护军、骁骑，每岁春、秋二季，由该管官督率操演。都虞司又名"采捕衙门"，因为其府衙距离宫廷较近，将犯人关押在此，可以及时向皇帝汇报审讯结果。相传顺治年间洪亮吉被锁拿收押，就被关押在西华门外的都虞司。

都虞司辖有鹰手营，每年向宫廷内缴纳各种猎物。因为满人喜欢吃甜食，盛京内务府都虞司每年要向北京进贡蜂蜜一万七千余斤。河北省青龙县肖营子地方上的汉军包衣，隶属都虞司，承担"野鸡差"，每年共需交野鸡七千四百二十只。肖营子的野鸡差，一直持续到1924年，溥仪被赶出紫禁城后，方才停止。

都虞司下辖打牲（意为渔猎）乌拉衙门，地处今吉林市西北。乌拉地方物产富饶，水产丰盛，很早就被清廷划为禁区，设立打牲乌拉衙门管理。打牲乌拉衙门主要的贡品是东珠、蜂蜜、松子、鲟鳇鱼等。

顺治朝之前，曾允许王以下、公以上，派遣壮丁到乌拉地区采捕东珠、貂鼠等物。顺治七年（1650）之后，禁止王公前去乌拉采捕，此地从此专属皇室。打牲乌拉衙门本属内务府管辖，因为涉及人口管理，乾隆年间又由吉林将军兼管，但主要由内务府管理。

掌仪司

掌仪司相当于内廷的礼部，凡皇室朝贺、筵宴、嘉礼、祭祀等一切大事，均由其负责。掌仪司的前身是明代司礼监，权势最重。到了清代，不复往日权柄，但地位仍然重要。皇室成员，凡婚丧嫁娶，一切礼仪均由掌仪司操作。内庭的祭祀、祝祷、香供之类事务，也由掌仪司下属的司祝（又称萨满）负责。

掌仪司虽主要负责礼仪事务，同时也掌握果房，因为在祭祀等活动中要大量使用果品。太庙祭祀，每月要使用时鲜，由内务府掌仪司主持，如正月：鲤鱼、鸭蛋、韭菜；二月：鲫鱼、生菜、小葱、芹菜、赤根菜；三月：王瓜、柳蒿、萝卜、芸薹菜、茼蒿菜；四月：笋鸡、樱桃、茄子；五月：笋鹅、香瓜、杏李、桑葚、桃蕨菜；六月：西瓜、苹果、鲜葡萄、杜梨；七月：野鸡、雏莲子、藕菱角、梨、榛仁；八月：野鸭、山药、栗子；九月：雁、柿子；十月：松仁、软枣、蘑菇、木耳；十一月：银鱼、鹿肉；十二月：兔、鲟鳇鱼、豆芽等。[①]此外，掌仪司还负责考核太监品级。康熙帝平定三藩之后，由掌仪司管理南府与景山（负责戏剧演出）。到了宣统元年（1909），为避溥仪讳，改名掌礼司。

会计司

会计司掌京外皇庄之出入，以供宫内祭祀及日常食物。在清代，皇室控制的大量庄园，称皇庄或官庄，包括内务府官庄，盛京户部、礼部、工部官庄，三陵所属官庄等。

早在努尔哈赤、皇太极时期，关外就建立了规模庞大的皇庄，为皇室提供生活所需。入关之后，清室大量圈地，逼迫民众投充到皇庄之中，庄园规模日益庞大。内务府皇庄，初期定制每庄壮丁十名，选一人为庄头，每庄给耕地七百八十亩。皇庄中包衣的后裔被束缚在土地之上，世代劳作，严禁逃亡与冒入民籍。如皇庄人口缺失，则另抽调人口补足。除了分给皇庄土地之外，还给予相应耕牛及房舍口粮。

皇庄每年定期缴纳皇粮，进贡各种家禽、米粮瓜果、石灰、木炭、

---

① ［清］阮葵生：《茶余客话》卷四，清光绪十四年本。

柳条、芦苇等物，清皇室通过皇庄获得稳定的收入和物产。总体而言，清代皇室有自己的收入来源，当有额外开支时，需要经过程序，由户部拨给。如此将皇室开销与国库开销分开，在一定程度上避免了皇室奢侈无度，滥取靡费，这也是清皇室沾沾自喜之处。

营造司

营造司初名惜薪司，康熙十六年（1677）始称营造司。营造司下设木、铁、房、器、薪、炭六库，铁、漆、炮三作，掌宫廷修缮事务，凡宫殿及庭园工程，会同工部办理，寻常每年修缮自行承办。营造司由总管内务府大臣管理，设郎中二人，员外郎八人，主事、委署主事各一人，以及笔帖式、书吏等员，又设太监若干，负责带引匠役在内廷工作。

清代内廷大小工程事务，均由内务府大臣掌握，太监不得干涉。如乾隆四十一年（1776）规定，凡紫禁城、圆明园等处，如有需要修整，由总管内务府大臣选派工匠入内，严禁太监私自办理。内务府管理宫中建筑修缮事宜，在开支上加以控制，耗费比明代宫廷减省颇多。康熙三十九年十月，康熙帝看了宫廷杂项修理费用之后，很是满意，自我表扬道："明季宫中，一月用万金有余。今朕交内务府总管，凡一应所用之银，一月止五六百两，并合一应赏赐诸物，亦不过千金。"

庆丰司

庆丰司掌牛羊畜牧，以供皇室之用。庆丰司在京师西华门外有内牛羊圈，在南苑、丰台等处设有外牛羊圈。此外，在张家口、盛京（今沈阳）、打牲乌拉等地也有牧场，为皇室提供各种牲畜。庆丰司所畜养的牛羊，供给宫廷日常饮食，以及重大祭祀和皇子公主婚嫁仪式之用。皇帝为了表示重农，每年春天都要到先农坛，换上亲耕服，亲自赶牛犁田。皇帝表演时所用黄牛，由顺天府自庆丰司南苑牛圈取来，表演结束后还给南苑。

庆丰司日常所用牛羊，先在西华门外内牛羊圈取用；内圈不足，再到丰台、南苑外圈取用；若再不足用，则到张家口牧场等处取用。庆丰司养殖的牛，如果有死亡的，则将皮张交给武备院使用。死亡的羊和每月御膳房用过的羊皮，则交给广储司。死亡的牛羊肉则交给奉宸苑，供景山等处喂养的老虎、老鹰食用。不需喂食时则将牛肉掩埋，将羊肉对外售卖。

乾隆年间，有一次御膳房很久没有羊肉进上，乾隆帝很是奇怪，追问缘由。御膳房推诿称，羊肉以肥者为佳，今庆丰司所进贡的都是瘦羊，故不敢用羊肉。乾隆帝怀疑其中另有隐情，就命人检查庆丰司所放牧的羊。结果发现，庆丰司所放牧的都是肥羊，"于是尚膳不能用其诈"[①]。

慎刑司

慎刑司初名尚方司，后改名为尚方院，康熙十六年（1677）更名为慎刑司。慎刑司主要负责审讯涉内务府包衣、匠人、太监以及皇帝交付的案件。凡杖一百以下的一般案件，由内务府自行审理结案；涉及人命或案情重大的案件，则送交刑部审理。一些内务府难以查办的复杂案件，也移交给刑部处理。慎刑司下设监狱，用来囚禁涉案的太监、包衣、内务府匠人。

（二）三院

七司之外，又有上驷院、武备院、奉宸苑，称为"内三院"，以三品官员管辖。

上驷院

上驷院最初称御马监，十三衙门中即设有。顺治帝去世后，十三衙

---

① ［清］吴振棫：《养吉斋丛录》卷二，清光绪刻本。

门撤销，御马监被改为阿敦衙门①，康熙十六年（1677）改称上驷院。上驷院负责皇帝御用马匹的管理，在宫中有御马厩（内马厩），此外在南苑有外马厩，同时管理盛京大凌河、达里岗崖等地马厂。康熙四十七年，皇太子胤礽被废黜后，就被禁锢在上驷院旁的毡帷中。

上驷院的马匹主要来自蒙古王公的朝贡。崇德三年（1638），漠北的喀尔喀蒙古向清廷称臣，献"九白之贡"，即"白驼一，白马八"。喀尔喀蒙古与清廷关系亲密，进贡了较多名马。嘉庆七年（1802），喀尔喀蒙古王公得知朝廷缺马，一次进贡了八千匹良马。上驷院的衙署设在东华门内太和殿左翼门外。东华门是紫禁城东大门，大臣每日早朝时由此门骑马进宫，将衙署设置在此，便于管理马匹。

"皇上出警入跸，内廷备用什物，装载冠袍带履"，均需要上驷院提供所需畜力。入关后，清室一直重视骑射，将其视为"满洲本业"，而马匹在骑射中占据了重要地位。康熙帝在热河设立围场，每年带领子弟前去行猎，既与蒙古王公交往，也培养皇室子弟的骑射功夫，称为"木兰秋狝"。每遇秋狝，上驷院都要提供马匹。在每年例行的祭祀活动，如祭祖，祭天坛、地坛、先农坛时，上驷院也要提供礼仪用马。在皇帝阅兵、婚丧嫁娶等皇室活动中，均由上驷院选调马匹备用。

武备院

清代武备院设在紫禁城东华门外北池子路西，靠近紫禁城，掌御用军需。顺治十八年（1661），兵仗局改为武备院，康熙五年划归内务府管理。清代宫廷武器主要由武备院、造办处两处负责制造，所制作的兵器称为"御制"和"院制"，工部制作的宫廷兵器称"部制"。武备院下设四库，分别是甲库、毡库、北鞍库、南鞍库，制作各种礼仪场合使

---

① 阿敦，满文意为"马群"。

用的器物。甲库制作甲胄刀枪，毡库制作弓箭，北鞍库制作御用鞍辔、伞盖、账房、凉棚等，南鞍库制作各种皮具用品，如雨缨、绦带等。

京城防卫士兵所用箭枝、腰刀、撒袋等项，分别由武备院、造办处制造。"箭枝撒袋交武备院制造，腰刀交造办处制造。"①

造办处在康熙初年设置，除了制造兵器外，还制作各种皇家御用器物，设有六十多个作坊。造办处制造各种刀剑、鸟枪、甲胄、弓箭等兵器，其中部分给皇室使用，部分给宫廷侍卫使用。造办处在宫中、景山、圆明园等处都有作坊，此外，还从全国各地选调能工巧匠至造办处，制作各种皇室器物。舆图房也隶属养心殿造办处，中外臣工所进图式均存贮于此地。②

奉宸苑

奉宸苑初名尚膳监，负责管理景山、瀛台事务，康熙十年（1671）归内务府管理，康熙十六年并入都虞司。康熙二十三年，正式设置奉宸苑。奉宸苑管理畅春园、圆明园、颐和园、御船处、热河行宫等处的修缮事宜。奉宸苑署在西华门外西苑门之旁，杂务颇多，如每年四月要修鱼池、换新水；到了九月，要培育葡萄、搭建葡萄架等。每月庆丰司倒毙牛羊肉，通过奉宸苑交景山、畅春园、圆明园等处，用来喂虎或喂鹭鸶。

内务府所辖部门众多，林林总总有五十余个，除了七司、三院外，还有御茶膳房、御药房、太医院、内管领、关防处、官三仓、武英殿修书处、御书处、造办处、御鸟枪处、官房租库、总理工程处、景山官学、咸安宫学等。景山官学始于康熙二十四年，以北上门两旁官房三十

---

① ［清］董诰：《军器则例》卷二，清嘉庆兵部刻本。
② ［清］法式善：《陶庐杂录》卷一，清嘉庆二十二年陈预刻本。

间，设立满汉官学，简选三百六十名内务府幼童作为官学生，以内务府所属司员五人管理学务。景山官学从内务府上三旗佐领、管领下子弟中挑取幼童。"凡内务府人等，有家贫不能读书者，听其入学肄业"，使其具备了义学的性质。

雍正七年（1729），创设咸安宫官学，"于内务府佐领、管领下幼童及景山官学生内，选其俊秀者五六十名，或百余名"。咸安宫官学除了选拔内务府的幼童外，还在景山官学进行二次选拔，以培养精英人才。自创办之日起到雍正末年，咸安宫官学一直没有人考中进士或举人。

乾隆元年（1736），为提升咸安宫官学学生素质，在科举上取得突破，招生对象从内务府上三旗扩展到整个八旗，一些有功名的八旗贡生、监生也被招入以培育八旗精英。经过努力，乾隆朝时，咸安宫官学总算出了一批进士、举人、贡生，很多学生日后在官场上叱咤风云。大名鼎鼎的和珅，就是咸安宫官学的优秀毕业生。

景山官学创办之初，从教习到学务，都能认真工作，无甚流弊。时日一长，景山官学沾染了内务府的各种陋习，弊端丛生，杂糅不堪。其中的首要问题在于录取的学生多半是冒名顶替而来，其次是教习不大到学宫教学，再次是教学应用之器物缺损。官学经费大半被中饱私囊，致令学舍倾颓，墙壁不具。

咸安宫官学被寄予了厚望，"咸安宫为天下学校之领袖，八旗人材之渊薮"，培养出了一批八旗人才。自道光朝以后，财政吃紧，用度不足，官学经费也被削减。道光、咸丰年间，各地征战频仍，外放任官机会也少。咸安宫官学中师徒息散，弊端丛生，仅存虚名。

第二章

雷霆雨露俱是君恩：内务府官员的生死祸福

一、内务府大臣

清代借鉴明代的经验，设置内务府，设纲定纪，各司其职，以总管大臣统领，监察御史监督。内务府大臣无定额，一般为四人至六人，最多时九人，最少时三人。如光绪元年（1875），内务府大臣有崇纶、魁龄、荣禄、明善、贵宝、文锡等六人。

内务府官员的选择，有特简缺、公缺、题缺、调缺等。"特简"是由皇帝亲自挑选、任命的重要官员，自然包括总管内务府大臣。"公缺"是每月从内务府所有机构中选举一次官员，如郎中由各司处员外郎升补，员外郎由各司、各处主事、六品司库升用。"题缺"是在有官位空缺的情况下，从内务府中挑选人员。因为内务府各个机构具有较强的专业性，从本机构中选择人员，能较好地处理各种事务。"调缺"是在较大范围内，从同品级的官员中挑选官员任职。

总管内务府大臣既有满蒙八旗旗人，也有被提拔上来的内务府包衣。总管内务府大臣丁皂保即包衣出身。丁皂保一生，以"薄滋味，少愠怒"为格言，又云"人在世，居心行事不可一日无喜神护持"，活到九十七岁高龄。不论出身高低，但凡总管内务府大臣，彼此之间地位平等，无论是皇子诸王，还是内务府包衣，"一体办事，并无区别"。在实际操作中，官职最高的大臣一般被称为内务府大臣中的"领班"，如和珅在内务府时，诸事专擅，他人莫敢争锋。再如咸丰帝死后，恭亲王奕䜣担任议政王、军机大臣、宗人府宗令三大要职，之后又补授内务府总管大臣之职。奕䜣集大权于一身，权倾天下，自然是内务府大臣之首。

内务府大臣之间，由于缺乏明确的班次划分，常导致人事与事务混乱。为厘清关系，嘉庆帝就曾亲自给内务府大臣排序。

内务府创立初期曾有规定，如果有亲戚同在内务府工作者，官小者应回避。乾隆三十八年（1773），乾隆帝下旨，此后总管内务府大臣的子弟，有在内务府担任官员者，不必回避。道光帝刚刚登基时，内务府大臣广兴提出，内务府大臣遇到应行回避之员，应该对调，但被道光帝驳回，并批评广兴"妄议更张，殊属无谓"。此后内务府大臣遇到下属官员中有亲戚之类者，仍照旧例，毋庸回避。

所谓"天下大事，不问内务府"。因为内务府负责的是皇帝的家事，所以在内务府大臣的挑选上，常选择与皇室有亲戚关系者。康熙帝选择乳母之父凌普担任总管内务府大臣。内务府世家中的高斌家族，有多人出任内务府大臣，因为高斌的女儿是乾隆帝的宠妃。

对于内务府大臣的人选，道光帝曾提出自己的标准。首先，必须是翰林科甲出身。在他看来，这些人读过诗书，"无猥鄙贪浊之习"，而且没有利害关系，也可以整顿内务府。其次，内务府大臣不能用内务府司员。"盖虑其行走有年，惯习作弊。即稍知自好。而交涉事多，不得不意存回护也。"①内务府司员的升迁，至武备、上驷、奉宸等院卿而止，不得升至总管大臣。道光帝的要求，后世子孙并未遵守。同治年间，内务府大臣诚明、贵宝、文锡等，均由内务府司员升任。光绪年间，有更多内务府司员升任内务府大臣。

内务府大臣之下设有内务府堂郎中，又称"坐办堂郎中"，此乃内务府中最重要的官员，"堂郎中为上下之枢纽，职任繁重"。堂郎中是内务府的主要执行官员，可以指挥群僚，查核七司等处题本、堂稿、黄蓝册、督催、文职铨选等，必要时可以代替内务府大臣处理一切事务。堂郎官的人数，自雍正十三年（1735）复置后，每名内务府大臣下属一人，始终未有增减。

内务府官员之中，侈靡成风，尤以堂郎中为甚，"其承平时，内务府堂郎中岁入可二百万金"。"岁入可二百万金"虽然夸张，也足见堂郎中所经手的钱财之巨。

乾隆年间，因为内务府中"人员习气不好"，乾隆帝特意指令，从六部中各挑选一名精干人员至内务府管理六库，与内务府堂郎中互相牵制。不过，乾隆帝认为，从六部调来的人员不能在内务府久任，不然会沾染积习，沆瀣一气。于是他定下规制，嗣后六部人员兼管六库者，三年更换一次。如果有升任调走的情况，总管内务府大臣不准奏留。乾隆三十五年（1770）十月，总管内务府大臣上奏，兼管茶库的兵部员外郎五十三，现升礼部郎中，请仍留在内务府兼管茶库事务。乾隆帝批复："所奏不可行。"

堂郎中之下设主事二人，负责执行具体事务，后因主事二人不足

---

① [清]聂士成、郭沛霖：《东游纪程——日知堂笔记》，中华书局2007年版，第135页。

以处理日常事务，又从笔帖式中选择优秀者作为委署主事，协助处理事务。主事之下，又设笔帖式；笔帖式之下，又设书吏、匠役等。

据戏剧家、史学家齐如山说，内务府人员的文化水平极低，可以说是没有文人，在清朝二百多年中，连一个通文字的人都很难找到。齐如山此话过于武断，并非实情。事实上，内务府中，笔帖式是初级官员。笔帖式的选拔，首先要考核武功，分为马步各三箭；其次要求满汉文兼通，优先录取咸安宫官学及景山官学学生。在补用人员时，以候补人之名，写在竹签上，置于筒内，遇缺则抽签补用，或以考中人员的名次先后选用。笔帖式满汉文兼通，怎能说内务府人员不通文墨呢？

因为满文，内务府官员中生出了不少是非。道光十五年（1835），道光帝下旨，满洲侍郎以下至五品京堂，虽人数众多，通晓满文者却少，故而分批加以考试，以测试满文水准。考试结果让人惊愕，能通过满文考试且错误较少者，不过十之三四。到了咸丰四年（1854），新授国子监满洲司业（系正六品）苏勒布被查出根本不会书写满文。咸丰帝得悉后大为不满，下令严查满洲大臣的满文情况。内务府大臣们心中惶恐不安，主动上奏称，内务府笔帖式公务繁忙，无暇学习满文，今后将在空余时间努力学习满文。

总管内务府大臣是皇室的大管家，负责管理内廷一切事务，享有很多特权，如有事可以随时入奏，不拘早晚，是故总管内务府大臣能有很多机会与皇帝亲近。光绪朝初期，权臣荣禄担任内务府大臣时，利用出入宫内的机会，向慈禧提出各种建议，导致军机大臣不满，引发政坛风波。

每逢喜庆节日，内务府大臣可以进宫道贺，其女性家眷可以入宫进献贡品，亲近皇室成员。光绪年间，内务府大臣福锟之妻、荣禄之妻及大公主三人得慈禧太后欢心，常以福儿、禄儿、寿儿称呼之，赏赉无算。太监每见三人一起入宫，则云"三星照来矣"。

内务府服务于皇室，其所涉及的事务带有封闭性，具有一定的神秘色彩，因此也有弊端。管理项目并不是特别明晰，涉及财务的内容，多无从查核。混乱的财务状况，涉及的巨大利益，为内务府官员提供了巨大的贪腐空间。而内务府贪腐案件即使被揭露，也无明确法律惩戒，是故内务府大臣侈靡成风，贪腐相袭。

咸丰朝时，内务府大臣文锡屡屡被御史弹劾，罢而复起多次。文锡义子崇光，也担任了内务府大臣。"文锡父子，专擅内务府十余年，今富可敌国。"①光绪朝时，内务府大臣及司员②坐拥厚资，翛然自得，服饰用度无不侈靡。内务府的其他官员也不甘落后，大肆敛财，"用项之浮冒，风气之奢华，以内务府为最。凡宫廷修造传办及一切用项，无论巨细，每用一款，皆浮开十数倍之多"。

内务府事务由总管内务府大臣监督，同时还有御史协同稽查，并可弹劾、题奏。不过两名专设御史很快就被裁撤，至于对内务府大臣的监督则形同虚设。到了乾隆三年（1738）七月，乾隆帝看内务府舞弊严重，又派出御史至内务府稽查，"现在无查察之员。着派御史恩特和穆、沈嵛稽察"。

道光帝即位后，面对的是千疮百孔的局面，民间普遍贫困。"富户变贫户，贫户变饿者"，财政岌岌可危。对于铺张浪费的内务府，道光帝严加限制，要求内务府大臣，就一切宫内花销，必须事事核实，严惩虚报冒销。在道光帝的严格要求之下，内务府每年开销竟然节省下了百万两白银之巨。

---

① [清]葛士浚：《清经世文续编》卷十一《治体》二，清光绪石印本。
② 内务府中郎中、员外郎、主事的通称，以其分司摄事，故而得名。

　　总管内务府大臣大肆捞钱，对于手下的贪腐多予以纵容，每有贪腐案被揭露，总管内务府大臣往往包庇属下，使其能蒙混过关。如光绪二年（1876），银库司员因把持库款、克扣经费被御史弹劾。内务府大臣为之申辩，称银库放款，均由大臣酌量发放，并无司员故意延误、克扣经费之事。此案最后不了了之。

　　在清廷看来，内务府所负担的是皇室开销，一切用度"本非外人所得周知"，就是有贪腐这样的家丑，也不是外人可以干预的。光绪四年，御史余上华建议从王公中选派一人负责内务府用款的监督。慈禧太后却认为："总管内务府大臣，俱系亲信大臣，一切用款，全在该大臣等随时随事实心考核，务使属员不得稍有弊混。若另派王公一人总司查察，亦属耳目难周，无益于事。"慈禧太后本人就大力维护内务府，多次驳回了御史对内务府的弹劾。

　　光绪二十六年之后，裁减内务府浮员的呼声不断。光绪三十年，《东浙杂志》上就发表了一篇题为《论内务府裁官事》的社论。[①]此次舆论风波，缘起于内务府拒绝裁撤冗官。此年五月初八日，在舆论压力下，慈禧要求内务府裁汰冗员。内务府大臣则以"内务府差务较繁，额设司员亦因之较多"为由，象征性地裁汰了少量人员。

　　到了光绪三十四年，在内外压力之下，清廷开始整顿内务府。内务府所辖四十八处，酌量裁撤，如意馆、玻璃作、凿铜作、武备院、染毡等处所需物品，此后均自外间采买。各种浮冒开销，一律酌量裁汰。遇到急需物品，则由内务府自行采办，算下来一年可节省数万金。[②]

　　宣统帝即位后，摄政王载沣主张节俭，并从自身做起。军机处将摄

---

　　①　《论内务府裁官事（中外日报）》，《东浙杂志》1904年第2期，第2页。

　　②　《中外时事：整顿内务府》，《吉林官报》1909年第6期，第62页。

政王的经费定为每月二万两白银，载沣自减一半，改为每月一万两。所有皇室的园林工程都暂行停止，款项一律留存，不作别用。内务府进呈各项物品，向来浮报款项甚多。载沣命令内务府大臣必须实报实销，嗣后所办物件，不准浮报。此时宣统帝年幼，在服丧期间又不去颐和园，仅每年便可节省二十万两在颐和园的经费。

少了慈禧这样会花钱的主儿，内务府裁减下来的各种款项数目甚巨。载沣雄心勃勃，准备将这些款项拨为海军经费，重建海军。

辛亥革命之后，逊清小朝廷居于故宫之中，其影响力已很有限。清室覆灭了，内务府却被保留了下来，并由中华民国供给经费，继续为其小皇帝溥仪服务。

二、内务府世家

内务府包衣的选用不同于其他官僚系统，"府属文、武职官，皆不由部铨选，其不兼隶于吏、兵二部，亦不入吏、兵二部品级考"。内务府的官缺，基本上被内务府上三旗包衣垄断，外人根本无法进入此系统。这种独特的设置使内务府官职成为包衣的专属，也涌现了一批在内务府任职的世家，著名者如高斌世家、法式善世家、完颜世家等。

这些世家历代在内务府任职，乃至有三代人连续担任内务府大臣的情况。乾隆初年，高斌担任过内务府大臣，其子高恒也在乾隆朝中期担任总管内务府大臣。嘉庆初年，高斌的孙子高杞一度也担任总管内务府大臣。最为著名的内务府世家高佳氏，在内务府历史上占据了重要地位。高斌、高晋、书麟、高恒、高朴、广兴、伊桑阿①等都在内务府占

---

① 旗人父子不同姓，并且姓氏时常改换。

据高位。

高佳氏的发迹，始于高斌。高斌家族本为内务府汉姓包衣，祖父子孙服务于内务府将近百年，被雍正帝视为心腹"院内奴才"。雍正帝曾亲昵地对高斌道："不以出旗方为体面，可留在院内为院子里人表率。"也就是要高斌留在内务府，世代为臣仆之意。

高斌的女儿高氏，十五岁时嫁给了弘历，备受宠爱。弘历即位后，因为宠爱高氏，想将她晋封为贵妃，可高氏的包衣出身，却成了大问题。于是，他刚刚登基就将高斌由包衣抬入上三旗镶黄旗，又改汉姓高氏为满洲姓高佳氏。高妃虽未为乾隆帝生儿育女，却备受恩宠，是乾隆朝第一位获封贵妃、皇贵妃的女性。

虽然内务府规定"内府人员惟充本府差使，不许外任部院"，可在现实中，内务府包衣只要得到皇帝信任，就可以外任高官，更遑论内务府世家了。如高斌外放江南，曾担任苏州织造，属内务府缺；可此后他担任的各省布政使、河道总督、直隶总督等职务，却非内务府缺。

与高佳氏家族类似的还有金佳氏。金简初隶内务府正黄旗，因其妹淑嘉皇贵妃得宠，被乾隆帝抬旗，赐姓金佳。金简由内务府笔帖式，累官至内务府总管大臣、工部尚书、吏部尚书等要职，其家族由此发达。

乾隆十年（1745）正月，慧贤皇贵妃高氏病逝，时任直隶总督高斌回京料理丧事。高氏虽死，可高家的荣华富贵刚刚开始。此后高斌一路高升，身兼内务府大臣、军机大臣、内阁大学士等要职。高斌之后，整个高佳氏家族在官场上飞黄腾达。

除了内务府官职之外，内务府上三旗包衣还可以通过科举考试进入仕途。清代旗人能科举高中者不多，如果能考中进士，必被重用。内务府镶黄旗完颜氏子弟多由科举发达。完颜氏中，如阿什坦、和素、留保、麟庆、崇实、崇厚等皆考取进士，进入仕途。同为内务府世家，高斌家族后世子孙辈考取进士者寥寥无几，有广厚在乾隆四十三年考中进士。

科举之外，内务府世家子弟还可以通过恩荫在仕途中得到大的发展。清代定下恩荫之制，"满汉京官，一品至四品文职大员，荫一子入官；在外三品以上文职，荫一子入官。"高斌官至文渊阁一品大学士自然享有恩荫，其子高恒即由恩荫而入仕途，曾担任肥差两淮盐运使。只是后来此恩荫却给他带来了杀身之祸。

乾隆三十三年（1768），尤拔世出任两淮盐运使，揭发前任普福挪用预提引款项。随着案件调查的深入，查出前任两淮盐运使高恒、普福收过盐商的巨额银两。前任两淮盐运使卢见曾则令盐商代买古玩，价值一万六千余两白银。此案涉及的官员，如两淮盐运使高恒、普福、卢见曾等，皆被处死。高恒虽是慧贤皇贵妃的弟弟，也不能免死。

高斌之子高恒，因在肥缺两淮盐运使任上捞钱而丧命，但高佳氏富贵依旧。高斌侄子高晋，一度官至文华殿大学士、礼部尚书。高晋长子书麟，历任安徽巡抚、两江总督等要职。书麟历乾隆、嘉庆两朝，为人谨慎，为官清廉，深得两代帝王赏识。高晋次子成德乃书麟之弟，在官场上没什么成就，四十岁时才担任甘肃合水县知县，偏偏在任上卷入了甘肃捐监冒赈案。成德贪污四千三百余两白银，依律本要发配到极边烟瘴之地。但乾隆帝认为，成德非他人可比，身为大员子弟，更当洁己奉公，以图报效。现在不思报效，反而贪腐，昧良负恩，情罪尤重，特意下令将他处死。

高恒有四子六女，其长子高朴并未吸取其父的教训。乾隆四十三年，高朴因牵涉新疆玉石一案被杀。幼子高杞则比较谨慎，从军机章京做起，一路升迁。到了嘉庆朝，嘉庆帝再三告诫高杞，要"效法书麟之行为"，此后他历任湖北巡抚、湖南巡抚、总管内务府大臣、陕甘总督等职，得了善终。

高斌之弟高钰的孙子伊桑阿脾气暴躁，乾隆帝将他派到新疆任职之时，特意告诫他要改掉脾气。在新疆任职多年后，伊桑阿回朝，于嘉庆六年（1801）担任贵州巡抚。伊桑阿此时脾气依旧火爆，前往贵州途中，沿途州县供应不周，即破口大骂。至贵州任上后，伊桑阿纵容家人，索取属员门包，任意苛索，贪黩营私，贻累地方。在贵州铜仁松桃一带剿匪时，伊桑阿更冒领他人军功。奏报到京，嘉庆帝大喜过望，予以各类赏赐。后此事被人揭发出来，嘉庆帝大怒，下令不必将伊桑阿解京，审讯后绞立决。

高晋幼子、书麟之弟广兴曾两次担任总管内务府大臣。嘉庆四年，他首劾和珅，立下大功，被嘉庆帝视为心腹，提拔重用，多次以钦差身份赴山东、河南等地审案。广兴一路讲究吃住，地方上的招待稍不如意，即加以刁难。两月之间，花费白银达五万两之巨。广兴与左都御史周廷栋在山东共同捞钱，山东民谣传唱"周全天下事，广积世间财"①。

广兴为人骄横张狂，宫中有老太监鄂罗哩，曾与高斌论交。一次遇到广兴，鄂罗哩以长辈自居，广兴怒道："汝辈阉人，当敬谨侍立，安得与大臣论世谊乎？"嘉庆十三年冬，广兴担任总管内务府大臣时，克扣宫女缎匹。鄂罗哩得知，当即向皇帝密报。此事查实后，广兴被革职，令居家闭门思过。

广兴去职前在山东、河南查案，勒索钱财之事被人揭发。嘉庆帝特意派人去山东、河南调查，将他的各种不法之事都查了出来。此后查抄广兴家产时，发现家中房产甚多，财货山积。广兴被抓捕入狱，本要拟

---

① ［清］陈康祺：《壬癸藏札记》卷四，清光绪刻本。

绞刑。嘉庆帝念及广兴"伉爽无城府"，就亲自审讯，想要留他一命。不想审讯时，广兴丝毫不给皇帝面子，大声抗辩，声称自己无罪。嘉庆帝大怒，在嘉庆十四年（1809）正月，下令将广兴处死，籍没家产。

高佳氏一门，接连五人涉及大案被杀，其中四人为正二品高官。高佳氏受到挫折，但并未元气大伤。嘉庆十四年之后，高佳氏入仕者尚有高杞、素纳、长庆等人，先后官至正二品，但再无高斌、高晋时的辉煌。高佳氏族人屡屡牵涉各类大案，却能在官场上不倒，主要还是在于高佳氏与皇室的联姻关系。

有清一代，内务府世家通过联姻、恩荫、科举等途径依附皇权，掌握了织造、盐政、税关等各种肥差，大发横财，更担任各地总督、巡抚等要职，成为皇权的爪牙。在辅佐皇权，为皇帝搜刮钱财的同时，内务府世家也不可避免地腐化，而这又是皇权无法容忍的。皇权期待的是忠心能干又不过分贪图荣华富贵的奴才，这何其难。

三、改革是盘大棋

只有得到皇帝持续的信任，内务府大臣才能顺利展开日常工作。在嘉庆、道光二朝，能力卓著的英和得到两朝皇帝信任，出任内务府大臣，处理了诸多不为人知的皇室内部事务。从乾隆四十一年（1776）至嘉庆四年，和珅把持军机处二十三年，以军机大臣兼步军统领二十二年，兼管户部尚书十五年。此外还负责掌管吏部、户部、刑部，并兼管户部三库、理藩院、内务府、圆明园等重要事务，他还控制了崇文门税务监督一职。军权、财政权、用人权、刑法诉讼权……所有大权，和珅一把抓，权柄之重，前所未有。

虽然和珅权势熏天，也有人不愿意依附于他，比如英和之父德保。

英和家族是满人中少有的书香世家，祖上属内务府正白旗，赐姓石，"为八旗士族之冠"。英和的父亲德保以进士起家，曾担任内务府大臣近三十年，历任各省总督，担任过吏部、兵部、礼部三部尚书。乾隆三十六年（1771），德保担任广东巡抚，英和在广东出生。乾隆五十八年，二十三岁的英和考中进士。当年殿试者七十三人，补试者八十一人，而八旗入试者只有英和一人。在皇帝召见时，因为汉满分开，英和一个人站了一队，格外引人注目。

英和曾先后两次担任内务府大臣，前后长达二十年。

英和小时候长得聪慧可爱。和珅曾看中英和，想把女儿嫁给他。和珅倒台之后，嘉庆帝上朝时，还八卦地问英和："汝之家事，朕皆深悉。唯独不知道和珅想招你做女婿这个事，你给朕说说看到底是怎么回事？"英和就跟嘉庆帝说："在我八岁时，和珅去我家，当时我在家门口玩儿。和珅就问我几岁了，此外别无他语。等我十一岁时，和珅托人来说媒，说想把女儿嫁给我。老爹德保赶紧帮我订了个娃娃亲，推掉了这门亲事。这事还是军机大臣阿桂后来告诉我的。"随后，英和一把鼻涕一把泪，哭诉父亲生前如何受和珅欺压，最终抑郁而死的悲惨故事。

嘉庆帝听后大为感动。第二天便下旨为英和老爹赐谥号"文庄"。实际上，德保是军机大臣阿桂的亲信，阿桂与和珅是政敌，他自然不愿意投入和珅门下。后来在英和的仕途上，老臣阿桂也帮了大忙。

和珅说媒时，所请的媒人也不是一般人，而是内务府大臣金简。金简是三保之子，乾隆帝淑嘉皇贵妃之兄，初为内务府笔帖式，历官至总管内务府大臣、工部尚书兼镶黄旗汉军都统、吏部尚书。

和珅倒台后，英和年富力强，又曾拒绝过和珅的提亲，于是嘉庆帝将他视为亲信。三十一岁时英和就被授总管内务府大臣。嘉庆九年（1804），英和三十四岁，入军机处行走，被赏在紫禁城骑马。向来皇帝赏大臣在紫禁城骑马的，要年过六旬，官至一品。英和年纪轻轻就得此殊荣，是为非常之恩宠了。

嘉庆九年（1804）六月，嘉庆帝特意提拔英和："户部侍郎英和，年富力强，人有出息，着在军机处学习行走。伊所管事务较多，又系内务府人，着不必兼总管内务府大臣。"嘉庆十年，刚担任军机大臣不久的英和因为弹劾军机大臣刘权之不成，反被连降三级，但嘉庆帝对英和还是信任有加。毕竟在满人之中，英和诗词文章出色，年纪又轻，嘉庆帝怕他重蹈和珅的覆辙，将他连降三级，也是故意磨磨他的锐气，以便今后更好地任用。对于嘉庆十年的连降三级，英和在年谱中一笔带过，称措辞不当，奉旨降为太仆寺卿。此后，英和时常被嘉庆帝派出去处理案件、查看河工、审核物价，以为锻炼。

嘉庆十一年九月，嘉庆帝又命英和兼总管内务府大臣，为皇帝效力。毕竟，嘉庆帝对英和一直信赖有加，皇室内部的很多家事，嘉庆帝都交给英和去处理。同年，考虑到和珅之子丰绅殷德一向老实，且与和孝公主感情尚好，嘉庆帝授丰绅殷德头等侍卫、伯爵衔。但丰绅殷德身体已经衰弱，过了四年就病死了。

丰绅殷德死后，嘉庆帝派英和带领侍卫十人前去祭奠，又赏给和孝公主五千两白银。后来，和孝公主家中经济越发困窘，嘉庆帝又特意赐给白银六千两，并允许和孝公主用这笔钱去放贷收息。嘉庆帝将生息一事交给英和去处理。英和思考再三，决定将这笔钱放在长芦盐政，按照一分生息，所得利息全交给和孝公主。

清代宫廷之中，每年照例要分给皇后、妃嫔以下女子数量不等的绸缎。嘉庆十二年，内务府发给宫中女子的绸缎被内务府官员克扣。嘉庆十三年，皇后令总管太监孙进忠转告内务府，皇后所得较多，可以少分些，只是妃嫔以下女子所得不多，最好不要减少，以免宫中不敷使用。

嘉庆十三年（1808）十一月，内务府大臣广兴弹劾太监孙进忠勾结外廷官员，但又不能指出具体是谁。嘉庆帝十分恼火，认为广兴是在构陷他人，下令将其革去顶戴，听候处分。随后在严查中发现广兴在内廷所用绸缎之中混入次品绸缎数十匹，进而嘉庆帝又指责内务府总管大臣英和等五人，明知广兴此等作为，却任由广兴一人专擅内务府，将五人一起降级留任。①

虽受到广兴一案的牵连，英和却一直深受嘉庆帝的信任。到了嘉庆十八年九月十五日，天理教头目林清安排教徒混入城内，兵分两路，在太监的接应下攻入紫禁城。在京师外的嘉庆帝得知林清是主谋后，迅速派英和回京，督办抓捕林清。英和一路快马加鞭，中途马蹶，换马再奔，三个时辰疾驰一百四十里进京。

英和入京后，先到神武门附近查看，见警备森严、秩序井然，方才放心。回京之后，英和迅速挑出精干衙役张吉、高铎、徐永功三人，连夜前往宋家庄抓捕林清。张吉等三人将林清抓捕后，押上马车急赶往北京。林清的手下一路急追到南苑城门。马车入城，城门关闭，留下一路烟尘，追杀者方才绝望返回。据英和记载，张吉等人入京后仍然惊魂未定，讲述前后经过时结结巴巴，不知所云。

英和抓捕林清有功，嘉庆帝一直记在心里。英和五十岁时，儿子官也做大了，入朝时嘉庆竟然对他说："你老爹今年五十岁，我记得他是四月十四日生日。"皇帝记住了自己生日，英和感动得老泪纵横。到了生日当天，嘉庆帝又特意赐给礼物。英和的儿子奎照极有出息，道光年间也做到了军机大臣，让英和着实得意了一场。

嘉庆帝与英和的君臣关系极为融洽。嘉庆二十四年秋，嘉庆帝骑

---

①　[清]庆桂：《国朝宫史续编》卷七十一，清嘉庆十一年内府钞本。

马时马蹶，导致右腕受伤。英和上折请皇帝少批奏折，多休息。嘉庆帝回复道："每日批折仅仅一二十字，一切留心调理，卿毋挂念。"嘉庆二十五年（1820），嘉庆帝前往木兰秋狝，七月二十四日抵达热河。次日嘉庆帝照常批阅奏章，接见群臣，不料当晚在避暑山庄突然病死。随后旻宁接位，是为道光帝。

道光朝初期，英和担任内务府大臣，为皇帝效力。道光帝登基时，内务府循惯例准备了御用砚四十方，背后镌"道光御用"四字。道光帝以准备砚台过多为由，闲置了可惜，下令将砚台分赐给诸臣，英和也分到了一块。砚台备好后，道光帝拿着紫毫毛笔，却嫌其过硬且价格昂贵，于是将英和找来，让他去宫外买了几种毛笔进行试用，最后选了纯羊毫、兼毫两种，命内务府仿此制造，供皇帝使用。

道光帝当政之后，英和与曹振镛同入军机处，一满一汉，共主朝政。英和一入军机处，就建议将各省陋规加以清查，应该革除的就革除，可以保留的就公开明确。新皇帝登基伊始还有点锐气，立刻同意，摩拳擦掌，要大干一把。随后十几天，道光帝接连颁布谕旨，指示地方官员必须清查陋规。不想督抚们却联合起来，给了新皇帝一个下马威。

各省督抚认为，陋规这种丑事不能明确公开，一旦被民众知道，怎么进行统治？道光帝被督抚们这一将军，顿时没话说了，只好收回成命，下令停止陋规改革，并尴尬地解释："朕刚没了老爹，心里乱糟糟，又是刚当上皇帝，没啥经验，听了英和的瞎话乱搞。还请各位多多包涵原谅。"道光帝在谕旨中还灰溜溜地说道："为君之难，诸臣亦当谅朕之心。"为了向地方督抚表示歉意，道光帝不得不将英和作为替罪羊，赶出了军机处。两江总督孙玉庭激烈地反对废除陋规，却被赐予"公忠大臣"的匾额，于是群臣叹服，竞相赞叹道光帝为天下圣主。

英和被赶出军机处，却一直担任着内务府大臣的职务。道光八年

（1828），英和本人倒了大霉，因为监督的道光帝故皇后孝穆皇后墓地工程渗水，差点掉了脑袋。最终皇太后出面，劝告道光帝"不应以家法诛大臣"，这才保住了一条命。

为孝穆皇后营造陵墓的宝华峪万年吉地工程，由庄亲王绵课、戴衢恒勘察地形，由内务府大臣英和监督施工。当得知孝穆皇后梓宫下有水渗出，道光帝大为悲恸，将负责的诸臣逮捕下狱。英和是承办陵工的主要官员，罪过尤重，与其二子奎照、奎耀一同被革职，籍没家资，临时寄居在一个古庙中。同年，英和被发往黑龙江做苦差，两个在官场上如日中天的儿子随行。英和身患重病，此时穆彰阿伸出援手，亲自前去探望英和，更每年接济他一万两银子。英和在戍所读书习字，静坐闲吟，考风问俗，过着隐居的生活。直到道光十一年（1831），方才被释归。

在道光朝的历史上，英和的作用被大大地限制了。道光帝对英和也有深刻的了解，认为"英和人本明白，性复敢言"。英和父子两代人担任内务府大臣长达半个世纪，可他并没有太多的世故和私心。像他这样的人物，若是碰到一个强有力的皇帝，则可以发挥他的才华。可英和的一生老碰上倒霉事，碰上的皇帝也非强势之主，所以一直没能得到施展身手的机会。

四、内府大印遗失

内务府执掌大内事务，一切活动均围绕皇室展开，其职责何其重要，而其大印更是深藏于宫中。不想咸丰年间，英法联军入侵北京后，内务府的大印竟然丢了。内务府大臣宝鋆因此受到牵连，自以为头颅不保，不想宝鋆不但未掉脑袋，后来还继续升官。

宝鋆是吉林人，虽然隶属八旗，却出身贫寒，是故知晓民间疾苦。

道光十八年（1838），三十一岁的宝鋆考中进士，此后宦海沉浮，有升有降。咸丰八年（1858），在浙江主持乡试时，宝鋆擅自做主，额外扩大名额，多录取了一名生员，为此被咸丰帝斥责。咸丰帝感到不解，认为宝鋆平日里以清廉自诩，想不到也和其他人一样营私舞弊。

咸丰十年八月初八，皇帝逃往避暑山庄，宝鋆留守北京。此时宝鋆担任户部侍郎、总管内务府大臣，掌管户部三库，负责管理圆明园等处。

圆明园经历了清室历代皇帝的经营，规模宏大，有各种宫殿一百四十余座，设有八旗鸟枪营守卫，有兵近万人。不想英法联军逼近时，守卫圆明园的禁卫作鸟兽散，无一卒一骑出击。

咸丰帝逃到热河后，命宝鋆从银库中提出二十万两白银，送到热河修葺行宫，却被宝鋆拒绝。宝鋆认为，此时正值国难，守城也需要银两，要节俭度日，"守城需饷，库无存储，是无京城也"。

八月二十二日，英法联军逼近德胜门、安定门外，并大败僧格林沁、瑞麟军，此后窜往圆明园大肆抢劫。驻园的总管内务府大臣文丰投河殉难，园内死亡的宫女和太监颇多。英法联军入园所抢劫的多是容易携行的物品，抢劫完毕后，各处乡野居民和土匪一拥而入，将园内精致陈设抢掠一空。之后，土匪欢天喜地地抬着财物撤走，不想半途又被胜保的部下拦住劫杀，所得多数落入胜保囊中。真是螳螂捕蝉，黄雀在后。联军火烧圆明园时，宝鋆在城头上看着漫天火光，却无计可施。

八月二十三日，英法军队二百余人，加上不计其数的土匪，涌入清漪园东宫门，将各殿陈设抢劫一空。园中大件多有损伤，小件尽被抢去。清漪园主管内务府员外郎泰清全家十六口自焚而死。到了光绪二十六年（1900），八国联军杀入京师，一时人心惶惶。海甸街上有内务府某官员，听闻颐和园起火，也效法前辈泰清，举火全家自焚，以殉皇室，"今甸镇街石路西是其故居后人，为起大冢，且竖石表墓"[1]。

在一片混乱之中，宝鋆将内务府大印交给大臣文丰保管。结果英军火烧圆明园，文丰投水自杀，大印丢失。咸丰帝得知之后，大骂宝鋆："只顾一己之命，圆明园被焚毁时不前往，对于专管的三山被抢掠，也不前往，不知是何等肺肠，实我满洲之弃物也。"[2]

圆明园被英法联军抢劫后，宝鋆到园中查探存放在园中的历代皇帝画像的情况，到园时只见满地灰烬，一片狼藉。宝鋆碰到独自看守宫舍的内务府小官崇礼，两人相对而泣。此时画像已被抢走，两人骑行了十余里进行寻觅，见画像散佚在地，残破不堪，二人均惊慌无措。崇礼认为画像被毁坏至此，即使拿回去也不能保全，不如火化较为得体。二人就寻了稻草，举火跪地，泣而焚之。

崇礼此日的表现，让宝鋆大为欣赏，此后特意提拔重用，后来崇礼做到了内务府大臣、礼部尚书。有人弹劾崇礼习气太重，识字不多，不配做礼部尚书，宝鋆回护道："识字无多没关系，哪能人人都与太史公比呢？只要事理明白即可。"说起来，崇礼无特别表现，只是宝鋆丢了大印，心有戚戚，与崇礼共患难之后，自然对他要加以提拔回护。

咸丰十年（1860）八月二十八日，总管内务府大臣在京者，仅宝鋆一人，其他的都随咸丰帝逃去了热河。宝鋆一人处理京内事务，焦头烂额之下，不得不恳请咸丰帝"简放一二员，分任其事，以便照料"。咸丰帝派了内务府大臣明善回京师帮忙，附带着痛骂宝鋆："圆明园已被焚毁，你不多去探望，还有人心吗？"

早在道光十三年（1833），吏部曾规定，遗失印钥钥牌之案，即

---

① ［清］震钧：《天咫偶闻》卷三，清光绪甘棠精舍刻本。

② 中国第一历史档案馆编：《清代档案史料·圆明园》（上册），上海古籍出版社1991年版，第557页。

将遗失之员从严议处，此后三年无过方准开复。宝鋆所管辖的三山被抢劫，内务府大印丢失，宝鋆自知官帽要丢，很是无奈，自我调侃："冠下之物且不顾，遑计冠上区区者哉。"不久果然被降为五品顶戴。然而，此时适逢乱世，还是需要用人。一个月后，宝鋆就官复原职。

咸丰帝出逃至热河后，在咸丰十一年（1861）七月十七日寅时驾崩。咸丰帝一生处于大清帝国国力下降曲线的最低端，他二十岁登基，也想有所作为。可祖先留给他的债务实在太多，他瘦弱的身体无力扛起这内外如山的重压。当皇帝十一年，内有各省此起彼伏、连绵不绝的起义，外有英法联军的进逼，不得不仓促逃奔热河，只是在最后的岁月里，才能得享些安逸太平，这皇帝当得实在太辛苦。

咸丰帝一死，东西两位太后走上历史舞台。之所以称东、西太后，因为逃到热河行宫后，皇后钮祜禄氏居住在烟波致爽殿东间，内务府上下就私下称她为"东边的"，懿贵妃那拉氏住西间，称为"西边的"。咸丰帝一死，两宫晋封皇太后，就改称"东太后"和"西太后"。这样的称呼本是内务府官员和执事人员对两宫皇太后的简称，渐渐流传开来，成为代称。两宫皇太后回京之后，慈安住承乾宫，慈禧住储秀宫，并无东西之分，但宫廷内外及民间已经习惯称之为"东太后"和"西太后"。

辛酉政变后，咸丰十一年九月三十日，周祖培、沈兆霖、贾桢等大臣联合上奏，请两宫太后垂帘听政。十月初一日，授恭亲王奕䜣议政王、军机大臣、宗人府宗令三大要职，次日又补授内务府总管大臣之职。奕䜣集大权于一身，权倾朝野，接着发布上谕，任命大学士桂良、户部尚书沈兆霖、户部右侍郎宝鋆、户部左侍郎文祥在军机大臣上行走。太平天国起义被平定之后，朝廷嘉奖群臣，宝鋆、文祥等内务府大臣在内廷行走，经理一切事务，夙夜在公，出力多年。

如同前辈英和等人一样，作为内务府大臣，宝鋆经常受命办理皇家事务。寿庄固伦公主是道光帝第九女，咸丰五年（1855）封为寿庄和硕公主，指配给德徽。同治二年（1863），正当壮年的德徽突然染病去世，皇室惋惜不已，派总管内务府大臣宝鋆前往照料其丧事。为了鼓励宝鋆，皇帝将其"任内一切处分，悉予开复"。寿庄和硕公主结婚没多久，就遭此苦劫，尤为凄怆，于是朝廷又特令内务府广储司拨银一千两，"以示笃念亲亲有加"。

宝鋆前去寿庄和硕公主府内料理丧事时，其府内首领太监张玉苍耍起了威风，认为上驷院提供的马匹不佳，要求挑换好马，向宝鋆出言挑衅，甚至有让宝鋆"亲身排车"之语。宝鋆脾气虽好，对此也没法忍受，向同治帝奏明张玉苍的行径。张玉苍当即被革去首领太监之职，交给内务府慎刑司严行审讯。

对于清室而言，宝鋆是可靠的亲信大臣，可以视为自家人。同治帝的大婚典礼，就由恭亲王奕䜣、宝鋆会同其他总管内务府大臣，加上礼、工二部堂官一起办理。此番大婚，极尽奢靡，垂老的大清王朝想借助这场婚礼，表明自己还有些许生机。可时局的发展和国运的走向，却不是一场盛大婚礼所能左右的。

"宝鋆早岁出身寒酸，多知民间疾苦，及致身通显，最达人情。"宝鋆这样的人物，最适合作内务府大臣。他为人幽默，心胸豁达，在政治事务中，虽偏向于恭亲王，却也批评他人虽聪明，可还是有皇子的浮躁气息，不能脚踏实地。在各种势力之间，宝鋆常居中调和。

同治四年，恭亲王与慈禧爆发冲突，恭亲王被赶出军机处。四月十三日，慈禧召见宝鋆，询问他的意见。宝鋆聪明机灵，语言幽默，又会说话，哄得慈禧很开心，当日就下令让奕䜣入军机处。原本政治上的僵局，就这样被宝鋆打开。宝鋆的这套调和功夫，让朝中大臣佩服得五体投地。四月十四日，谕旨出来，恭亲王着仍在军机大臣上行走，但没有了议政王的名目，以示裁抑。此场持续了三十九日的政治风波，至此方告结束。

就在此月，军机大臣宝鋆、文祥一起上奏，称军机处事务繁重，恳请开去二人总管内务府大臣之职，以专一军机处事务。文祥与宝鋆年轻时都贫困不堪，都由科举出仕，是奕䜣的得力助手，但宝鋆与文祥却是两个极端。

宝鋆好酒、好马、好出游，酒后诗兴大发，泼墨挥毫，洋洋洒洒；文祥滴酒不沾，沉默寡言，不与人多交往，从不谈军机处中事务。文祥的诗写得极好，可是少有成集的作品；宝鋆去浙江，一路上在轿子里就吟出了一卷诗。军机处中，只要奕䜣与宝鋆凑在一起，就彼此挖苦，互相调侃。可只要看到文祥，这两人都表现得规规矩矩，端端正正。曾国藩认为文祥为人正派，"但心思不周详"，不会培养政治上的助手来帮助自己，靠一个人苦苦支撑却无力回天。

与文祥相比，宝鋆是个快活的人，他在塞外纵马，得意时吟诗云："天下快事哪有此，一转瞬间百余里。"在草原上，喝着奶茶，他高呼："穹庐雅相称，门外野风凉。"同治八年（1869），美国传教士丁韪良被聘为同文馆总教习。在就职典礼上，学生们身穿长袍，头戴配有流苏的礼帽，向丁韪良行额手礼致敬。丁韪良当场用汉语发表了一番演讲，结果在一旁的宝鋆听了，诗兴大发，随即赋诗一首，抄写在一对精美的卷轴上，送给丁韪良留念。

宝鋆与曾国藩是同一年考中进士的老相识，曾国藩评价他"不满人口"，也就是嘴巴大，喜欢胡扯。宝鋆的缺陷果然如此，他时常因为口无遮拦而招惹是非。他的幽默语言经常被人指责为不得体，不符合礼制，对此，宝鋆只能苦笑。

咸丰、同治年间，内忧外患，朝野上下岌岌不可终日。先是大臣文庆大力提倡重用汉臣，提拔了曾国藩、胡林翼等方能平复战乱，其功甚伟。之后文祥、宝鋆襄赞恭亲王，和辑邦交，削平寇乱，方有同治中兴。在内务府和大清王朝的历史上，文祥、宝鋆都是不可忽视的人物。

五、内斗：虚衔换实职

同治一朝，虽有内忧外患，却终能妥善处理，不至于酿成大患。有此局面，外人只知曾国藩、李鸿章、左宗棠这样坐镇一方的大臣，却不知中枢之中，文祥、宝鋆、沈桂芬等人的谋划之功。

沈桂芬在军机处时间最久，又兼管总理衙门，任职期间正值外交艰难之秋，其间有日本侵略琉球案、俄罗斯归还伊犁案等。沈桂芬主政，延续了文祥老成持重的风格，不轻易挑起是非。毕竟当日的局面，唯有如此才能带领大清王朝走过最艰难的时光。沈桂芬为人持躬清介，为同朝所无。他不收馈赠，所居东厂胡同府邸外狭窄，马也不能掉头。入朝时从未乘坐大轿，人称"驴车宰相"，与后来风气迥然不同。

然而，这样一个忠心耿耿的老臣，却差一点被打发到偏远的贵州担任巡抚。

光绪四年（1878），贵州巡抚出现空缺，惯例是军机处将候选人名单递上，供两宫皇太后挑选。十月二十六日，就贵州巡抚人选，两宫皇太后在召见军机大臣时突然指示："着沈桂芬去。"

当日沈桂芬生病，未曾入宫，其他军机大臣听后无不骇异，因为此事违背军机大臣人事任用的惯例。军机大臣中，常有外放担任督抚者，但都是平调或升调。如军机大臣本来官衔是二品、三品，外放做了督抚，则是升调。咸丰元年（1851），军机大臣季芝昌本职是左都御史，外放为闽浙总督，这是平调；舒兴阿本职是户部左侍郎，外放为陕甘总督，这是升调。巡抚是从二品，沈桂芬此时担任兵部尚书，是从一品，又兼军机大臣，从资历、官衔上来看，外放为贵州巡抚，无异于被贬。

宝鋆与沈桂芬关系最好，当即表示此任命不妥。其他军机大臣对此也感到突兀，表示暂时不敢奉旨。两宫太后思考之后，也觉得过于草率，就命沈桂芬照常在军机处当差，另外委派人担任贵州巡抚。

当天，沈桂芬在家中得到消息后不胜惊疑，嘀咕道："穴本无风，风何由入？"转而怀疑荣禄从中捣鬼。那么荣禄与沈桂芬有何恩怨，沈桂芬为什么单单怀疑荣禄呢？

荣禄出身满洲名门瓜尔佳氏，祖上尽忠捐躯者甚多。道光十年（1830），荣禄的祖父塔斯哈在新疆平定叛乱时，因为孤军出击，被叛军包围后战死沙场。咸丰二年（1852），荣禄的父亲长寿、伯父长瑞在广西镇压太平军时同日战死。长寿战死时，荣禄与家人尚在福建，由福建将领饶廷选抚养。咸丰十年，太平军围攻杭州时，荣禄养父饶廷选战死。

荣禄一门为大清国卖命，大清国当然要提拔重用他。咸丰二年起，荣禄一路青云直上，二十五岁就官至户部员外郎。不想在户部时，荣禄得罪了权臣肃顺，又被户部文稿失火案牵连入狱，丢了官职。辛酉政变后，荣禄由文职转入武职，在神机营当差，得到醇亲王奕譞提拔，一路升至神机营管理大臣。

在神机营，荣禄追随文祥，参与了围剿关外马贼的战役，得到文祥欣赏，又有醇亲王的栽培。同治七年（1868），荣禄参与围剿东捻军的战事，事后被文祥推荐，称他"忠节之后，爱惜声名，若畀以文职，亦可使胜任"。同治十年，在文祥推荐下，荣禄担任了工部右侍郎。

同治十三年七月二十九日，荣禄授总管内务府大臣。上任两个多月后，荣禄就请求辞去总管内务府大臣差使，原因一是内务府事务繁多，二是自己兼职过多。荣禄此时正担任神机营管理大臣，所有马步各队共计一万八千余名官兵，操演阵式，练习技艺。春秋移操南苑，荣禄均须亲自前往驻扎，每日督操；冬夏撤回各旗营，又须亲自前赴各教场校阅。

此外，荣禄奉命办理普洋峪万年吉地工程，时常要在工地监工。两项差使均属不容稍有懈弛，而办理内务府事务必须随时督饬。无奈之下，荣禄只好请开去总管内务府大臣之缺。荣禄的奏折递上后，上谕："荣禄办事尚属勤慎，着毋庸开去总管内务府大臣差使。"光绪元年（1875）年底，万年吉地工程完工。慈禧大大地褒奖了工程监督荣禄，认为他不遗余力，认真讲求，倍求巩固，异常出力。光绪三年，上谕总管内务府大臣荣禄着加恩在紫禁城内骑马。

光绪四年，四十二岁的荣禄在官场上光芒四射，身兼工部尚书、步军统领、内务府大臣三大要职。

沈桂芬与荣禄结怨，始于同治帝去世时。当年，荣禄任工部侍郎，兼任步军统领、总管内务府大臣等职。荣禄在内务府大臣任上，敢说敢为。曾国荃曾称赞荣禄："官内务府时崇俭黜奢、直言敢谏。"同治帝死后，两宫皇太后、军机大臣及亲贵们共同商议，确定立光绪为嗣，承继大统。荣禄此时担任内务府大臣，有机会在内廷行走。在两宫皇太后决定的过程中，荣禄事先给了一定的建议，而他自然是倾向于恩人醇亲王奕𫍽的儿子。

沈桂芬的心胸比较窄，如曾纪泽评论沈桂芬道："沈相虽规模稍隘，然勤俭忠纯，始终如一，亦救时良相也。"其他军机大臣都未计较此事，唯独沈桂芬极为厌恶荣禄此举，认为荣禄干涉了军机处权柄。

荣禄与沈桂芬的政敌李鸿藻是异姓兄弟，二人性格相像，立场相近，在官场上彼此支援。荣禄生活豪奢，貂裘编成号码，每日一换，让主张节俭的沈桂芬大为不满，此后寻机会给荣禄穿小鞋。荣禄知道沈桂芬对自己不满，便时刻加以防范，二人遂成水火。而荣禄与沈桂芬之敌对，又卷进了帝师翁同龢。

光绪四年（1878）十月二十六日夜，翁同龢拜访沈桂芬，二人相谈良久，话题自然是外放为贵州巡抚一事。

翁同龢与荣禄初期关系较好，二人曾结拜为弟兄。同治十一年（1872）正月，翁同龢母亲下葬当日，天寒地冻，官员们大多礼节性地送上一程，唯独荣禄步行送出二里多地，翁同龢在日记中云"极可感"。

光绪四年，翁同龢正与沈桂芬打得火热，与荣禄也是频繁往来。沈桂芬遂委托翁同龢打探荣禄消息，荣禄也托翁同龢刺探沈桂芬虚实。翁同龢夹在中间，只能虚与委蛇。

一日，翁同龢突然气冲冲地来找荣禄，大骂沈桂芬不是人，"不特对不起朋友，其家庭中亦有不可道者，我已与彼绝交"。翁同龢又提醒荣禄，沈桂芬猜测是你设计让他出任贵州巡抚，现在寻思要报复，不可不防。

荣禄一看翁同龢大骂沈桂芬，语气慷慨，自然是信之不疑。之后不久，翁同龢与荣禄一起奉令出差十日，两人每日里都在大骂沈桂芬，琢磨着要将他搞掉。荣禄说当日设计让沈桂芬出任贵州巡抚一事，"谓一击不中，当徐图之"。

然而，让荣禄意想不到的是，翁同龢将这些私下的话，都告诉了沈桂芬。翁同龢是什么样的人物，他的同乡潘祖荫最了解，认为翁同龢"专以巧妙用事……总角之交，对我犹用巧妙，他可知矣"。

军机处之中，向来是李鸿藻、沈桂芬不和，而翁同龢一直依附于李鸿藻。李鸿藻一去，翁同龢没有后援，遂与苏州同乡沈桂芬亲近。对于翁同龢转投他人门下，李鸿藻也是恼羞成怒。光绪四年（1878）十二月，李鸿藻唆使张佩纶攻击翁同龢。

张佩纶剑指宝鋆、翁同龢，弹劾宝鋆之弟宝森庸碌无能，不宜被提拔任用。翁同龢侄子翁曾桂"京察一等，违背惯例"，请将宝森去职，翁曾桂一等注销。翁同龢一直是李鸿藻一派的人马，此时倒向沈桂芬，并与沈桂芬联合打压荣禄，而李鸿藻又与荣禄关系最睦，故而抓住墙头草翁同龢猛打。此事被两宫皇太后压下，"着毋庸议"。

荣禄一心提防沈桂芬时，却不小心开罪了自己的大恩人奕譞。光绪朝初期，中国北方大旱。受灾地区以山西、河南、陕西、直隶、山东五省为主，其他北至辽宁、西到四川、南达苏皖的地区也受波及。此次旱灾以光绪三年（丁丑年）和光绪四年（戊寅年）为灾情最高峰，故称"丁戊奇荒"。

其间，京师中也是干旱异常，谣言四起，风传有邪教要起事，已与山东、河南等地的教徒联系，准备杀入京师，并在九门张贴揭帖云云。两宫皇太后为此召醇亲王奕譞至宫中询问意见。奕譞建议将北洋淮军调到京师，以安抚局面。奕譞此时闭关在家多日，久静思动，"疾其兄（奕䜣）之专横，久有眈眈之意"，想利用此次机会，将局面搅动开来。

此时，荣禄正好生病，对于醇亲王的建议与心思一概不知。病愈之后，两宫皇太后召见荣禄，也询问他调北洋淮军入京之事。荣禄力陈不可，并给出依据：自己早就在京师附近布出密探，如果真有邪教的动静，早就知道了，可见邪教兴兵，不过是谣言罢了。荣禄认为，因为几句谣言就调兵显得太过仓皇，必须镇定处理。两宫皇太后听从了荣禄的建议，否决了调兵进京。

出宫之后，荣禄得悉调兵入京是醇亲王的建议，不由大惊。醇亲王可是他仕途上的大恩人，就赶紧到醇亲王府去谢罪。不料醇亲王却以闭门羹待之，交情也至此告终。

沈桂芬得悉荣禄开罪醇亲王后，不由大喜，知道机会来了。在政坛之上结成政治集团，抱团作战才能长久不衰。若是没有政治集团可以依靠，则必须要投靠强力人物。此时的荣禄，在政坛上尚是一株小草，而醇亲王则是为他庇佑风雨的大树。

沈桂芬与宝鋆经过一番商量，开始寻找机会修理荣禄。光绪四年（1878）十二月二十六日，机会出现，御史宝廷上奏，称现在朝内大臣兼职过多，无暇顾及，以致贻误公事。奏折中点了宝鋆与荣禄两个人的名。此次上疏，宝廷本意是纠正朝内大臣兼职过多之弊，不想却被沈桂芬、宝鋆利用。

宝鋆的职务是实录馆监修总裁、国史馆总裁，管理吏部事务、户部三库事务、翰林院掌院学士、稽查钦奉上谕事件处、镶蓝旗满洲都统、阅兵大臣等，共计六项。荣禄的职务是工部尚书、总管内务府大臣、步军统领、统带健锐营、统带神机营、管理右翼右官学等，共计六项。

宝廷上奏之后一日，恰好慈禧生病，慈安一人垂帘听政，召见军机大臣。此时，沈桂芬故意谈及朝中大臣兼职过多一事，如宝鋆与荣禄，请开去宝鋆国史馆总裁、阅兵大臣和荣禄工部尚书、总管内务府大臣各两项差使。

慈安不明其中底细，没细想就批准了。沈桂芬、宝鋆心里狂喜，以宝鋆两个虚职，去了荣禄两个实职，何其划算。

荣禄的三个要职丢了两个，只剩一个步军统领。沈桂芬意犹未尽，趁热打铁，继续进攻。光绪五年六月，沈桂芬搜罗了荣禄"承办庙工，装金草率，与崇文门旗军刁难举子"等一堆过错，让御史弹劾。

　　荣禄所担任的步兵统领（提督衔）在人事上属于兵部。而此时的兵部尚书正是沈桂芬。依照处罚条例，荣禄被弹劾的罪责只是失察，正常处分是罚俸，即使加重处罚，也不过是降级留任，且如果是公罪的话还可以抵消处分。兵部人事部门依据处罚条例，拟好处理意见递上，沈桂芬看了后，立即否决，与兵部满尚书广寿操盘，将荣禄定为降二级调用，从提督降为副将。这广寿也是翁同龢的换帖兄弟，京师里是"干兄弟满天飞"，搞不好什么时候就背后捅一刀。荣禄降为副将后，知道了沈桂芬等人的厉害，暂时退出官场，待机再起。

　　荣禄知道一时斗不过沈桂芬，便偃旗息鼓，在家休养了一阵子。光绪十七年（1891），荣禄复出，不过是外放西安将军。至甲午中日战争爆发后，荣禄再次被起用，调回京师，出任兵部尚书兼总理各国事务大臣。戊戌变法后，荣禄出任直隶总督兼北洋大臣，统领北洋三军，权倾朝野，是当时最有权势的人物。

　　沈桂芬去世之后，光绪七年，御史邓承修出击，弹劾宝鋆性格诙谐，为人不正经，将国事视为儿戏。此番弹劾，又被清廷压下。光绪十年三月八日，御史盛昱上奏，弹劾军机大臣奕䜣、宝鋆等人。此时慈禧羽翼已经丰满，又要提拔醇亲王奕𫍯，于是将奕䜣、宝鋆去职。"奕䜣、宝鋆二人入直最久，一系多病，一系年老，从宽处理。奕䜣开去一切差使，仍留世袭罔替亲王，赏食亲王全俸，撤加恩双俸，家居养疾。宝鋆着原品致休。"

　　光绪十年之后，恭亲王派系退出政坛，醇亲王获得压倒性胜利。退出政坛后，宝鋆曾在家中摆了酒席，召了戏班子来唱戏，请奕䜣、奕𫍯两兄弟会饮，想调和二人关系，但效果如何，外人就不得而知了。

第三章

为皇帝赚钱：内务府的生财之道

一、皇商这碗饭不好吃

《红楼梦》中"贾史王薛"四大家族之一的薛家系"现领内府帑银行商"，也就是皇商。清代的皇商，负责为清皇室采办各种物品，交给内务府广储司，是故《红楼梦》中的薛家，能有各类珍稀物品。外号"呆霸王"的薛蟠，领着内帑钱粮，负责采办各类杂料。作为皇商，薛家有许多珍贵的药材、木材等。贾家虽然富贵，有时也得向薛家索取人参、牛黄和上好木材。

早在后金入关之前，就有一批山西商人，本着牟利的本能，暗中与后金进行各种贸易。这些本为明朝百姓的晋商利欲熏天，丝毫不顾及朝廷利益，不但贩卖人参、貂皮这些物品入关，还敢向后金贩卖火药这样的军需物资。在清军入关的战役中，晋商为清军组织军需物资，立下了汗马功劳。至清室鼎定中原后，有八家商人成了内务府的皇商，分别是王登库、靳良玉、范永斗、王大宇、梁嘉宾、田生兰、翟堂、黄云龙。

八家皇商之中最有名的是介休范氏一族。范家熟悉塞外，多年来一直从事运输钱粮业务。顺治二年（1645），顺治帝召见范永斗，"诏赐张家口房地，隶内务府籍，仍互市塞上"。范家被赐产张家口，入内务府籍，此后范家等皇商成为皇帝的商业代理人。范永斗为负责皇家采购皮张等贸易，全力扩充家族业务，财力日益雄厚，奠定了范家日后的发家基础。范永斗年迈之后，由儿子范三拔接掌家族业务。

清代晋商到蒙古贸易者为数众多，时称"藩商"。在范三拔手中，范家除了继续进行边疆贸易外，也从事其他如铜、盐等业务。范三拔生有五子，其中第三子范毓馪在康熙四十七年（1708）成为范家生意的掌门人。范毓馪熟悉商贸事务，为人豪迈，又有胆略。在他的执掌下，范家业务愈发壮大。

康熙三十五年，康熙帝领兵出塞外，攻打准噶尔部噶尔丹。此番作战，出塞千里，前后数月，发兵十余万，后勤供给是巨大难题。由于路途遥远，每石米粮要花费一百二十两。到了康熙五十九年，在清军远征准噶尔之战中，范毓馪承担了运粮事务，将每石米粮的价格下降到四十两。以边市贸易起家的内务府皇商范氏带领一些商人，辗转沙漠万里，为清军提供后勤支持。商人运粮的优势是"克期至，无后者"，可见商业化运作的效率胜过官方。对于商人们的高效运粮，康熙帝很满意，多次给予褒奖。

雍正四年（1726），雍正帝汲取康熙朝对准噶尔部多次用兵但不能奏效的教训，准备对准噶尔用兵前，以允祥、张廷玉、蒋廷锡三人秘密办理，为此特设军需房。经过允祥的精心策划，"是以经理二年有余，而各省不知有出师运饷之事"。雍正帝特设军需房，整合六部与各省力量，集中财力人力物力，为军队提供了有力的后勤支持。到了雍正七年，雍正帝正式对准噶尔用兵。此次出征，以傅尔丹为靖边大将军，从北路进；岳钟琪为宁远大将军，由西路进。

雍正帝的心腹怡亲王允祥，知道范毓馪精于后勤运输，推荐范毓馪负责运输两路大军的粮饷。范毓馪很卖力地办理北路粮饷，曾以骆驼万余匹运送由察罕廋尔至科卜多的粮饷。由于路途遥远，且途中气候环境险恶，范毓馪分段设站，"每站用驼二百只，夫四十名。七八月间，驼只倒毙数千"①。

为了节省成本，范毓馪根据用粮数量及路程计算各处米粮的价格。各处所需的每石米粮分别耗费白银十一两五钱至二十五两不等。范毓馪精心筹划运输粮饷，得到雍正帝嘉奖。"北路军粮范毓馪承领运送，诸事谙练。措置得宜。朕深嘉奖，已加优叙。"②雍正帝赐范毓馪二品太仆寺卿，其弟布政司参政。

乾隆帝登基之初与准噶尔对峙，设在前方的诸多营寨需要大量粮饷供应，范毓馪再次承担了该任务。乾隆三年（1738）夏五月戊午，定边副将军额驸策凌上奏，因为前方米粮储存较多，军营现贮粮十七万余石，屯田米三万余石，命暂停运送军营米石。范毓馪每年运到两万石粮，又预备折耗一千石米已交军营。③

乾隆三年，口外大获丰收，而京师米价昂贵，贫民缺粮。乾隆帝派遣内务府官员携带库银六万两，前往张家口、古北口，依照市价采购米谷，交八旗米局平粜，使京师中民众能买得起米。范毓馪毛遂自荐，称自己长期在口外买米，业务熟练，张家口外现有范家伙计多人，采购米

---

① [清]傅恒：《平定准噶尔方略》前编卷三十九，清文渊阁四库全书本。

② [清]傅恒：《平定准噶尔方略》前编卷二十三，清文渊阁四库全书本。

③ [清]傅恒：《平定准噶尔方略》前编卷四十四，清文渊阁四库全书本。

粮，断无贻误。故请其采买米粮，费用自然较之官买节省。乾隆帝当即许可，命范毓馪派人前往古北口、喜峰口、热河一带分头采办，不拘何项米谷，照市价购买，陆续运京，分给八旗米局。[①]

在康雍乾三朝平定准噶尔叛乱的过程中，范家负责了相当部分的后勤事务，运输百万余石军粮，为战事的胜利出力甚巨，备受清室青睐。当年的八家皇商"其后嗣今多不振，惟范氏因北运一役，囧卿屡蒙恩赏"。范家为皇帝卖力，皇帝也赏赐给范家很多好处，如采购铜料、分销食盐等贸易特权。

清代官方货币是"制钱"，俗称铜钱。不过中国铜矿产量有限，每年所产不能满足铸造铜钱之需。铜料的采办由十四个内地榷关承办，同时负责采购铸铜钱所需的铅料，以及收集废铜等。各榷关采购价过低，虽拼命搜刮，也不能完成采购任务。国产铜料不足，转而依赖于从日本进口。从十七世纪后半期开始，日本长崎对外出口的重头从银转为铜。日本四国的铜矿，提供了大量高品质、低价格的铜料。中国则保持着对铜的旺盛需求。

康熙二十三年（1684）开放海禁后，清政府从日本大量进口铜料。到了康熙三十八年，原先由榷关采购的铜料，改由内务府皇商采办。此年经过内务府上奏，朝廷议定"以芜湖、浒墅、湖口、淮安、北新、扬州六关应办宝泉、宝源二局额铜，改交内务府商人承办"。原先由六关采购的铜料，合计二百二十四万余斤，此后被移交给内务府皇商，由张家口商人王纲明、范玉芳、王振绪、翟其高等人承办。

到了康熙年间，内务府员外郎张鼎臣、张鼎鼐及主事张常住三人，又请将其余崇文门、天津、临清、龙江、赣关、太平桥、凤阳、南新等

---

① 《八旗通志》卷七十七《土田志》十六，清文渊阁四库全书本。

八关，共一百三十三万余斤额铜，移交给张家兄弟办理。

到日本购铜时，皇商可以顺便携带一些商品至日本销售。这些商品是日本市场上的稀缺品，出售后能牟取暴利。内地价一，至日本售卖可得价五。再从日本购铜料回国售卖，又可以获得巨大利润。

承包铜料的内务府皇商张鼎臣曾道："查原来各关规定铜价，每斤银一钱五分，据我等经营，每斤铜只需银七分，运费及杂项用费需银三分，合计每斤铜需银一钱。"皇商仍然按照一钱五分的价格采购一斤铜，经手之后，每斤可余银五分，扣去"节省银"[①]一分五厘后，仍余银三分五厘。张氏一年承办铜斤一百三十万余斤，每斤可得利三分五厘，利润之高，可谓惊人。

此处的节省银是清代独创。清入关之后，吸取了明代教训，不敢公开将户部库银收入宫廷。不过清室还是玩了些手段，通过节省银之类，混淆公私，充实内务府银两。凡内务府皇商承办各类工程项目，采办铜料、草豆料等，每笔开支中，均要扣下一定数额的节省银缴纳给内务府。康熙三十八年（1699）十二月，内务府皇商王纲明接办六关铜料，每年将节省银三万两"交与内库"。

皇商承办的购铜利润巨大，甚至引起了曹寅的嫉妒，曹寅提出由他独承十四关原铜采购计划。最后各方达成妥协，将宝源、宝泉两局铸鼓所用，十四关额铜三百五十八万余斤，分为三份，由三方承办：湖口、扬州、凤阳、崇文门、天津、太平桥等六关，分给内务府员外郎张鼎臣兄弟；芜湖、浒墅、北新等三关，分给皇商王纲明等人；龙江、淮安、临清、赣关、南新等五关，分给江宁织造曹寅。

---

①　节省银，即皇商承办各类工程、采购原料时，承诺所办工程、原料的实际价格，要比以往采购部门（如各税关）采购的价格更低，将节省下来的部分银两献给内务府，作为对皇室的孝敬。

　　每年买铜料的银两由户部支付，但买铜中产生的节省银却交给了内务府。张鼎臣、王纲明、曹寅三方，每年购铜三百五十八万余斤，要缴纳节省银十四万两。皇帝坐地生金，做起了无本买卖。

　　康熙五十四年（1715），日本幕府限制对外贸易，将每年至日本的船只限定为三十艘，贸易额限定银六千贯（一贯为七百五十斤），原铜限定在三百万斤内。日本限制铜料出口，导致铜价上涨，负责对日贸易的皇商难以完成任务，只得在京师附近收购废铜器皿，但仍无法完成任务，亏损严重。一起承办铜料事务的皇商六人中，有王某亏损帑银八十三万两，被下狱处死。王某一死，家人需要填补亏空，范毓馪与王某是好友，不忍其一人承担亏损，便按期如额赔补。①

　　康熙五十五年，范氏等内务府皇商的办铜资格被取消，改交江苏、安徽、江西、浙江、福建、湖北、广东等八省督抚、委员办理铸造铜钱的铜料。到了乾隆年间，云南铜矿得到大量开采，用铜压力稍微缓解。但乾隆年间社会兴盛，铜钱铸造用铜所需更大。乾隆三年（1738），范毓馪再次奉命采办洋铜（日本铜）。

　　此时到日本从事贸易受到诸多限制，且海上贸易风险巨大，被人视为畏途。乾隆初期，办理洋铜事务的官商均遭到沉重损失，"买铜之官多已破产，买铜之商无不倾本"。范毓馪则云："范家世受皇恩，为皇家效力乃是分内之事。"他立刻遣人驾巨舟赴日本采办。范毓馪到日本采购原铜，数量颇大。乾隆九年时，"查范毓馪所办洋铜，足供六年之用"②。

　　除了购铜的巨利之外，范家还从事其他商业贸易，如盐、木材等。

―――――――――

① ［清］戴震：《（乾隆）汾州府志》卷十七，清乾隆三十六年刻本。
② ［清］贺长龄：《清经世文编》卷五十三《户政》二十八，清光绪十二年思补楼重校本。

在张家口外，范家砍伐、运输大量木材，入口进行销售，获利颇丰。在涉及皇室的景山、万寿山等大工程中，范家利用自己的资金及对森林资源的熟悉，开采了大量木材低价供给工程之需。同时，范氏家族还为内务府运输马匹、粮食，乃至销售人参。

范氏的业务极为广泛。乾隆朝时，在北方，范家与哈萨克汗国从事马匹贸易；在南方，与英国人从事玻璃贸易。乾隆十年（1745）之前，范氏家族通过与内务府的关系，从事人参开采、销售活动，从中获得了暴利。到了乾隆十年，乾隆帝看到人参贸易获利实在丰厚，便将人参收归官方专营，范氏也停止了人参贸易。

范家得到内务府特许，经营河东、长芦两盐区引盐的运销。河东盐区（潞盐）行销地区为山西全省以及陕西、河南等部分地区。长芦引盐行销于直隶和河南的二十个州县。范家指定的购盐区是天津、沧州。此两地盛产高品质盐，而其销售盐的地区人口稠密、生活富庶、交通便利，运输费用也低。范家在这些区域内，构建了一个包括运输、销售的交易网络，通过盐业贸易获得了巨大利润。

范家在北方有囤积盐的仓库，在苏州有负责采购铜的船局，有洋船六艘，在长芦、河北等地遍设盐店，在北京、张家口等地有多处商铺，在山西老家有大量土地和房产。范氏家产究竟有多少，已无从考证。但在范家所谓的极盛之时，风光的背后却是千疮百孔，在勉强维持。

乾隆十年之后，范家的生意从毓字辈移交到清字辈手中，其中著名的有范清洪、范清注、范清济等人。乾隆十七年时，范家所欠官帑过多，手中资金紧张，未能及时派船去日本购铜。乾隆帝下令只要范家如期缴纳铜斤，所欠部分官帑银两可以暂时拖欠。

乾隆二十年，范清注呈报内务府，称尚有欠银四十七万余两。至日本购买铜料，加上运费，每百斤只抵十三两五钱两银，"较之江浙等省收买洋铜，每百斤少抵四两，以致采办愈来愈艰难"。范家不得不借高利贷来填补窟窿，以至于债台高筑。

乾隆帝暂时还不想放弃范家，特批内务府借给范清注二十万两本银，每年一分起息，十年本利全还。此后范氏每年除应交课税外，另要缴纳借款的本银二万两，利银二万两。此后，范家每逢困境，内务府都拨款予以帮助，同时下令限期交还本利。但范家已是焦头烂额，哪有能力偿还巨额债务？乾隆二十年（1755）拨给的借款，只在乾隆二十一年归还了本利，此后就无法筹交。范家只好请内务府转奏皇帝，准其展限，将每年的欠数滚加到所欠总数之内。

范清注不但在家族生意上遭到重创，家中也不太平。刑部郎中沈澍窥见范清注之妾刘氏美艳过人，就花重金请了媒婆周氏，又收买了刘氏房内的丫鬟，怂恿刘氏逃出范家，嫁给沈澍。在多次引诱之下，刘氏答应下来，但要求凤冠补服出嫁，又要沈澍立誓书、下定礼。沈澍欲火攻心，一一答应。刘氏借口出家，躲入尼姑庵中，再由沈澍接出租房成亲，二人结成鸳鸯。此事被九门提督访闻，奏报给了乾隆帝。乾隆帝下旨将沈澍革职，发往伊犁效力赎罪。到了乾隆二十八年春，沈澍之子毓麟向户部捐银二万两，为乃父赎罪。

乾隆二十七年，范清注在皇室债务的重压下去世，由其弟范清洪接手家族生意。范清洪接掌家族生意后，知道家族已是江河日下，继续留在皇帝身边，家族早晚要遭遇厄运。范清洪头脑清醒，主动提出要将家族财产变卖，退出皇商行当。范家不想做皇商，乾隆帝却不答应，命范家继续效力，有困难可向内务府请求帮助。范清洪回天无力，主持家中生意不过一年。乾隆二十九年，内务府命范清济接替范清洪，主持范家业务。

为了扶持范家，清廷赏借银三十万两，加恩免其交利，宽限五年，令其自行办理。此后范清济寅吃卯粮，不断向内务府借款，所欠数额越来越多，根本无法偿还。拖到乾隆四十八年（1783），范家亏损累计已至一百五六十万两之多。此时乾隆帝不想再给范家输血，决定抛弃范家。

乾隆四十八年，乾隆帝下令逮捕范清济及其子侄范李、范杜等人，指控范家"欺隐废弛，居心狡诈"，又令各省查封范氏的全部家产，风光无比的范家从此衰落。

范家是皇商，从事的又都是暴利行业，一般说来，怎么也不会亏损，且导致家破人亡，其中原因，部分在于范家的皇商身份。范氏是皇帝的奴仆，要随时为皇帝效力；范家的所有财产，其实都是皇帝的。每逢皇家有如生日、出巡等重大活动，或是皇朝有大的战事，皇商都要报效主子。所纳银两，少则十万两，多则百万两。皇帝之外，范家每年都要以巨额银两贿赂各个部门官员，每次给内务府大臣的贿赂都在四五万两之间。这些开销乃是无底洞，范家从事的暴利行业，根本无法填补。范氏兴亡，成也皇商，败也皇商。

各类突发的天灾也给范家带来沉重的打击。乾隆二十二年七月，范清注报告，运往芦、东两处的盐被水冲没，资本全无。乾隆三十一年，范清济报告，去年从事贸易的船只，遭遇飓风，沉溺一只，亏本三万余两。

就皇室业务而言，出于报效主子的考虑，常要自己承担各种损失，如民商办理购铜，每百斤作价白银十七两半，且官买十分之六，自行销售十分之四，可获得较高利润。而皇商从日本购铜，经自贬价格之后，每百斤值银十三两半，且不得在市场流通。康熙、乾隆朝时，因为贸易量巨大，日本铜价便宜，还能承受这些低价。乾隆朝之后，日本铜价日益昂贵，贸易量下降，范氏购铜亏损严重，不得不借高利贷来填补亏空。范家所承办的盐业，在乾隆朝中期之后，所用资本巨大，成本日渐高涨，利润也日益下降。

各种因素的叠加，导致了范家的衰亡，其实衰亡是皇商的宿命。皇商所从事的业务，都受到内务府的严格控制，自己根本无从选择，毫无市场竞争力，只是靠着垄断维持。有清一代，诸多皇商依附于皇权，从事暴利行业，但这些皇商，鲜有能长久维持的。范家百余年的富贵荣华，最终烟消云散。皇帝的商人，不过是为皇权输血，当他们不能完成输血的任务时，他们的一切荣耀即全部被抹去，所留存下来的，只有些许关于这些巨富之家的传说。

二、两淮盐课割肉

入关之后，清室还面临诸多战事，宫中一切经费开销力求从简。顺治七年（1650）规定，内库钱粮皆归并户部管理，内廷所用物品如皮类、丝绸、茶叶、纸张等也由户部提供。康熙帝重设内务府之后，内务府的开销主要依赖户部拨款。康熙帝收复台湾、平定三藩后，社会稳定，经济蒸蒸日上，内务府也开始获得各种收入。除了户部拨款外，还可通过皇庄、貂皮、人参等贸易，以及房屋租赁、开设当铺等商业活动中牟利。

总体而言，乾隆朝之前，内务府经费经常不敷使用，"时檄取户部库银以为接济"。乾隆中期，乾隆帝亲为裁定，汰去冗费若干，岁支用六十余万两白银，其后每岁盈余累积，反充外府（户部）之用。①如乾隆三十三年（1768）五月，内务府奏请将广储司银一百五十万两交给户部收存备用。乾隆时期，内务府财政状况的改善，一方面是原有的皇

---

① ［清］昭梿：《啸亭杂录》卷八，清钞本。

庄、当铺收入激增；另一方面则是两淮盐课、粤海关收入的保障。

内务府通过两淮提盐引、帑银、人参变价银等方式，获得收入。

两淮提盐引

自西汉盐业被政府垄断后，盐税从此成为历代王朝的主要收入来源。两淮盐业最盛之时，销往六省，盐课甲于天下。产盐场二十三处，供给江苏、江西、河南、安徽、湖南、湖北等省。这些是中国人口最密集、经济最发达的地区。两淮盐区的产盐数量、行盐区域都是全国之首，所征的盐税更占全国盐税三分之一以上。

两淮盐区乃是大清帝国的第一财源，皇家也少不得要来插上一腿，由内务府出面加以分润。

盐引（纲引）是盐商经营盐业的许可证，由户部统一印制。盐商在缴纳包括税款在内的盐价之后领取盐引，然后凭盐引运盐销盐。每年定量配给各地销售的盐引称为正引，卖不完的盐引称为余引，交户部核销。提引，是因盐引畅销，额引不足民用，故以预提次纲之盐运销，以补本年不足。户部议准，每年额引不足时，令盐政先计算数目，奏请之后，于下一年的配额内提出行销。至次年正纲，仍照岁额请领，引内注明预提字样，以免正纲重复。提引除了缴纳正供盐税外，还要另外缴纳二两至三两的息银，因为预提的是下一年的盐引，当年赚了下一年的钱，这笔钱可以入银庄生息，所以要额外多缴银两。

两淮预提盐引始于乾隆十一年（1746）。因为两淮盐区是内地十一个盐区中最大的一个，行销人口最为密集的江苏、安徽、江西、湖南、湖北、河南六省。乾隆年间人口激增，用盐量增加，遂在此年奏请增加提引。

清廷并未明确规定预提盐引的息银如何使用和管理，其中有可以操作的空间，这也给两淮盐商留下了可乘之机。乾隆十四年，乾隆南巡，盐商沿途接待，耗费颇巨，就下令将息银补贴给盐商。此后盐商只要疏通两淮盐政官员，就能将这笔钱给吞掉。此种局面，一直到乾隆三十三年（1768）才发生改变，这一年尤拔世出任两淮盐运使。

尤拔世是乾隆帝的亲信，曾多次以皇帝代言人的身份，至九江海关、粤海关等处整顿关务，厘清财务。此次被乾隆帝调至两淮，也肩负了整顿盐政的使命。到了两淮之后，尤拔世看到两淮盐商生活奢华无度。有的盐商家中养来下蛋的母鸡每天也吃人参，生出来的鸡蛋，自然更有营养。在收藏古董、追捧梨园戏子时，盐商更是一掷万金，在所不惜。尤拔世上奏称，盐商家中有钱，生活上奢靡成风，请乾隆帝教导盐商节俭度日。不想乾隆帝看了奏折后，对军机大臣道："盐商有钱，花再多自己的钱有什么关系？奢侈点有什么不好？还可以养活一批人。尤拔世才到两淮，不晓事体，实是谬见。"乾隆帝还是有点超前眼光，知道鼓励富人消费，可以拉动经济，带动就业。

不久之后，尤拔世捕捉到了两淮盐政的最大弊端，揭发前任普福挪用提引款项："上年普福奏请预提戊子纲引目，仍令各商每引交银三两，以备公用，共交贮运库银二十七万八千有零。"尤拔世何其狡猾，他特意提出，这笔钱普福共动用了八万五千余两白银，还有十九万余两，请交给内务府查收。

乾隆对此帝非常重视，两淮盐运使动用此项银两，却未奏明，"显有蒙混不清，私行侵蚀情弊"。乾隆帝要求彻查清楚，毋得丝毫隐饰。清查之后发现，从乾隆十一年至乾隆三十二年二十余年间，两淮提引差额惊人，预提盐引有四百九十六万余道，总值在白银一千万两以上。而统计下来，盐商花在乾隆帝历次出巡及每岁购买贡品上的开销，不过四百六十万两左右，尚有六百余万两的余款。此笔巨款，如果不是尤拔世提起，早被清廷遗忘。

此案牵连官员甚多，前后三任两淮盐运使高恒、普福、卢见曾侵吞盐引余息，接受贿赂，被判死刑。纪晓岚因为在此案中泄密，被发配乌鲁木齐。通过预提盐引案，乾隆帝严厉整饬了两淮官场，将两淮预提盐引纳入皇室控制，充实了内务府，进一步加强了对盐商的控制。此案过后，两淮预提盐引照样颁发，只是所得的银两改交内务府，充作皇帝的私房钱。此项银两为数甚巨，如乾隆三十五年（1770），两淮应解内务府预提盐引银就达五十万两。

帑银

除了两淮盐业正项、预提盐引收入外，以帑银借给两淮盐运使放贷收息，也是内务府收入的重要来源。康熙帝时期，开始将部分内帑银两，借给长芦、两淮盐商营运生息。就此时期而言，将帑银借给盐政，既可获取收益，也可解决盐商资金的流动问题，扶持盐业的发展。内务府所借帑银，利息较低，受盐商欢迎，盐商得意地将此项银两称为"万岁爷发的本银"。

乾隆十三年，乾隆帝令两淮每年解银十万两交付内务府，作为行幸赏赐之用。此笔银两，后改为留在两淮，交给盐商生息，月息一分五厘。且以每年所得利息归入来年本银一体生息。至嘉庆五年（1800），此笔款项，累计得银二百余万两。

此后内务府又多次将帑银借给两淮生息。帑银利息的一部分，被清廷用作步军统领衙门经费。自道光三十年（1850）起，两淮长期拖欠帑银。至光绪四年（1878）累计拖欠六十余万两。经两江督臣多方努力，分四次拨出十二万两，解送京师。至光绪五年时，两淮仍然拖欠了帑银达五十四万八千余两。

人参变价银

东北出产的人参被视为天赐之物，号称有起死回生之功，在市场上能卖出高价。但人参被清室垄断，往往有价无市。清室通过内务府，将四等、五等人参交给粤海关、两淮盐政等处变价出售，牟取暴利，成为内务府收入的一个重要来源。

道光十一年（1831），两淮盐政被交给两江总督管理。此后，人参变价事宜也由两江总督负责。内务府将变价人参交给两淮盐政，两淮盐政则将人参售给盐商。人参变价银两于盐引内征解，"所有欠缴之由，缘两淮奉发参斤，向系上纲奉发之参派，于下纲引内征解"①。此时两淮地区私盐泛滥，官盐滞销，人参变价银"无引征解"。两淮没钱，就找两江总督借，两江总督手中也没钱，就一直拖欠。

两江总督陶澍为清代屈指可数的改革家，他个性强硬，也得到道光帝的支持。陶澍接手两淮盐政之后，内务府又奏请将人参发至两淮出售，并请两江总督立刻派人到京师领取人参。只是此前变卖人参的银两已拖欠了五年，五年之中，两淮只交付了银两七万两，所拖欠的银两共计九十六万四千余两。旧债未还，内务府又想再发人参来变卖。

陶澍立即上奏，请暂缓领人参："俟两淮盐务稍有起色，再行奏请发领变价之处。"②

不想内务府大为不满，认为人参变价银并不会在很大程度上影响到两淮盐务。毕竟，两淮地区有一百六十九万两千余盐引，一年人参变价银，每引算下来不过征银一钱数分而已。在内务府看来，此笔钱微乎其微，伤不到两淮盐政的根本。

内务府还奏请，将两淮所拖欠的银两，按照一分生息。若是依照内

① ［清］陶澍：《陶云汀先生奏疏》卷三十三《江督稿》，清道光八年刻本。

② ［清］陶澍：《陶云汀先生奏疏》卷三十三《江督稿》，清道光八年刻本。

务府的方法，则两淮每年的利息就要达到十一万五千余两。在内务府的强硬要求下，陶澍只好让步，承诺分批归还所欠银两。作为妥协，内务府则不再要求将拖欠银两生息。

只是两淮财力已疲惫不堪，对于内务府新发来的人参，照例拖欠银两，内务府继续与两江总督打着口水官司。道光十六年（1836），两淮拖欠的人参变价银达七十一万两，陶澍请求改变人参变价方法。最终道光帝同意，将两淮商人"应交参价减去三分之一"，以求按年清款。在一定程度上，降低人参变价银减轻了两淮的负担，也使内务府能按期收到人参变价银。

玉贡银

将贡玉发给两淮变卖，也是内务府收入之一。乾隆朝时，两淮盐运使负责给宫中办理玉贡，每年花费甚巨。嘉庆六年（1801），嘉庆帝下令，两淮盐运使在每年万寿、端阳等时节，不必再进贡玉器，依照办理玉器的价值，折银交给内务府。至于玉贡折价银的数量，一般定为五十万两。

嘉庆二十五年七月，老皇帝嘉庆去世后，新皇帝道光登基。为了庆贺新皇帝登基，各地络绎不绝地向京师送来贡品。八月八日，道光帝下旨，令各省督抚、盐政、织造等暂停进贡。十一月，道光帝下令停止各地的玉器进贡。两淮盐运使延丰上奏称，已拖欠玉贡折价银七十余万两，节省玉贡（银）九十余万两，请分年解送。道光帝大方批示，现在已停止贡玉，此笔一百六十余万两的款项"均着加恩豁免"[①]。玉贡银虽停，但通过出售宫中的瓷器、貂皮、丝绸、茶叶等，内务府也可以获

---

① ［清］王定安：《两淮盐法志》卷七《王制门》，清光绪三十一年刻本。

得巨大收入。当户部手头吃紧时，内务府也予以支持。

清初发行盐引好比发行原始股，招商购买，买到盐引的盐商将名字及盐引数目登记入册，然后按册派给盐引。盐商手中的盐引可以世代相传。当年没有买"原始股"的人眼红于盐业的暴利，就从盐商手中再买盐引。如同股票一样，买的人多了，价格自然被推高，盐价也跟着走高。官府卖的盐价格居高不下，民间贩卖私盐的人自然也就更多，导致官盐卖不掉，政府税收减少。

针对两淮盐政的弊端，道光十年（1830），两江总督陶澍决定打破原先盐商对盐引的垄断，开放盐引，让资金涌入。陶澍的改革损害了很多人的利益，遇到了极大阻力。军机大臣曹振镛家族的很多人在扬州从事盐业交易，陶澍本人则是曹振镛的门生，他一时间投鼠忌器，难以下手，就给曹振镛写信讨教。曹振镛看了信后，回复他道："只要有利于国家，你就放心去做，不要担心我家，世上有饿死的宰相吗？"曹振镛这样表态了，陶澍才能一展身手，整顿盐政。

由于私盐泛滥，官盐滞销，收入锐减，陶澍推行改革，废除盐引。道光十一年，淮北改行票法，只要交足盐税，就可以领票运盐。改革之后的二十年中，盐引畅销。道光三十年，淮南也改引为票，成绩显著。

陶澍在两淮的改革，一定程度上缓解了清政府的财政危机。不过好景不长，咸丰三年（1853）太平军冲击南方，两淮也受到影响。太平天国战争中，内务府财政遭到沉重打击，其所依赖的占总收入七成左右的两淮盐政、粤海关，已是颗粒无收。

国库存银无几，经费紧张，连中枢军机处也受到极大影响。每年四月，照例由内务府拨出四千五百两白银给军机处，作为军机章京及仆役们一年的伙食费及纸张、器具、木炭各项开销。但咸丰三年，国库告罄，军机处只领到了一半的钱，内务府承诺，等手头一宽就把钱补上，不想一直拖到了咸丰四年四月，军机章京们的积极性受到了打击。眼看着又到了发办公经费的时候，满汉军机章京们唯恐又要扣下一半的钱，就一起抱怨每天没日没夜地干活，还要自己出钱吃饭，虽然说做臣子的要忠君爱国，可也得让人过好日子啊。肚皮问题都不能解决，谁理睬你那套虚空的忠君说辞。

在咸丰帝召见时，奕䜣、祁隽藻等军机大臣赶紧奏请，说今年事情太多，军机处进来的新人也多，不能再扣钱了。内务府给不给去年拖欠的办公费用，可以另议，但这次一定要给全经费。咸丰帝认为言之有理，不能"又要马儿跑得好，还要马儿不吃草"，赶紧让内务府把钱拨全，以提高军机处工作的积极性。

被财政吃紧所困，咸丰帝已开始采取节流措施，如克扣官员薪俸、削减旗人俸禄等，搞起了捐输。对于开源，他却没有什么良策。清人包世臣总结以往历代对付财政困难的经验，不外"一开矿，一铸大钱，一行钞"三策。为了筹集经费，咸丰朝矿也开了，大钱也铸了，钞票也印了，结果通货膨胀严重，财政危机日益加深。没钱的咸丰帝哀叹"朕不得已之苦衷"。

三、粤海关常年输血

清代的榷关由户部关与工部关两部分组成。至乾嘉年间，各地榷关数目稳定下来，其中户部榷关二十四处，工部榷关十四处。在管理上，榷关很复杂，有的由工部、户部派员管理，有的由地方督抚管理，也有的由内务府司员管理。各地榷关税课岁入，清初不过一百余万两，雍正末年增至三百余万两，乾隆中期又增至四五百万两，至乾隆朝末期已经达七八百万两，占大清一年财政收入的百分之十二三。

在户部二十四榷关中，粤海关地位最特殊。在收复台湾之后，康熙二十四年（1685），清廷开海禁，设闽、粤、江、浙四关管理对外贸易，征收关税。至乾隆二十二年（1757），清政府限定广州一口为外国商船来往口岸，其他三处海关仍然保留，但只准本国商船出入。此后，粤海关垄断了对外贸易。粤海关各口岸按功能可分为正税口、挂号口和稽查口三类。正税口负责征税，挂号口负责商船货物的报关登记、填写税单，稽查口负责货物稽查。道光年间，正税口有三十一个，稽查口有二十二个，挂号口有二十二个，合计七十五口。

粤海关征税主要有三大部分，分别是船舶税、货物税和附加税。船舶税通过丈量船只长宽，按照船只大小征税。货物税依照货物数量，"分别贵贱"征收进出口税。附加税是正税之外另行征收的杂费。杂费名目繁多，如原先西方船只到广州贸易时需要先卸下大炮，再进行贸易；贸易结束后，再装回大炮。来回装卸大炮很麻烦。乾隆元年（1736）之后，外国船只只要缴纳所载货物百分之十的杂税，不必装卸大炮，即可进行贸易。

粤海关正税征收没有统一标准，杂税更是名目繁多，管关人员可随意增减，从中牟利。据马儒翰（J. R. Morrison）在1834年出版的《中国贸易指南》记载，粤海关茶叶的合法税率为每担一两二钱七分九厘银子，实际征收额却增加了五倍，有六两之多。来华贸易的各国船舶均知粤海关征税方面的弊端，所以在签订《五口通商章程》时，规定来华从事贸易的外国商船之征税，应不同于中国商船。

咸丰十年（1860），粤海关分为两个系统：一是由原海关监督管理，对本国船舶征税，称常关，征常税；另一是由外籍税务司主管，管理外国船舶贸易事宜，称洋关，征洋税。在洋税、常税分开之后，常税收入受到很大打击，历任海关监督四处搜刮，勉强完成每年的定额。光绪八年（1882）正月，粤海关监督崇光就曾抱怨："今日常税未能旺征之故，不在吏胥仆役之侵渔，而在洋税之侵占日多也。"其实，这是崇光的自我开脱，常税未能旺征，主要还是粤海关内部舞弊。外国人参与海关事务只是在一定程度上限制了海关监督营私舞弊，税款的管理与支配权及征收常税的大权仍掌握在粤海关监督之手。

粤海关收入，一部分交给内务府，充作皇室大内开销，一部分则解送户部。在内务府的经费中，粤海关承担了很大份额。

内务府经费，初期并无特定数额，至乾隆中期之后，一般稳定在每年经费六十万两，由户部拨出。户部拨款外，内务府也有自己的经济来源，如通过税关、盐政、皇庄等获得收入。到了咸丰年间，由于遍地战火，户部常不能拨出这笔款项。同治年间，内务府的经费主要来自盐课和税务，不足时则向户部借拨。光绪二十年，户部从各地筹银，作为内廷常年经费，以杜绝内务府再向户部筹借，其中由粤海关常税每年承担二万两。

内务府办公银两，本由两淮盐政拨给。道光十年（1830），因两淮盐政拖欠内务府办公银，改从粤海关盈余银内拨出三十万两，交给内务府广储司作为办公经费，此后成为定制。咸丰十年（1860），粤海关常、洋两税分开之后，此笔款项改由粤海关洋税下拨出，每年分四季起解。

大工程项目中，粤海关出钱更是惊人。光绪十一年，清廷开始了"三海"工程（即修建慈禧归政之后的颐养之地南海、中海、北海），粤海关受命筹款一百万两，解交内务府奉宸苑应用。此外，粤海关还承担了日常的贡品采购、黄金采购等项。粤海关每年进贡四次，即新年、元宵、端午、皇帝万寿节等，此外还有其他各种临时性进贡。光绪十四年，粤海关采购木器，呈送内务府。此次采购的木器，共计银九万七千一百四十四两五钱六分。

粤海关每年为内务府造办处、广储司采办黄金两千两，是个亏损严重的差事。光绪十三年（1887），每两黄金的市场价是二十二两银，而内务府给出的价格是每两黄金十两银，粤海关对此抱怨不已。最后，内务府同意多给些，每两黄金给十八两五钱银。光绪十四年十月，粤海关监督查明时价每两黄金实需二十四两八钱银。粤海关亏本买卖做得吃不消，光绪十五年上奏，请提高价格。内务府最后同意，每两黄金可以支二十两银。光绪十九年夏季，每两黄金涨至二十八两八钱银，秋冬季涨至三十余两银。粤海关高价采购，内务府低价吃下，亏损颇重，却不得不操作下去。

清代内务府经费、办公银及各种大工程开销多来自粤海关。粤海关关系到皇帝的钱袋子，如何能不派自己亲信的奴才去打点？

粤海关监督，全称"钦命督理广东沿海等处贸易税务户部分司"，由皇帝从内务府包衣中钦点派充，每届任期一年。任满之后，若得皇帝青睐就可连任。乾隆十五年（1750）前，粤海关以广州地方官兼任，"粤海关收税事宜，从前曾隶将军督抚等官经理，自乾隆十五年后专设监督，着为成例"。乾隆十五年之后，粤海关监督几乎全部为内务府中人。凡征收税课及应行事宜，粤海关监督不受地方督抚节制，直接向皇帝和户部奏报每年征税情况，所得税银分别解送户部、内务府。

在户部二十四关中，粤海关税额位居第一，可谓天下第一肥差。清廷多使用内务府官员至粤海关担任监督。使用内务府官员，一是因为他们是皇帝的家奴，最得皇帝信任；二是因为内务府官员长期把持各地税关，内务府职务世代相袭，对榷关业务比较精通。如粤海关监督普福，就先后担任过长芦盐政、两淮盐政、苏州织造、淮安关监督等职。

光绪四年，左宗棠奏请将粤海、闽海两关改归地方督抚管理。不过广东方面对此反应一般，两广总督瑞麟称此举办理起来实在困难，不必改由督抚办理，一切因循旧制即可。

粤海关监督权限极大，对外贸易由其一手操控，对内税收报销由其一人包办。每年完成政府额定的征税数目后，可以自由处分盈余税银。清廷实际上默许粤海关监督在缴纳政府额定数目之后从中分肥。

朝廷也知道粤海关监督捞钱多，手中紧张时，就命其捐银报效朝廷。能到粤海关任职的内务府官员都是皇帝的亲信，主子有需要，自然心领神会，放点血也无所谓。以光绪十年（1884）为例，此年慈禧太后传懿旨，现在时事艰难，饷需支绌，着绅富摊捐银一百万两交户部。捐银最多者，"前侍郎崇厚捐银三十万两，侍郎崇礼捐银二十万两，前内务府郎中文锡捐银十五万两。前粤海关监督文铦捐银十万两，前粤海关监督崇光捐银十五万两"。崇厚、崇礼、文铦、崇光四人，都曾担任过粤海关总督，捐银合计七十五万两。文锡本人虽未曾担任粤海关总督，但其父明善曾担任此职。

粤海关驻扎在省城之中，所管辖口岸众多且事务繁忙，不得不委派书吏。乾隆五十一年（1786），粤海关监督穆腾额上奏称，分散在广东各地的大关总口及小口，距省城较远，一切验货缉私等具体事务，委托给书吏，再由粤海关监督挑选"亲信老成"的家丁前去监督。此奏得到了清廷的认可，此后以书吏管理各小关，以亲信家人加以监督的模式成为定例。

光绪元年四月，有御史弹劾粤海关依赖家丁办理税务，渔利营私。清廷令粤海关监督文铦协助调查，并预备进行改革。文铦上奏解释称，至同治年间，潮州、汕头、廉州、北海添设新关，均委派官员征收，并未专用家丁。粤海关分洋税、常税两项。洋税事宜，悉归税务司，按照通商各款征收。常税各处，虽然一直派用家丁，不过家丁只负责稽查书吏，并不干预具体事务。文铦自称到任以来，正税能超额完成任务，新增盈余十万两，洋药正税多征收三十余万两。今若进行改革，则任用新人，必须预备薪水，建盖办公场所，所费繁多。进而文铦以为，"任事首在得人，立法必期经久"，在经费紧张的情况下改革，不如仍循旧制，此事遂不了了之。

广东沿海地方，各有总口，总口又各有分口。一府之中，分口多者达二十余处，少则三四处。书吏经理税务，水手查验船货，家丁充当监督，大家一起发财。水手本来由广州将军选拔旗丁担任，自康熙之后二百余年间，此职业世代相传，实如世袭。每年粤海关监督将各税口掣签，分派书吏，包征包解，不论大小关口，总是能捞到一笔。据广东巡抚张人骏所言："书吏包办之弊，在于中饱滥支；水手查验之弊，在于留难索扰。"

在广州粤海关监督衙署设有总库房，负责保管各海关接来的税款，处理财务，在各分口也设有库房。各分口收入的常洋关税，要在规定时间内送到广州的总库房。总库房汇齐银两之后，按期解送京师户部或是内务府。粤海关总库房管理混乱，弊端百出，两广总督岑春煊曾云："粤海各关口，岁收税银数百万，历任监督不自经理，内而所收税银，委诸库书掌握，任其肆意侵盗；外而各属税口派令家丁书役征收，水手复从而苛索。"

粤海关诸多弊端中，核心的问题就是奏销。两广总督岑春煊曾道："其有甚者，则为历届奏销，任凭库书援造。"奏销是海关监督在规定时间内完成税银征收后，向户部汇报收支情况。每至奏销时，"库书捏造收支银两，少报收数，浮报支数，以收抵支率不敷数百万之多"。面对于此，户部也哀叹粤海关"积弊之深，为各关之最"。

光绪十年（1884），户部令各海关统一报销制度，粤海关并未遵从。光绪二十三年，户部清查时发现，在光绪十年至十八年，粤海关监督报告的粤海关洋税数字与总税务司报告的数字相差一百六十万两，粤海关平均每年少报二十余万两，而常税少报数目尚不在此内。

光绪三十年（1904），粤海关经历了一次大的改革，试图清除其二百余年的积弊。此年，粤海关库书周荣曜（周兆熊）与周启慈等人，侵盗库银达二百三十余万两事发。清廷不得不下定决心加以整顿。当时两广总督岑春煊正在广西督师剿匪，先由巡抚张人骏进行整顿。

光绪三十年十一月初四日，张人骏从粤海关监督常恩手中接管所有事务，将所有书吏、水手革退，然后撤去包办名目，一律改派委员前去稽征，另招募巡丁查验货物。在征收关税时，除了正额之外，其他各种杂税，"有病于商者悉予禁革"。

不过，张人骏还是没敢提出废除粤海关监督，只是将粤海关监督关防封存，一切文书及税单照等暂用巡抚关防。为了不得罪旗人，张人骏为粤海关监督常恩上奏，请皇帝不要追究其责任，又从新增归公款下拨出部分银两用作广东旗人开销。张人骏的改革，收效显著，不到一年时间，粤海关收入增加四十余万两白银。

岑春煊曾在庚子年的变乱中护送慈禧一路从京师逃往西安。慈禧对他信任有加，视为心腹。此后，岑春煊连续被提拔，历任山西巡抚、四川总督，再调任两广总督。从光绪二十九年到三十一年，岑春煊担任两广总督，其间大力整顿官场，大批官员被革职。他在两广总督任内，总计参罢大小文武官员一千四百余人，得了个"官屠"的外号。

光绪三十一年，岑春煊回到广东对粤海关深入改革。他派人至各地，查封周荣曜等人家产。周荣曜家产极丰，在南海、广州、澳门等处广置房产，穷奢极欲，家中有姬妾四十余人。周荣曜在京师的住宅价值万余金，也被查封。周荣曜等人的财产被查抄后，被岑春煊拿来拍卖。

在周荣曜家中查出多封信函，其中一部分被当时报纸获得，从中也可一窥其人脉。其中一封信中云其正妻马氏想为儿子谋取进士功名，已搞定阅卷总裁二人；又有京师中送来的小哈巴狗两只系大内赠送给某王爷，某王爷再转赠周家云云。

周荣曜长年与其妻在香港逗留，在香港所置产业值百十万银。广东官方联系驻粤英国总领事请香港总督封存，以备拍卖之后填补亏空。不过到香港办事，却不像内地这么简单，广东官方聘请了律师在港办理交涉事宜。周荣曜看着情势不好，急派人到广州联络岑春煊，表示愿意报效朝廷三十万两白银，条件是不再追究责任，并将其在广州城内的房子解封。周荣曜长子周正锵系候选员外郎，次子周正本钦赐举人候选员外郎，三子周正贤系候选同知。其他涉案人员，均通过捐纳获得功名。此次案发之后，涉案众人功名均被革去，永远不准复职。周荣曜与子侄挟万贯家财在香港逍遥度日，又遣人至广东省内四处运动，以图复其功名。

岑春煊号为"官屠"，对于周家根本不放在心上，一手打压这群书吏，一手大力推动粤海关的改革。此次粤海关改革涉及内容颇多。首先，取消了粤海关监督，另设关务处，为粤海关大小各关总汇处，一切关务改由两广总督兼管。另外设置总办，由广东藩司充当，以协助总督，同时负有监督使命。藩司兼管关务，办公费每月定为一千两，由关税下支出。其次，削减口卡二十余处，以惠及商民，另在要道设置稽查，以增加海关税收。再次，整顿奏销制度。粤海关的奏销历来混乱，各关所收洋药厘金、九龙、拱北两关所征洋药税、百货税，只造册报户部，却不奏销。此次改革，将税务司所收洋税、九拱二关所有税收合并为一，其收数必须与总税务司所报之数相同，其支数必须依照符合实际开销只数。此外，给予海关工作人员丰厚薪资，以高薪养廉。以往海关人员，薪金微薄，只能通过舞弊来赚钱。此次大幅提高待遇，如粤海关提调每月二百两银，坐办每月一百六十两银，司事每月二十四两银，一般护勇每月也能有四两二钱银。

取消变相的包税制后，粤海关收入激增，归公银增加四十万两，摊还外债银增加五十万两。据岑春煊自称，整顿之后当年即得银六百六十万两，以五百八十万两解部，八十万两留作本省经费。粤海关的改革，在晚清系列改革措施中可以说是极为难得的，能突破利益羁绊，取得实际成效的改革。粤海关的改革，在一定程度上缓解了大清帝国的财政压力，但无法挽回大清帝国的颓势。作为改革推行者的岑春煊，虽因改革成果而被清廷褒奖，但因得罪利益集团太多，最终黯然退出官场。

光绪三十三年（1907），岑春煊入京为官，弹劾庆亲王奕劻收受粤海关书吏周荣曜贿赂甚多。慈禧太后云此事不过是传闻，岑春煊则云："臣向不敢以风影之谈，臣固有凭据在手。"慈禧太后顾左右而言他，以袒护庆亲王奕劻。岑春煊在广州时所"屠"的官多是花钱买来的，卖官的人正是首席军机大臣庆亲王奕劻。奕劻见岑春煊到处整人，断自己财路，心中嫉恨，而岑春煊与袁世凯又是政治上的竞争对手，号为"南岑北袁"，奕劻遂与袁世凯联合起来对付岑春煊，最终将其斗败，迫使其退出政坛。

四、崇文税关盘剥

各处榷关税课乃是大清最重要的收入来源，其收入从清初百万余两白银增加到雍正末期的三百余万两，至乾隆朝中期激增至四五百万两，乾隆朝末期为七八百万两。如此重要的收入来源，清廷不放心置于汉人之手，通过内务府派员进入既可加以管控，也可为皇室谋取各种私利。在户部三十二处税关中，内务府控制了二十四处。在众多税关之中，崇文门税关收入最丰厚，盘剥最严苛，腐败最普遍。

崇文门，元代叫文明门，明代改名为崇文门，俗称哈德门。崇文门与宣武门遵循了中国古代"左文右武"的规制，一文一武对应，取"文治武安，江山永固"之意。元代引昌平白浮村神山泉水，开凿通惠河，将大运河联通到通州。从南方运来的漕粮、货物，从此直达文明门（崇文门）东边大通桥之下，然后进城。

崇文门在明代就是重要税关之一。明成化二十一年（1485），顺天府于正阳门外税课司崇文门宣课分司监收商税。明弘治元年（1488），差御史、主事各一人到崇文门宣课司监收，此后又取消御史，由主事主管。明代崇文门税关乃八关之首，"京师九门，皆有税课，而统于崇文一司，原额岁九万余两，今加至十万余两"。

清入关之后，崇文门税关由户部与内务府派员管理，除了自身管辖的卢沟桥、海淀、张家口、穆家峪等处税关外，还管理左右翼税关及其他各处散税口，乃至拥有称为"海巡"的水上缉私队。①

康熙年间，定下崇文门关税正额，总计为十万两千一百七十五两白银。崇文门除了正额之外，每年还有大量盈余银，"每岁额征正、余银三十余万两"。崇文门税关隶属于户部，"所收课税，解归户部"。崇文门所得正额，交给户部，所剩大量盈余银，按照规定，也是要解送户部的。

但清廷又规定，崇文门盈余银由该监督自行奏闻，这就有了操

---

① 八旗在京城驻防区域划分为左翼（东半城）、右翼（西半城），专征牲畜及房地产税，于各门巡查。

作的空间。当内务府急需用银时，即从崇文门盈余银中开支，如购买皇家物资、赏赐内务府官员、修补皇家园林等。崇文门税务在名义上属于户部，实际上由内务府控制，相当于部分盈余银也被移交给了内务府造办处、升平署等机构。嘉庆五年（1800），崇文门净收盈余银十八万三千二百六十八两，除交给户部外，其额外盈余银三万零四十六两，奉旨交内务府造办处。

崇文门税关的最高职务正副监督，惯例上只用满人。正副监督任期一年，任满可连任。"京师崇文门正监督一人，以大臣简充。副监督一人，由内务府奏充。"惯例正监督由户部报呈，副监督由内务府委派，不管户部还是内务府，都由满人担任，实际上也是内务府管理。如内务府大臣宝鋆，在同治元年（1862）担任崇文门副监督，同治十年担任崇文门正监督。

监督之下，设有皇帝委任的正副总办各一人，监督委派的帮办委员二人，负责日常事务。崇文门正副监督，向例各奏派帮办委员一名，总司税务，事权既重。监督又选用心腹家人书役，加以监督，同时参与验货收税事务。因为监督并不在崇文门税务办公，故而多假手书役家丁，以致百弊丛生。

每年八月初二，为新旧监督交换工作之期。新任监督在上任当日前来，此后即不来。一切事务，由委派的正副总办及奏派的帮办委员处理。清代京师有谚语为"生不愿封万户侯，但愿一管崇文门"，崇文门税关乃最肥的差事之一。晚清时，崇彝曾担任过税关的帮办委员，据他记录："余充崇文门帮办委员，岁可得（银）四五千金。据云奏委（奏派的正副总办）所入，视此不止倍蓰，监督岁入亦不过数万金。彼时视此差遂为京官最优者。"

清代崇文门，"五方物产，九土财货，莫不聚集于斯"。康熙六年

（1667），清廷下令"停崇文门监督出京货物税"，此后崇文门只收入城税，不收出城税。崇文门盘查严格，"凡有经过行李车辆驼驮箱只，无论有无应税之货，概行押送到务查验。有税者照例纳税，无税者即行放行，不准绕道行走，以杜偷漏"。在实际操作中，不管有税无税，只要由崇文门入城，都要被勒索盘剥。

为了躲避纳税，各路商人纷纷行贿，串通书吏，以多报少，躲避税金。据《户部则例》，崇文门征税，有衣物、食物、用物、杂贩、牲畜等，每项下又有若干类。在各项之中，酒、烟、茶、布四项是崇文门税收的重要来源。可在此一项上，崇文门税务从中捣鬼，中饱私囊。北京城外东南一带有很多酿酒作坊，所以崇文门多走运酒车。崇文门每年所收酒税，大约八九千车，每辆酒车应纳税银十两八钱（实按八折），征银十万两以上。但崇文门在征收酒税时不断加税，商人无奈，只好与崇文门差役串通以躲避重税。到了咸丰元年，官方数字只有四千余辆酒车入城，所纳税银减半，少掉的一半，自然是酒贩串通崇文门差役，将酒偷税运送入城。

在清代经过崇文门，哪怕随身行李、挑运的蔬菜，都要缴纳税收。京师外乡民贩菜入城时，惯例在鬓边插钱二文，经过时任由小内使自行摘去，彼此不发一语。清人诗云："九门征税一门专，马迹车尘互接连。内使自取花担税，朝朝插鬓掠双钱。"为了捞取钱财，各处税关胥吏在盘查之时，格外卖力。哪怕经过卢沟桥时已经抽收，或由齐化门税关已经报过税，犹百般为难。不只是一般百姓被敲诈，就连官员、士子过税关，也要雁过拔毛。每逢士子进京参加会试，因为所携带行李较多，常有被勒索银十余两及四五两不等，怨言颇多。

嘉庆五年（1800）二月，一名监生进京，过卢沟桥时，被管税监督家人勒索钱财，到了广宁门，又被拦阻需索。这名监生此前在卢沟桥已经被勒索一光，只好绕道便门。在便门内，将行李送至崇文门税务厅查验，查看无上税之物后，方得以入城。前后耗时二日，辗转绕道，颇多不便。

道光二年（1822），道光帝下旨，指出崇文门税关弊端："崇文门税局，于寻常行李往来，不论有无货物，每衣箱一只，勒索银二两、四两至八两之多。或偶然携带常用物件，不知应税科则，一经查出，辄以二十倍议罚。"皇帝训斥之后，崇文门税务照样勒索，道光十年，道光帝再次下旨训斥："需索讹诈，以致来往官民人等视为畏途。"训斥完毕，一切还是"外甥打灯笼——照舅（照旧）"。

崇文门税关除了监督等高级官员大发其财，其家人、书役等亦通过各种手段，如指无为有、指少为多、额外横征、蒙蔽不报等捞取钱财。如崇文门查到偷税漏税，予以罚款，此中就产生了诸多弊端。根据罚税章程，崇文门商人漏税，视其价值轻重，酌加四五倍议罚款。如果遇到多次漏税惯贩，根据次数，最多加至二十倍。

在实际操作中，罚款的税额甚至增加到百倍乃至更多，"近来逐渐加增，过于百倍，名为充赏办公，实则均入私囊"。如同治二年（1863）八月间，云南武举褚凤鸣等来京会试，住在云南会馆，行李内有白皮箱一只。入场考试之前，褚凤鸣将箱子交给家人王福看管。箱子未曾纳税，其中必有蹊跷，王福动了心思，就去崇文门告发。八月二十一日，崇文门务来了十余人，将王福并箱子一并拿去，到崇文门税务开验，发现内有羽绫十六匹，为此将褚凤鸣重罚银六百两。

崇文门税务还有一项特殊任务，即变卖人口与财物。清代王公大臣获罪后，都要抄家，没收财物及家奴充入内务府。财物、家奴入了内务府之后，有部分被移交给崇文门变卖税务。乾隆年间定下价格："凡年在十岁以上至六十岁者，每口作价银一十两；六十一岁以上，作价银五两；九岁以下幼丁，每一岁作银一两；未周岁者，免其作价。"

内务府广储司存放的人参、貂皮、东珠等，除了拨给两淮盐政、粤海关变卖，有时也交给崇文门税务变卖。如乾隆十四年（1749），内务府上奏："查得库贮无光不堪用东珠三千九百三十八颗，重七十两。请将无光不堪用东珠，交与崇文门变价处理。"有时一些与内务府关系紧密的官员，也通过崇文门税务，变卖一些皇帝赏赐或家中闲置之物。

康熙二年（1663）定下"外国人带进货物，崇文门不必收税"的规则，此后又规定，外国贡使入京，所携带的贡品不必纳税。但在实际操作中，外国使团入京时，贡物自然不必纳税，但其他物品也要缴纳税收。至同光年间，西方使团驻京，各国人员来往频繁，崇文门雷打不动，照例收税。"崇文门经收税项，向例不分华洋官物，一律收税，如系奏准及各使署咨明之件，始准免收。"外国人抗议崇文门纳税，为此引发了多次外交交涉。

进入民国之后，崇文门税关隶属于财政部。1919年，北洋政府将崇文门的收税事务移交正阳门及十三门办理，"崇文门税务公署专办行政事务，不直接收税"。至此，延续了几百年，弊端丛生的崇文门税关方告终止。

五、皇庄的日常供给

唐代有庄田，宋代有官田，但都不是皇室的私产。到了明代则有了皇庄，属皇室私产。明代出现皇庄，一则是满足宫廷之中各种需要；二则是为皇室获得收入来源；三则拥有私产，日后也可以分给皇子们。

为了占有更多的土地，皇室经常不顾脸面，通过各种手段来获得土地。明武宗时，有大臣曾道："皇之一字，加于帝后之上，为至尊莫大之称。今奸佞之徒，假之以侵夺民田，则名其庄曰'皇庄'；假之以罔求市利，则名其店曰'皇店'；假之以阻坏盐法，则以所贩之盐名为'皇盐'。即此三言，足以传笑天下，贻讥后世。"①此外，更有民众主动将土地投献给皇室。对民众而言，将土地献给皇室，可以求得庇护；就皇室而言，则能占据民间财富，而获私利。于是皇室与民众一拍即合，皇庄日益扩大。

清室在入关之前的系列战事中，已抢掠了大量汉人，编为包衣，在关外从事耕种放牧等活计。入清之后，清皇室占有了大量土地，设置粮庄。这些包衣也被带着入关，在各地官庄上劳作，称为"盛京随来壮丁"。顺治初年，京畿一带有大量人口投充皇庄，被编入其中，称为"投充壮丁"。此后清廷陆续在长城口外、山海关外锦州地区设置了一批粮庄。

清室带入关内的都是精明能干的庄头和强壮的壮丁，这削弱了盛京粮庄，留下的庄头穷困至极。到了康熙年间，辽东一代已是地广人稀。平定三藩之后，康熙帝将俘获的三藩部属，送到盛京扩充粮庄。来自广东、福建的这些人，到了东北后水土不服，又未曾学过种地，死的死，逃的逃。至于各类罪犯，也被送到关外充当壮丁。如康熙四十七年（1708），刑部奏准，将商南等处州县的叛犯"拨给各庄园，充当壮丁"。随着政局稳定，经济日益繁荣，皇庄在康熙朝获得了极大发展。

康熙年间的皇室庄园仍然被称为"皇庄"。康熙三十一年二月，直隶一带米价腾贵，康熙帝指示："通州以东，以至山海关，此间所有皇庄及王等之庄屯米谷数目，尔等与户部会同内务府总管并办理王府事

---

① ［明］王圻：《续文献通考》卷十六《田赋考》，明万历三十年松江府刻本。

务官员等，共同查明，照时价转粜。"雍正年间，有民众在清室陵寝之中开垦荒地、砍伐木料，屡禁不止。经过钦天监会同总管内务府大臣调查，雍正帝批示，将遥远之地"或交皇庄耕种"[1]。

到了乾隆二十一年（1756）正月，乾隆帝下令，此后禁止称"皇庄"，一律改称"官庄"。

此年，衍圣公孔昭焕的奏折中出现了"皇庄"字样。乾隆帝批复云："想沿袭前代旧称，然亦只应称官庄，何得辄用皇字？俱着改正。"[2]虽然乾隆帝批复，此后只得称为"官庄"，但"皇庄"的称谓一直在用。因为户部也掌握有大量官庄，为了将二者区别开来，以皇庄指称属于内务府的庄园，以官庄指称属于户部的庄园。[3]

清代的皇庄，散布在畿辅地区与东北地区。东北地区皇庄，主要有盛京内务府所属盛京皇庄、锦州粮庄衙门所属锦州皇庄、打牲乌拉衙门所属吉林皇庄。据《皇朝通考》，顺治元年（1644），设近畿官庄一百三十二所，"不立庄者并仍其户，计户二百八十有五，分隶内务府镶黄、正黄、正白三旗"[4]。

在努尔哈赤时代，旧例是一个粮庄给壮丁十三，牛七，田百垧（每六亩为一垧）。康熙初年，每庄壮丁十名，选一人为庄头，给田一百二十垧，场园、马馆另给田四垧。

清入关后，在盛京设有包衣佐领，负责皇庄及皇陵、皇宫等事务。盛京是大清王朝入关前的政治中心，是入关后的陪都所在。清太祖努尔

---

① [清]胤禛：《雍正上谕内阁》卷五，清文渊阁四库全书本。
② [清]王先谦：《东华续录》（乾隆朝）乾隆四十三，清光绪十年长沙王氏刻本。
③ [清]陈梦雷：《松鹤山房诗文集·文集》卷九，清康熙铜活字印本。
④ 《清文献通考》卷五《田赋考》，清文渊阁四库全书本。

哈赤与原配孝慈高皇后的陵寝福陵、清太宗皇太极与后妃的陵寝昭陵皆在此地。入关之后，清廷前后有四代皇帝，十次东巡盛京，恭谒祖陵。其中康熙帝三次，乾隆帝四次，嘉庆帝两次，道光帝一次。

乾隆十七年（1752）正月，设盛京总管内务府大臣。之所以设置盛京内务府，主要是盛京包衣佐领各官各自为政，无统一管领，遇事则互相推诿。乾隆帝指示："盛京地方，最为紧要，应行设一总管内务府大臣专辖。"①盛京内务府设立后，由盛京将军兼任总管大臣。盛京将军兼任盛京内务府总管大臣，提高了盛京内务府的地位，也利于内部事务的处理及与京师内务府的沟通。

盛京内务府下属的主要机构有会计司、掌仪司、都虞司、营造司等。盛京内务府下辖的皇庄，大致可分为粮庄、豆秸庄、盐庄、棉庄、稻庄、菜园、瓜园、果园、靛庄，又有蜜户、苇户、野鸭户、狐户、水獭户、雀户等。盛京内务府下属的粮庄，每年进贡谷子、红粱、黍、麦、穈、稗、玉蜀黍、稻、大豆等粮食。靛庄主要生产靛，用来染衣服。靛接近于青色，所以又叫靛青。清代平民多以靛所染的蓝色粗布作为衣料。乾隆年间，盛京内务府所辖靛庄有十一个，生产的靛交给广储司。各皇庄缴纳各种实物，如鸡、鸭、鹅、猪、麻、扫帚、灯油等，满足了皇室日常需求。如内务府广储司每年收盛京皇庄粮两万两千四百二十七石，本色棉花一万两千斤，本色靛一千九百五十斤。②每年皇庄的收支情况，盛京内务府要详细造册，送呈京师的总管内务府。稍有迟延，总管内务府就要行文催问。如果账目之中有错，则要被惩处。

---

① ［清］王先谦：《东华续录（乾隆朝）》乾隆三十五，清光绪十年长沙王氏刻本。

② ［清］刘锦藻：《清续文献通考》卷六《田赋考》六，民国景十通本。

　　清室保留了很多在关外时的习惯，如喜欢甜食和蜜制食品。为了供应宫廷日常所需蜂蜜，盛京皇庄承担了采集蜂蜜的任务。盛京皇庄每年要缴纳蘑菇、木耳、蕨菜等野菜，主要用于供奉先殿祭祀及宫中食用。当皇庄无暇派人丁入山采野菜时，就出资从他处购买。盛京皇庄每年还要定期缴纳猪、鸭、鹅等家禽。雍正三年（1725）曾有规定，各庄每年应交鹅一只，送往京师。这运鹅的费用超过了鹅本身。皇庄还要承担各种杂役，如为盛京行宫采木等。康熙帝巡视盛京时，沿途就下榻在皇庄，途中的食物也由皇庄供应。

　　皇庄每年为京师内务府提供各种物资，还要缴纳一定的银钱。以盛京皇庄为例，内务府广储司每年收盛京皇庄银一千二百四十五两六钱五分三厘，折色棉花银八百零六两二钱，靛银二百两九钱四分六厘，折色盐银六十六两五钱八分九厘。

　　各处皇庄由庄头负责管理，壮丁则在庄田中劳动。虽然说盛京内务府有很大的自主权，但涉及庄头任命、壮丁调动、地租征收等问题时仍然要向京师内务府请示。顺治初年定下规矩，各庄庄头出现空缺时，均于其子弟内选充。到了后世，如果庄头没有子弟可以接替，则在庄内择人充当。如果庄头是被革退的，虽有子嗣，也不得接替。

　　庄头十分重要，他们执掌差户纳粮、喂马、管理额丁（壮丁）、赡养鳏寡孤独、看守粮窖。凡遇讼案，均由庄头出具保结。如果庄头管理不好，则会贻误官差，败坏粮庄。雍正元年（1722）六月，雍正帝曾发布上谕，自山海关至广宁，皇庄头共计三百余人。这些皇庄头交结匪类，枭卖官粮，渔利入己，是故派遣内务府大臣前去调查，相机加以处理。

　　为了提升庄头的积极性，内务府规定，山海关内皇庄，于额外多纳一石者，赏银四钱。少一石者，责二鞭，鞭止一百。康熙五十五年

（1716）规定，如果有四五十年不拖欠者，赏给庄头八品顶戴；二三十年不拖欠者及年老不能当差的庄头，均给九品顶戴。到了乾隆二年（1737），又议定："如至二三年无欠者，给九品顶戴。"有了顶戴的庄头，更是人五人六，搜刮地方。

皇庄的庄丁，年龄在十七岁至七十岁之间者称为"壮丁"（庄内正丁），七十岁以上者称"退丁"，十七岁以下称"幼丁"，十七岁至七十岁身体残疾者称"废丁"，逃跑者称"逃丁"。康熙初年一庄十丁，后又扩充至十五丁。壮丁数目是不断变化的，数目不额定。

庄头子女的婚嫁只能在庄头之间进行。此条规定给庄头子女的婚事造成了极大影响，到底庄头数量有限，多次通婚后，彼此成了近亲，且辈分复杂，寻觅对象越来越难。到了乾隆朝时，方才放松政策，允许庄头子女和壮丁子女通婚。至于壮丁子女的婚姻，规定只能在壮丁之间进行。如果壮丁与庄外之人通婚超过五年，则不再追究，只鞭打承办人一百鞭。如果结婚未达五年，则要将夫妻拆开，将妻另嫁他人。

壮丁之女还要参加选秀，未被选中者达到一定年龄后，方可出嫁。如果违背规定婚嫁，则强行拆散婚姻，另嫁他人。壮丁的妻儿同样属于皇庄，被纳入控制之下，其繁衍的后代也留在本庄。如果缺乏壮丁，则由庄头提出申请，予以补足。为了控制好壮丁数目，每三年一次，各地皇庄清查壮丁。

清查工作，在盛京及关外、口外各庄，由总管、将军、都统等负责进行；在畿辅，则由内务府委官进行。清查之后，具册送至京师内务府，统一整理成册。[①]凡隐匿壮丁及被隐匿者，一经查出，庄头要被鞭打八十，被隐匿的壮丁则没收安置于别庄。如果皇庄中的壮丁繁衍超过

---

① ［清］昭梿：《啸亭杂录》卷八，清钞本。

额定数目，则将这些人拨给缺乏壮丁的皇庄，或者另行编庄。

壮丁境遇悲惨，经常遭到毒打和虐待，常有出逃者。雍正二年（1724）五月谕内务府："庄头等役使壮丁，颇多暴悍非理，嗣后如敢肆行凌虐者，许壮丁即行控告。所告果实，止一二人，则另拨与别处屯庄。至四五人，即将庄头革退治罪。"

壮丁逃跑未满一年的，允许其妻等待一年。一旦壮丁逃亡超过一年，则其妻要被分配给庄内无妻的壮丁。由于诸多限制，皇庄内男女比例失调，人丁日益减少。是故庄内的年轻寡妇，都被分给了无妻的壮丁。有时京师内务府也将京师的寡妇送到各个皇庄，分给壮丁为妻。为了解决光棍的婚姻问题，京师内务府甚至会购买妇女，配给壮丁为妻。

一旦庄头名下的壮丁过多，又无法婚配繁衍，也难以建立新庄，就会造成很多问题。乾隆朝时，内务府建议将部分壮丁释放为民，得到乾隆帝同意。乾隆九年（1744），畿辅一带的皇庄，除了因罪被发遣的壮丁外，自盛京随来或自置、投充及无罪拨遣的壮丁，可以自己谋生者，经庄头报告内务府，可脱离皇庄，载入民籍。鳏寡孤独及老病之人，可以在庄内留养。

清初从龙入关的包衣庄头及壮丁被划归到内务府会计司，此即"自盛京随从来京圈地充当庄头者"，也被称为"东来人"或"老圈庄头"。在清初，为了逃避土地被圈，获得庇护，一些地主带了土地投充到内务府，称为"投充庄头"，地位低于老圈庄头。

康熙五十五年（1716）规定，老圈庄头的子弟可以参加科举考试。不管是清初的投充庄头，还是乾隆年间增设的盛京各皇庄庄头，均没有此项权利。老圈庄头子弟参加科举时，需要由内务府会计司进行核查，确认身份后，方可参加科举。"其旧庄头子弟，如有情愿应试者，由

（会计）司核明册籍，移付掌关防内管领，转咨该处考试。"①

壮丁子弟如果立下军功，则可以摆脱内务府奴仆身份。如光绪八年（1882）伊犁将军金顺奏称，所部黑龙江马队花翎佐领衔即补五品官委笔帖式常太，系齐齐哈尔官庄壮丁，自同治十一年（1872）出征，迄今十有余年，转战数省，立下军功，请照案编入汉军旗档。还有墨尔根官庄壮丁关寿、丁长春，都立有功劳，金顺同时奏请一起归入汉军旗档。

清室对于设立皇庄颇为自得，认为皇庄利处较多。如以皇庄供给皇室，不骚扰民间。有罪之人充入皇庄劳作，可以做到人尽其用。皇庄开垦荒地，可以旷土渐辟，饱腾可恃②，"不特皇室之经费稍裕，且拯旗民于水火之中"③。

盛京皇庄的数量与规模，在康熙朝时最多，乾隆朝后逐渐减少。嘉庆朝之后，皇庄实际上已开始衰弱，壮丁加入民籍、庄头典卖庄田等事屡见不鲜。庄头则利用手中权力控制皇庄以获取私利，壮丁实际上被庄头控制，沦为长工。

辛亥革命之后，逊清小朝廷仍然有较多的皇庄。1924年，溥仪被驱逐出宫后，此时散落在各地的皇庄在名义上成为溥仪的私人财产。此年，章太炎致电冯玉祥主张将这些皇庄土地没收后分给民众："唯是畿辅庄田，本系豪夺，非有买卖契券，不得名为（清室）私产。诸公应知阁部，举以还民。"④

---

① 《大清会典则例》卷一百六十，清文渊阁四库全书本。
② [清]陈梦雷：《松鹤山房诗文集·文集》卷九，清康熙铜活字印本。
③ [清]刘锦藻：《清续文献通考》卷六《田赋考》六，民国景十通本。
④ 《应以清室庄田还民》，《申报》1924年11月13日。

第四章

从修宫殿到造皇陵：内务府掌管的工程项目

一、万年吉地工程

历史上的皇帝大都生前即为自己选好陵址，在位期间开工修造。从陵址选定起，到入葬第一个人止，称"万年吉地"。如果皇后死在皇帝之前，则先入葬，陵墓也暂时以皇后命名。待皇帝死后，入陵墓合葬，之后再正式命名。帝、后的墓地称"陵"，妃、嫔的墓称"园寝"，附葬于帝陵旁，前面冠以帝陵名号。

入关之后，在帝陵的营造上，清室也效法明朝，大搞堪舆，寻龙点穴，四处寻觅皇帝的吉地。《清史稿》中载，顺治帝在遵化游猎时，见此地风水佳绝，王气葱郁，乃取下佩鞲投掷，云"鞲落处定为穴"。

鞲落之处，即是上吉之地，遂以此为万年吉地。此段记载虽有戏说，由其中也可看出，入关之后，清室开始注重陵寝风水。顺治帝选好吉地后，还对身边大臣说，自己万年之后，尔等大臣之墓，可以在陵寝附近选择墓地。身边诸大臣一起叩谢。顺治帝希望以亲信大臣陪葬，也是效法汉唐帝陵制度，以文武大臣拱卫帝陵。不过，当日得到顺治帝承诺的可以陪葬的大臣，最后一个也没葬在顺治帝孝陵附近。

陵寝尚未开工，顺治帝就驾崩了，死后依照满洲风俗，在景山万皇殿进行了火化。顺治帝之后，清皇室都采取土葬。顺治帝帝陵是由皇帝钦定的，尚未选用堪舆风水家。至顺治帝去世，工程开展后，以风水家杜如预、杨宏量参与建设。此二人后来涉及政治纷争，本要被处死，但因为勘察风水有功，得免一死。

雍正帝登基后，亦开始安排陵寝选址事宜。以怡亲王允祥为主，钦天监官员及精通堪舆之人配合。初选遵化九凤朝阳山为"万年吉地"。此地风水被描述为："龙身长远，地势雄伟，能增万年寿数，能衍广运无穷。"

帝王陵寝有"三年选址，十年定穴"之说。风水术以山形地势，龙穴砂水来测定吉凶。风水强调龙、穴、砂、水的配合，重分析地表、地势、地场、地气、土壤及方向，即寻龙点穴。龙脉，指山川的走势、气象、脉络。龙脉位于陵墓后方，称"玄武"。寻龙时，首先要看远山，远山要高大；次看较远的山，要厚实；最后看眼前的山。寻找到龙脉，然后就是点穴。穴与龙脉之间要保持连接，地势应较为平坦。点穴要查看草木泥土，"裁肪切玉，备具五色"的泥土最佳。

九凤朝阳山陵墓的点穴，当时有很多分歧。南方著名的风水大师管志宁也被召入京派去相度九凤朝阳山。精通堪舆术的闽浙总督高其倬也被调入京师判断九凤朝阳山是否适合作帝陵。在高其倬的建议下，雍正帝最终放弃了九凤朝阳山，另觅他处，最终选定易县永宁山太平峪作为万年吉地。

在选址的过程中，允祥往来审视，不辞辛苦，"常至昏夜始进一餐"。雍正八年（1730），雍正帝的万年吉地工程开工建设，在选址中立下功劳的怡亲王允祥、高其倬，得到雍正帝的重奖。

雍正帝将帝陵选在西陵，他打破了"子随父葬"的制度，却想让儿子随他一起入葬西陵。乾隆帝登基后，初期也想将自己的万年吉地定在易县，但最终还是选择了清东陵。

乾隆七年（1742）三月十七日，乾隆帝将万年吉地定在东陵胜水峪。到了晚年，他又定下规制，帝陵"各依昭穆次序，迭分东西"，即父子皇帝之间的帝陵要错开，父在东陵，则子在西陵，以此类推。

此后，清代陵寝形成东西二陵的格局。关内陵寝，一在河北遵化马兰峪昌瑞山，称东陵；另一在河北易县永宁山，称西陵。二陵以北京为中心，形成对称之势。嘉庆帝的陵寝在西陵，这是乾隆帝禅位给他后，亲自为他选定的。

嘉庆四年（1799），嘉庆帝亲政后，特派盛住总领万年吉地事务。盛住是满洲正白旗人，嘉庆帝孝淑皇后之兄。嘉庆帝亲政后，晋封他为公爵，任命他为总管内务府大臣。在嘉庆帝看来，赐给盛住这份恩宠，必能让他实心办事。

嘉庆五年四月，盛住办理内务府事务时出了纰漏。嘉庆帝令内务府将清初以来内务府中库存的珠玉瓷器等物，开列清单，然后招商变价。盛住罗列清单时，将玉宝（玉印）也列在其中进呈。

嘉庆帝看了大怒，责问："此项玉宝，何人敢用？"

嘉庆帝派军机大臣去质问盛住。盛住回复称，只是将玉宝与珠玉宝件等，一起呈送给皇帝御览，然后再请旨分别办理，并不敢出卖。

在嘉庆帝看来，盛住办事不力于前，又诡辩于后，必须加以严处。此外，嘉庆帝自认了解盛住，往昔自己做皇子时，就知道盛住"器小贪利"。自己当了皇帝后，"盛住在朕前沾沾言利，已非一次"。皇帝的大舅子，总想占点小便宜，这让小心眼的皇帝很是不快。

嘉庆帝革去了盛住的尚书等职，改派他为西陵总管内务府大臣，办理万年吉地工程，常驻工地督办。孝淑皇后已于嘉庆二年（1797）去世，将盛住派去监督万年吉地工程，也是指望着大舅子能尽力办事，好早日奉安梓宫。嘉庆帝又许诺："若能改过自新，俟孝淑皇后奉安后，再加恩内用尚书、侍郎，亦未可定。"

嘉庆八年七月，易州太平峪工程总算完成。此时距孝淑皇后去世已六年，梓宫一直停放在静安庄，遂预备在十月移至太平峪地宫。在皇帝活着、皇后先去世的情况下，将皇后梓宫安葬在地宫后，陵寝不封石门，只以木门暂时掩闭。待皇帝死后一起安葬时，方才闭上石门。

皇后入葬前，朝臣要写一份奏事议折。此次负责的人粗心疏忽，将"掩闭石门，大葬礼成"这八个字加进去了。嘉庆帝看了大怒，自己还没死，就要将大门封死："若关闭石门，欲朕另卜吉地乎？"

九月时，嘉庆帝召见了内务府大臣孟住。孟住是盛住的弟弟，此时盛住在外负责晚年吉地工程，也就以他为家主了。嘉庆帝亲切地询问："孟住啊，奉移孝淑皇后梓宫时，皇后娘家有哪些家属来恭送啊？"

不想孟住漫不经心地回复："伊家无人恭送。"嘉庆帝心中大为不快，又继续追问。孟住才道，到时会让"伊妻前往恭送"。皇后娘家人竟如此薄情，对皇后安葬如此漫不经心，导致嘉庆帝大怒。在嘉庆帝看来，孟住"殊属无用糊涂之至"，当即革去孟住内务府大臣、管理茶膳房及崇文门税务副监督等职。孝淑皇后梓宫奉移时，令孟住必须亲自前去护送。

孟住倒霉时，哥哥盛住却得到了褒奖。嘉庆八年十月，因万年吉地工程坚固宏整，赏监工大臣盛住双眼花翎。

清代陵寝重地，严禁外人出入，以禁桩之远近，定罪名之轻重："陵寝外围墙外，每里立红桩为界，禁止采樵耕种，距红桩四十步或二十步外设白桩，距白桩十里外设青桩，桩上悬示禁牌。凡军民人等不得于桩内取土取石设窑及采盗树木，违者按律治罪。"

嘉庆九年（1804）十二月，盛住被人揭发曾在永福寺西北禁地内开采石块。盛住则辩称，开采石块系在红桩以外。嘉庆帝令内务府大臣英和前去办理此案，又将盛住先行拔去双眼花翎，交给英和审讯。英和亲赴永福寺后山查勘时发现，已开挖过的石塘数处，均在白桩以外，青桩以内。而据商匠等供称，上年四月间，因修建营房需用石块，曾禀明盛住，获准就近在该处开采石块。

嘉庆帝恨恨地道："盛住如果在红桩以内开采山石，朕必立予刑诛。"盛住在青桩以内、白桩以外采石，采石系公用，本人又是皇亲，故而免去其死罪，发往乌鲁木齐效力。

嘉庆十二年三月，嘉庆帝至太平峪阅视工程时，见地宫内土性燥洁，工程坚固，于是夸奖盛住办理工程还是比较用心。嘉庆帝开恩，将正在南疆叶尔羌任职的盛住提拔升官。盛住升官了，弟弟孟住替哥哥入宫谢恩，不想谢恩时又招惹了皇帝。

却说孟住在皇帝面前叩谢时，口中用汉语称："跪请万安。"此前孟住已有多次因为用汉语谢恩，被嘉庆帝斥责，此次又用汉语谢恩，是不会满语之故。虽然入关之后，汉语是处理政务的主要语言，但清室还是要求满洲大臣能掌握满文。孟住是皇帝的亲戚，又担任过内务府大臣，却不会满文，在嘉庆帝看来，这无疑是背宗忘祖，随即命孟住退出乾清门侍卫，在散秩大臣上行走。嘉庆十二年十一月，在叶尔羌担任办事大臣副都统的盛住病逝，嘉庆帝依照礼制为他安排了隆重的葬礼。

到了嘉庆十三年，砖商孙兴邦揭发万年吉地工程中存在侵吞银两等弊端。嘉庆帝亲赴工地，逐一详查，结果查出工程中有各种偷工减料，仅盛住侵吞的银两就达九万两之多。嘉庆帝气得大骂这个大舅哥："丧心昧良，不成人类，可恨已极。"嘉庆帝咬牙切齿地道："若是盛住人还活着，朕必亲为廷讯，加以刑夹板责，立正刑诛。"一起负责万年吉地工程的内务府大臣成文，侵蚀吉地工程八千两银，按律当拟斩监候。在嘉庆帝看来，此案盛住是罪魁祸首，成文乃是从犯分肥，且年已八十七岁，大清律中有八十以上犯罪减等之条，将他改为流罪，准其照例收赎，也是法外开恩。帮助盛住贪污、藏匿银两的内务府笔帖式双福、鹤龄等人，被绑赴市曹，即行处斩。

对于内务府大臣而言，办理万年吉地工程既是皇帝恩宠的标志，也是一项天大的肥差。但这个差事是双刃剑，办得好，无疑会飞黄腾达；办得不好，脑袋落地。

嘉庆二十五年（1820）七月，嘉庆帝在避暑山庄突然病死，皇室一时没有准备。此时查得内务府有乾隆年间备用的楠木梓宫，立刻令从京师运来热河备用。新帝道光登基后，派庄亲王绵课、大学士戴均元、户部尚书英和、兵部侍郎阿克当阿等办理万年吉地工程。

道光帝即位之初，曾将北京西南郊的王佐村定为万年吉地。道光帝当皇子时，孝穆皇后去世，葬在了王佐村。道光帝常来此祭奠亡妻，对此地的风水也很是满意，所以选择此地为万年吉地。不过皇帝的选择，明显违背了东西两陵、昭穆安葬的祖制，遭到了英和等大臣的反对。最后道光帝只好让步，放弃了王佐村，在东陵选择万年吉地。

道光帝随即命英和等大臣带领堪舆人员至东陵选择风水宝地，不久寻到了风水极佳的绕斗峪（次年改名为宝华峪）。万年吉地开工后，道光帝力倡节俭，曾下谕"节经谕令一切工程，务从朴实""永守淳朴家风，实为我皇清万世无疆之福也"。

清代东陵总管大臣隶属于内务府，以驻扎遵化的马兰镇总兵兼任，与内务府诸总管大臣一体，只是免去轮班"陛见"之例。在万年吉地工程上，马兰镇总兵也负有监督责任。清代内务府营造司承办内工，工部营缮司负责外工。内务府掌皇室营造事务，陵寝事务虽由工部负责，但内务府也派员供役于其中。

东陵万年吉地工程开始后，身兼马兰镇总兵的继昌上奏，称工程钱粮由其他大臣负责，自己无须插手，现在大臣们都到自己这里来讨要钱粮，实在是吃不消。道光帝则表示："你也是万年吉地工程负责人之一，工程钱粮均是应办之事，毋得偷懒。"而且，因为路程较远，戴均元、英和等监督大臣，不能经常到工地巡视。继昌在马兰镇地方，距离工地近，正当随时督办，认真稽察。

至道光七年（1827），陵寝完工。同年九月十二日，道光帝亲自护送孝穆皇后梓宫前去安葬。道光帝与妻子感情极深，看到陵寝工程完备，大为满意，晋升督工大臣戴均元为太子太师，恢复英和一品顶戴。然而，好景不长，万年吉地工程中的问题很快暴露，负责的大臣们被牵连遭殃。

二、吉地的风水战

道光八年九月初，就在道光帝准备亲赴宝华峪时，接到报告称，地宫木门已被浸湿。在皇后先入陵寝安葬之后，地宫内的石门不能封闭，要待皇帝入葬后再永久封闭石门，临时以木门掩闭。道光帝得知地宫木门潮湿并有水痕时，忙派内务府大臣敬征去查看，以判断木门潮湿，是水浸所致，还是潮湿所致。

敬征到了宝华峪后，打开木门察看，发现地宫确实渗水，已奉安的孝穆皇后梓宫被浸透。道光帝得知后大为震怒，连发十三道上谕，斥责当初负责办理工程的大臣丧尽天良，又指责负责万年基地工程事务的英和"其罪尤重"。九月初十日，道光帝下旨，英和革去顶戴，拔去花翎，着即革职。一起负责万年吉地工程的庄亲王绵课、阿克当阿、嵩年、庆惠等人，此时已去世，被免予处罚，还活着的戴均元被降为三品顶戴。

九月十二日，道光帝亲自到宝华峪察看，看到墓内北面石墙全部被浸湿。虽然连日擦拭墓室，也有积水。所积水痕已逾宝床（汉白玉石台，上面停放棺椁），宝床高一尺五寸，积水一尺六七寸，孝穆皇后梓宫已被浸湿，梓宫霉湿之痕约有二寸。

道光帝大为震怒，认为此前的处理过轻，又将绵课的儿子降为郡王，将戴均元和英和的两个儿子革职。

在地宫之中常会出现积水现象，所以陵寝事先会设计排水孔（龙须沟）以排除渗水。宝华峪工程在设计之时，未考虑到设置排水沟，出现了渗水问题。当初选择勘定万年吉地时，风水先生曾认为，应依山就势，向南移十丈，定穴最佳。但督工大臣没有听从建议，只是南移了五丈，最终渗水。渗水事发后，道光帝下令逮捕内务府监督工程人员、承办工头、工匠，分别加以审讯。英和被逮捕，交给刑部审讯，道光帝特意指示："伊现在患病，着伊子奎照、奎耀随往刑部。"

九月十七日，审讯结果出来。据负责监督工程的内务府官员供称，在进行地宫工程时，发现有石母，平时就滴下水珠，到了阴雨天气更是水滴不止，且圹底土性潮湿，其间夹杂细碎腐石，一捏即破。监督人员曾等向绵课、戴均元、英和等人报告，但几人却不改进，而是用土拦护，令水旁流。建筑工人唯恐圹内日久之后，容易霉湿，建议安置龙须沟以出水，但英和认为不用安置，是以停止。陵寝修砌的石料，取材粗，不坚固，且不能严密缝合。对于石料之间的缝隙，也没有用松香白蜡调和黏补。工程期间，英和多次催促施工人员，加快工程进度。

宝华峪开工时，道光帝曾经询问英和："所开土性若何？有无泉石显露？"英和则回复："土性甚纯，并无泉石。"道光帝询问是否应当安置龙须沟时，英和又回复称："泥土干洁，不必建龙须沟。"道光帝称，自从工程开工后，从没有催促英和进度，而英和限期完工，导致工程质量粗糙，纯是英和之大罪。

至于戴均元，曾带同堪舆师宋泗相度吉地。堪舆师宋泗认为，点穴的位置太靠后，恐怕穴中有石，应前移十丈。戴均元拘泥于规制，只是前移五丈，导致北面开出山石。至地宫中浸水之后，戴均元也不敢向道光帝报告。工程问题暴露后不久，戴均元就主动请求退休。在道光帝看来，戴均元虽年届八旬，但精力尚健，主动辞职，"明系洁身远引，其居心尤为可恶"。道光帝下令，迅速将戴均元解京审讯。

九月十九日，道光帝下令查抄英和等七人家产，其余相关官员，均被罚银，以示惩儆。庄亲王绵课办理工程最久，罚赔银十万两，其他个人分别罚银四万、三万、八千、六千、两千不等。英和本拟斩刑，后改为发配黑龙江充军。戴均元因为年已八旬，免除死罪及发遣，逐回原籍。此番地宫浸水，引发对群臣的处罚，可谓是相当重。

道光九年（1829）三月，孝穆皇后梓宫被暂安在宝华峪正殿。暂安时的房屋改造及所需的一切设施，均由内务府承办。四年后，道光帝又改于西陵龙泉峪重建陵墓，至道光十六年竣工。宝华峪工程出现问题之后，道光帝不在原地改建，而是选择至西陵重建，其中的考虑主要还是风水。此前宝华峪土质不适宜建陵寝，重新选定的陵寝有"上吉佳壤"，风水更好。

乾隆帝葬在东陵、嘉庆帝葬在西陵，以此类推，则道光帝应葬在东陵，而道光帝最初也是遵循了祖制。只是当东陵宝华峪陵寝出现问题后，道光帝不再遵循祖制，选择了西陵。此外，他的父亲嘉庆帝的陵寝就在不远之处，在旁边也可一表孝心，"相去八里许，五云在望，一脉相承，子臣依恋之忱，庶符夙愿也"。

道光十一年二月，道光帝亲自巡视了新陵寝工程，并赐名"龙泉峪"。八月，工程开工，承修大臣是英和的得意门生穆彰阿。道光帝在其他方面很是节省，对自己的地宫却极其奢侈，虽然他指示万年吉地工程一切从简，不可纷繁。据军机大臣潘世恩验查，第一个地宫宝华峪，铸造的九根铜管扇①就用去铜六万余斤，耗费无数。②

修第二个地宫时，正是大清国财力最为窘迫的时候，不得不有所收敛，一概从简。实际上，龙泉峪陵寝工程精细无比，所用材料更是上等，如陵寝三殿的柱子全是独根楠木，牌坊的瓦垅、吻兽、椽飞等全用汉白玉石雕成。清代的独根楠木已是稀少，采办日益维艰，清廷曾禁止官民采用楠木，以供给皇室之需。修建顺治帝孝陵时，因为缺乏楠木，将明嘉靖年间修建的清馥殿金丝楠木拆下使用。此外，由于两建一拆，道光帝在陵墓上的开销实际上超过了任何一座清代帝王陵。

道光帝颇有自知之明，他知道自己在此衰败之世的表现，愧对祖宗和天下百姓。他在遗诏中下令，不得在陵墓前建造歌功颂德的圣德神功碑亭及石像生。③被放弃的东陵宝华峪，拆掉后夷为平地，部分材料被运到数百里外的易县，用在了新的陵寝工程上。另一部分材料则被道光帝的儿子咸丰帝用在了在东陵修建的陵寝工程上。

咸丰元年（1851）九月，咸丰帝命定郡王载铨、工部右侍郎彭蕴章、内务府大臣基溥为相度大臣，同时调精通风水的江西巡抚陆应谷入京协助。咸丰二年二月底，咸丰帝至西陵谒陵，巡视了梁各庄西北的魏家沟，备选吉地。此年九月，咸丰帝至东陵谒陵，巡视了东陵境内的几个吉地，初步定下平安峪。

咸丰九年四月十三日申时，平安峪破土兴工。咸丰帝陵寝确定在定

---

① 陵寝有后殿、中殿、前殿，重门相隔，有为门之枢纽者曰铜管扇，冶铸甚艰。

② [清]徐乾学：《读礼通考》卷九十三，清文渊阁四库全书本。

③ 有文臣、武将、马、象、狮、骆驼等立像各一对。

陵，又恢复了乾隆时确定的昭穆之制。道光帝的慕陵，在建筑与布局上有很多改变，咸丰帝的陵墓则恢复了祖制。

同治帝亲政后不到一年就去世了，未来得及亲自确定万年吉地。同治帝死后，慈安、慈禧为他在东陵选定了陵墓地点。实际上在西陵，同治帝已寻到了上吉之地九龙峪，但慈禧为了将自己的亲生子留在自己的身边，坚持选择风水略逊的东陵双山峪。最终，祖宗之法让给了世俗之情。至于九龙峪，后来留给了光绪帝。咸丰帝陵和同治帝陵都在东陵，打破了乾隆帝当年定下的祖制，即"各依昭、穆次序，在东陵、西陵界内分建"。

早在同治十二年（1873）三月，慈安、慈禧两位皇太后亲自确定东陵内的普祥峪、普陀峪为"万年吉地"，两陵建筑、占地面积均相同，光绪五年六月二十二日同时竣工，普祥峪用银二百六十万两，普陀峪用银二百七十万两。

光绪二十一年（1895），在陵寝建成之后十六年，慈禧不顾当时内忧外患，国库空虚，以"年久失修"为由，对普祥峪陵墓重新大规模修缮，将其主体建筑全部拆除重建。重建工程历时十三年之久。三殿重建之后，梁架全部改用黄梨木，彩画也改为最高等级的金龙和玺彩画。改造后的普祥峪，其豪奢程度在清代诸陵中当属第一。

光绪三十四年，东陵普陀峪万年吉地工程开办已十余年，用款二百万两，定于此年冬完工验收。慈禧病危之时，庆亲王于十五日紧急出京，前往东陵，十八日验收完工程，二十一日回到京师。此时，两宫违和的消息已开始传播，"因此人心惶遽，谣啄四起"[1]。十月二十二日，慈禧去世，入葬东陵普陀峪。

光绪帝的崇陵是中国最后一座帝陵。崇陵位于清西陵内，原名九龙

---

① 　《纪庆邸出京验工情形》，《申报》1908年11月19日。

峪，被确认为万年吉地后，更名为金龙峪。当时及后世均有传言称，慈禧太后过于强势，所以光绪帝在世时，不曾营建万年吉地。在光绪帝去世后，方才急匆匆地在清西陵选择吉地，营建帝陵。

实际上，早在光绪元年，慈禧就已为年幼的光绪帝在西陵九龙峪"定立穴"。到了光绪十三年（1887）三月，慈禧、光绪帝巡视西陵。此次出巡中，风水大师、内务府大臣英年及相关官员均前往九龙峪相地。

内务府大臣英年，字菊侪，隶内务府汉军正白旗，以贡生考取笔帖式。崇彝曾记载了英年升官的原因，英年"本寒士，通风鉴之术，以夤缘李莲英辈，正值光绪十二三年，修三海、颐和园之役，为看苑中风水，盖先得内侍消息，凡宫中所欲作者，皆迎合懿旨，故得进身。数年之间，由三院卿（不记何院）骤升工部侍郎，且兼左右翼总兵"[①]。

英年、翁同龢均认为光绪元年所点的穴不适合，另选了吉地，竖立"金星宝盖"石柱作为标志，准备回銮后，再派员会同钦天监前来勘探点穴。此次点穴之处，在英年看来，为最佳之地，"风水甚旺，龙脉萃聚于斯"。

光绪十三年勘测九龙峪后，预备在秋季兴办万年吉地工程。但由于各种原因被延误，且光绪朝又经历了如中法战争、甲午中日战争、戊戌变法、八国联军入侵等系列大变动，一直未曾开展。

1905年，光绪登基已经三十一年，军机处奏请钦派大臣修万年吉地，最终也未实施。至光绪帝病逝后，方才开始了崇陵的营建。根据《优待清室条件》第五条，崇陵未完工程及奉安大典，经费由中华民国支出。时任大总统袁世凯特派赵秉钧与清室内务府大臣绍英等协商之后，拨款赶修。至1915年，工程完工。

---

① 崇彝：《道咸以来朝野杂记》，北京古籍出版社1982年版，第24页。

光绪帝的生父醇亲王奕譞，在妙高峰七王坟选择了陵寝基址。七王坟址早在唐代就是佛家圣地，醇亲王奕譞生前在此养病时，看中了此地，由慈禧与光绪帝赐银五万两买山建坟，于同治七年（1868）开始筹建，光绪二十六年（1900）竣工。不想醇亲王奕譞的墓地，却引发了风水之争，英年也参与其中。

醇亲王墓道前，有银杏树一株，此树高数十丈，八九合抱，树龄有百余年。英年对慈禧太后云："皇家风水，全被此枝占去，请伐之以利本枝。"慈禧太后听了有所感触，终究不敢轻动，询问光绪帝。光绪帝虽然性格懦弱，听闻要破坏自己生父的风水，也勃然大怒："尔等谁敢伐此树者，请先砍我头。"光绪帝的强硬态度，也让慈禧不满，坚定了要砍树，双方相持月余。一日，光绪帝退朝后，听太监报告，太后一早派了内务府中人，前往醇亲王奕譞园寝。光绪帝急带了人出京，到了妙高峰时，树已经被砍倒，树根也被掘出。光绪帝"绕墓三匝，顿足拭泪而归。此光绪二十三年事也"[1]。

英年初期不过是内务府中一包衣，因为精通风水，得到慈禧宠幸，升任内务府大臣。英年也以自己的风水术，为皇家效力。他至东陵巡视时，看到东陵的风水围墙坍塌甚多，树木多被虫所侵害，就此忧虑不已。因为一旦树木被侵害，守陵士兵常隐瞒不报，会造成更大范围的虫害。英年紧急上奏，请求整顿，称此"于风水大有关系"。光绪十四年冬，西苑铁路南段竣工，北段铁路则推迟到来年立春后动工，主要是英年认为本年不宜动土。

在同光年间，三海工程及帝后陵等大工程皆由英年充监工大臣，贪

————————

①　王照：《方家园杂咏纪事》，《近代稗海》第一辑，四川人民出版社1985年版，第2页。

墨几近百万两。八国联军入京师后，英年家中被劫掠一空。其子为浙江候补道员，收拾家中残余钱财，仍得财二十余万两。

光绪二十六年（1900）的庚子之乱中，英年积极对外主战。八国联军攻入北京之后，开出了一份必须加以惩戒的大臣名单，英年也名列其中。光绪二十七年正月初六日，英年被赐自尽。京师人叹息称："平生为他人看风水，于己身何不慎处之？妙高峰醇王园寝，亦英侍郎所定。伐树之役，或出于主张，冥冥中或亦造因也。"①

皇帝的陵寝工程，乃是皇室第一等工程，为了营造帝陵，可以不惜代价，极尽奢华。皇帝登基之后，即堪舆风水，营造陵寝。通过陵寝，帝王们希望能在逝去后过上活着时一样的生活，同时也希望由风水而庇佑子孙。在陵寝中举办的祭祀典礼，以期凝聚其后世子孙，塑造皇家权威，维持王朝万载。只是奢华的帝陵，在后世常成为盗墓者们的目标。帝王的枯骸，最终也成为一堆尘埃。繁华皆空，帝陵成土。

三、样式雷家族

样式雷家族是清代著名的建筑世家。有清一代，雷家执掌样式房，皇家建筑多由雷氏家族制图设计，由此得名"样式雷"。

内务府中设有营造司，负责建筑的修缮与日常维护。营造司是清朝内务府所属七司之一，掌宫廷修缮事务，凡宫殿及庭园工程，大者会同工部办理，寻常岁修自行承办。

营造司在圆明园中设有样式房，样式房的负责人称为"掌案"。样式房负责宫廷建筑的设计图（画样）、建筑模型（烫样）、设计说明

① 崇彝：《道咸以来朝野杂记》，北京古籍出版社1982年版，第24页。

等。在修建宫殿建筑时，每座建筑都要做出烫样，呈给皇帝定夺。烫样是根据实际建筑，依照一定比例，以纸片、木条制成模型，以小烙铁烫成型，然后加上说帖，注明建筑的尺寸和形制，呈给皇帝定夺。烫样由单个建筑组成庭院，再形成建筑群，建筑群中以山水林木点缀。

除了样式房外，样式雷在内务府还有"楠木作"的工作。楠木作又称"南木作"，主要负责建筑中的硬木装修，因为质坚纹美的木材主要产自南方，故而得名。楠木作与样式房的工作完全不同，却由雷氏家族兼任，雷氏"世守之业，则圆明园楠木作与样式房掌案二职也"。

雷家之发迹，源于北迁第二代雷金玉，"领楠木作工程，因正殿上梁"，获得皇室赏识。此后皇室楠木作事务，多由雷家世代承袭。朱启钤在《样式雷考》一文中，认为雷金玉曾"投充内务府包衣旗"，实际上并没有此事。

雷氏本支系江西南康府建昌县千秋岗分支，至明末流寇四起，赋税日重，民众离散，土地荒芜。明崇祯八年（1635），雷氏家族的雷振宙、雷振声为躲避江西建昌县的差役，迁住南京。雷振声之子雷发达拜擅长木工的叔父雷振宙为师。南京城内有各种宫殿、庙宇、园林，汇集了诸多精良匠人，为雷发达提供了学习的机会，提升了其木工技术水平。

至明清鼎革后，建昌县遭到了兵灾，族人多跑到南京避难，此后雷氏族人在金陵定居。样式雷家族的发迹始于北迁的雷发达。康熙二十二年（1683），雷发达带领族人北上，是为供职皇家之始。自此，雷氏定居海淀，直至咸丰十年（1860）圆明园被焚毁，方才迁居城内。[①]

雷发达的长子雷金玉，来京后在国子监完成学业，考取州同，候

---

① 《样式雷遗迹专号：雷氏同族争工的短札》，《北晨画刊》1935年第6卷第9期，第2页。

补于北京，很难得到实职，就接替父亲"领楠木作工程"，依靠技术吃饭。此时恰逢畅春园开工，雷金玉凭借家传的技术脱颖而出。畅春园效法江南园林兴建，工程全部由内务府营造司负责，不用宫外匠役。

畅春园正殿"九经三事殿"上梁时，康熙帝亲临，观摩上梁典礼。此时，突然发生变故，"金梁举起，卯榫悬而不下"，在场众人无不惊愕。技术精湛的雷金玉挺身而出，"袖斧猱升，斧落榫合"，成功上梁，得到康熙帝青睐，赐内务府七品官，食七品俸。之后，雷氏开始发迹，负责承办宫殿、陵寝的图样及烫样。[①]

圆明园的建设工程前后持续了近一百年。为了工程项目顺利进行，特意在圆明园中设置了"样式房"。雷氏家族一直供职于圆明园样式房。清代皇室的重要工程，如圆明园、颐和园、万春园、香山、景山、清东陵、清西陵、避暑山庄等建筑群中的很多建筑物，均出自样式雷家族手笔。

雷金玉七十岁时，皇子弘历曾题"古稀"二字匾额相赠。雷金玉七十一岁去世，归葬于江宁。处理好丧事后，四个成年儿子留在南方，随乃父灵柩南下江宁，此后也未服务于皇室工程。雷金玉去世时，幼子雷声澄出生仅三个月，留在北京由寡母张氏抚养。

雷金玉死后，其在样式房的掌案被人夺去。据雷氏后世子孙记载，张氏去"工部"哭诉之后，为幼子争取到了一个样式房的职位。雷氏家族一直供职于内务府样式房，而不是工部，雷氏族人也不会弄错祖先的供职单位，其中原因，在于内务府营造司也称"内工部"，简称为"工部"。雷声澄成人后，进入样式房，成为样式雷家族的第三代传人。雷声澄熟练掌握了样式房技艺，参与了乾隆中后期的工程建设。乾隆

---

① 《样式雷世家考之编辑》，《中国营造学社汇刊》1933年第4卷第2期，第156页。

五十七年（1792）时，雷声澄在承德办理差事时去世。

雷声澄有三子，分别是雷家玮、雷家玺、雷家瑞，他们是雷氏家族的第四代传人。雷家玺在乾隆朝承办了三山五园、避暑山庄、外八庙、嘉庆帝昌陵等工程。乾隆帝八旬万寿节时，雷家玺负责由圆明园至皇宫沿途的景点设计，有各种景点数百处。雷家玮曾随同乾隆帝南巡，各地官员富绅为了讨好皇帝，出巨资请雷家玮设计行宫与河堤石坝，发了大财。雷家三兄弟齐心协力，共同承办了乾隆朝后期及嘉庆朝系列皇室工程，为雷氏家族带来了新的辉煌。

雷家玺第三子雷景修，乃是样式雷第五代传人代表。十六岁时，雷景修随父亲在圆明园样式房学习。道光五年（1825），雷家玺去世之前，考虑到儿子缺乏经验，难以胜任掌案工作，就交给同事郭九。在郭九的指导下，雷景修苦学了二十余年的样式房手艺。

咸丰二年（1852），郭九去世后，四十六岁的雷景修执掌样式房。雷景修一生工作最勤，家中积累了众多的图稿、烫样。雷景修虽然技艺高超，但他所处的时代，大清国已是国力枯竭，无力从事大工程，他也没有太多用武之地。

雷景修第三子雷思起为样式雷第六代传人。雷思起十六岁时即进入样式房学习，每日清晨在家打扫卫生、备好早点后，再去当差。在样式房的岁月里，雷思起刻苦学习，熟谙制作技术。但是，道光一朝，皇室没什么大规模工程，样式房差务减少，雷家日常生活也受到影响。雷景修一度生活拮据，靠薪资生活。据他回忆，二十岁时，每月工钱不过四五吊而已。咸丰朝时，虽然财政开支紧张，皇室仍进行了系列工程，雷思起也忙碌了起来。除了承担皇室工程外，雷思起还为王公大臣设计宅院，引发风水之争的醇亲王西山妙高峰陵墓，即出自其手笔。妙高峰陵墓工程设计完成后，醇亲王赏给雷思起十两银子，钱虽然少，但结下的交情却深了。

同治朝时，清室曾想修复被焚毁的圆明园，雷思起与儿子雷廷昌进上图纸、烫样，多次被同治帝召见。后圆明园重修工程虽然停止，但样式雷绘制的图纸与烫样却保留了下来。雷思起为咸丰帝修建定陵，立下大功。同治十二年（1873），雷思起随同慈安、慈禧考察万年吉地。光绪二年（1876），雷思起因为同时负责定东陵和惠陵工程，操劳过度，病重身亡，由其子雷廷昌接手工程。

雷思起长子雷廷昌为样式雷第七代传人，曾负责西苑三海工程，扩建颐和园，修建同治帝惠陵和慈安、慈禧太后陵墓。

咸丰十年（1860），英法联军火烧清漪园时，十五岁的雷廷昌目睹了这场巨变。雷家在海淀的房屋也被洗劫一空，遂迁至内城居住。因为同治帝惠陵工程，雷廷昌获得朝廷褒奖，成为样式房掌案。根据雷氏家族百年来的经验累积，雷廷昌主持了颐和园的修建工程，受到后世建筑专家们的高度评价。

在雷氏家族中，也存在一定的竞争。在保存下来的雷氏家族的短札中，就有一封自称"叔"者写给雷廷昌的信，信中就东陵普祥峪工程[①]表示了竞争之意："廷昌见字。我耳闻，此差派廷栋。又耳闻大概钱粮数六七十万两，侄赶早出去打听。见见五爷（惇亲王奕誴），万一派你更好，不然日后咱家差使他人当上，至嘱，至要。再启，日后如大陵下来，恐其廷栋当上，咱就将差使乏了。此时万不可乏了，恐日后差使难回来，大要紧。叔具。"[②]

雷廷昌有叔父三人，分别是雷思振、雷思泰、雷思森，写信者乃

---

① 孝贞显皇后，即慈安皇太后陵寝。

② 《样式雷遗迹专号：雷氏同族争工的短札》，《北晨画刊》1935年第6卷第9期，第2页。

是三人中的一人。信中所云的雷廷栋，是远房雷思跃的儿子，此时已别居。东陵普祥峪工程项目经费有六七十万两，是故雷氏家族内部为此展开了竞争。

雷廷昌的儿子雷献彩于光绪三年（1877）出生，此年乃父刚因惠陵工程而得到嘉奖。雷献彩承袭了雷家的技术，二十一岁时就担任了样式房掌案，主持了"天地一家春"等工程。光绪二十六年，八国联军入侵，京师内城墙、颐和园、西苑等处遭到很大破坏。光绪二十七年，慈禧、光绪帝从西安返回京师后，开始了修复工程。在修复工程中，雷家出力颇巨，这也是晚清灭亡前雷家最后的辉煌了。

样式雷家族的收入，主要来自工程招标及采购的回扣，以及为王公大臣及富豪设计收取的费用。大清一倒，雷家失去了主要收入来源，民国年间就衰败了。1932年，雷氏后人将家中的数千图样和数百烫样卖出，至1949年后又被故宫博物院收回。

四、重修圆明园风波

同治一朝在后世的标签是"中兴"，但并不是指大清国已经彻底摆脱了危机，进入了蒸蒸日上的时代。"中兴"的标志，一是镇压了太平天国与各地的起义，二是由洋务运动开启了求富求强之路。至于同治帝，他在整个同治中兴中无足轻重，他正式当政的时间也不过两年，此间不但无所作为，还搞得鸡飞狗跳，让军机大臣们头痛不已。

同治帝长年在弘德殿读书，几个老师都是理学夫子，每日都灌输一堆圣王事迹。小皇帝读书极辛苦，每天五点就要到书房，先练弓箭，再学蒙古语、满文，再读汉书。每天的功课排得满满的，读生书、背熟书、练字、默写，日复一日。

翁同龢在日记中对同治帝亲政前的行为有较多记载，可以看到，翁同龢时常语重心长地教导小皇帝要珍惜光阴，好好读书。可小皇帝在读书时就是不认真，不是嬉戏，就是倦于思考，看到书就头痛，要逐字教导，十六岁时还"读折不成句"。

一个人如果长年累月地沉浸在说教之中，只有两种选择：一是屈服，真心地信仰并投入其中；二是叛逆，一有机会就爆发。同治帝是后一种。

陪伴在小皇帝身边的，不是迂腐的老夫子，就是残缺的小太监。老夫子们不可亲近，就转而与太监们热络。年少的皇帝对太监们充满了感情，"上用糖赏小太监"并不少于"上用糖赏师傅"。九岁时，小皇帝竟然组织小太监演戏，让帝师们惊恐不已。小皇帝用宫内库存的绸缎制作戏衣，并大方地拿出银子打赏太监。这也怪不得小皇帝，他的母亲慈禧更是戏瘾极深。

同治八年（1869），十四岁的同治才开始升座听政，也就是开始"实习"了。同治十一年，十七岁的皇帝选择了翰林院侍讲崇绮的女儿为皇后。大婚的准备工作自同治八年开始，一直到同治十一年结束，前后持续了三年。大婚的礼仪也从十一年七月纳彩礼至九月筵宴礼，持续了三个月。举办如此隆重的婚礼，也是希望借助喜气洗洗过去几十年大清国的晦气，进入一个繁盛时代。重担压在了在同治帝身上。

此次婚礼，耗费甚巨，内务府屡屡请户部拨银，户部也无银可拨，叫苦连连："此次内务府请于四、五、六等月。共拨银一百八十万两。既据户部奏称，部库现仅存银一百一万余两，势难周转。"可开销还是不能减少，"着户部就现有银两，酌量动拨，以资应用"，同时也令内务府将应办各件，权衡缓急，力求节省。

同治十二年正月二十六日，十八岁的皇帝正式亲政，这在大清国的历史上已算是晚的了，顺治帝、康熙帝都是十四岁开始亲政。虽然如此，可他那野心勃勃、权力欲旺盛的母后慈禧，此年不过三十九岁，怎肯退居幕后？慈禧指示，同治要不时去弘德殿读书，帝师们也照常入值，在重大场合必须有母后坐镇。

正式当皇帝没多久，同治帝准备雄心勃勃地做件大事，既让老娘慈禧开心，也让自己的精力有地方去发泄。

紫禁城内房屋结构严谨，山色水路不能与圆明园相比，素有"红墙绿瓦黑阴沟"的恶评，久住让人生厌。慈禧对圆明园有着诸多美好的回忆，希望能重修圆明园，但没有直接表达出来，在召见军机大臣时，曾一度表示"养心殿地太迫窄"。儿子明白老娘的心思。次年是慈禧的四十岁生日，为了让老娘安心退休，找个地方快活养老，不要过度干涉儿子的事情，同治帝决定重修圆明园。

重修圆明园的计划，皇帝说得冠冕堂皇，既为了让两宫皇太后养老，也与内务府官员的鼓噪有关。

内务府负责管理皇家财产及经费，每年由户部拨出经费作为皇室开支。凡大的项目，内务府官员侵吞虚报，捞得盆满钵满。咸丰时期，军费上的开销将大清国库存银吸空，内务府也跟着过起穷日子，每年支出仅四十余万两。

到了同治时期，随着战事平息，内务府经费也宽松了，每年能有百万两。对内务府官员而言，最快捷的捞钱方式就是上马大工程，内务府郎中贵宝、文锡，侍读王庆祺等人一起鼓动同治帝重修圆明园，好发一笔横财。

同治帝不可能将内务府每年一百万两银子的经费全部挪去重修圆明园，遂决定"择要兴修"，重修圆明园的三分之二，同时另谋修园经费。为了筹出修园的钱，同治帝下令京内外官员捐钱。

修园的钱还没有筹到多少，十月初一日，御史沈淮上奏，请暂缓重修圆明园。同治帝看了大怒，将沈淮召过来骂了一顿，并告诉他，朕修园是为了尽孝，你想阻止吗？

十月初八日，内务府雇了工人开始着手清理圆明园中的断壁残垣与渣土废料。

十月初九日，恭亲王捐了二万两银子，同治帝大喜，到底还是叔叔够意思。不想此时又有多嘴的御史游百川上奏，请停修圆明园，反对理由却极其苍白：自公使驻京之后，一些洋人时常到圆明园遗址游玩，如果重修之后，吸引洋人在附近修建房屋，"听之不可，阻之不能"。

同治帝一看又是勃然大怒，大骂游百川，你阻止朕尽孝之心，天良何在？立刻将游百川革职，同时警告群臣不准再上奏劝阻。

就一个刚登基的皇帝而言，年少气盛，精力无穷，实希望能有天下瞩目之举。搞大工程、大活动、大项目，自然能吸引民众关注，并作为功业点缀，此点古今中外一律。同治帝将重修圆明园视为登基之后的第一得意杰作，雄心壮志沸腾，已是迫不及待，哪里能容忍别人阻挠！

慈禧对于圆明园也是充满了念想，看到皇帝送上的旧居"天地一家春""万春园"装修图样，竟然亲自操笔，加以修改。母子一心，其利断金，臣子们也没法阻挡了。同治十三年（1874）一月十九日，重修圆明园工程正式开工。

咸丰十年圆明园被火焚烧后，尚有多处保存完好的建筑。此后内务府也派出太监看守，不准外人出入。不过各种盗窃事件屡屡发生，防不胜防，不但外人来偷，负责看守的太监也监守自盗，甚至有洋人想摸进园内。重修之前，同治帝让负责皇家工程的"样式雷"雷氏家族做了调查，圆明园尚存有十三处建筑。

处理政务极其懒惰的同治帝，对重修圆明园却无比积极，行事更是雷厉风行，他想赶在十月初十慈禧的生日之前完工。"样式雷"家族所保存的同治帝发来的旨意中，有大量"赶紧办""速进园"的字样，可见同治帝何等心急火燎。

可开工之后，却发现问题百出，不单缺钱，更缺少原料。早年修建圆明园时，所使用的都是巨木，采购运输，耗时甚久。内务府行文两广、两湖、川、闽、浙等省，要求每省采办巨木三千根，在三月之前送到京师。突然之间，让各省献上巨木是无法完成的任务，可此事是皇帝所要办的，各省督抚只能硬起头皮，组织民众进山伐树，民众被骚扰得苦不堪言，怨声载道。

至于修建园子的经费，内务府几年来入不敷出，屡屡向户部要，美其名曰"借"。此年正月，同治帝曾特意颁发谕旨，今后内务府钱不够时，不得再向户部"借"钱。既然不能向户部要钱，那就得另辟财源。

二月二十四日，清廷开始搞捐输。捐输是政府不到万不得已的时候，绝不会使用的办法。咸丰朝为了解决军饷问题才开捐输，为此，咸丰帝还特意解释，搞捐输实有不得已之苦衷。现在太平时期，为了修园开捐输，一些以清正闻名的大臣自然激烈反对。二月二十六日，文祥上奏，坚决反对搞捐输，认为捐输所得，对于工程来说不过是杯水车薪而已，请停止工程。

同治帝是铁了心要修园子，哪里理会文祥的劝阻。迷上了重修圆明园的工程，同治帝多次亲临工地察看。三月十一日，同治帝出宫，在圆明园盘桓终日，流连忘返。下旬，又准备驻跸圆明园。御前大臣赶紧上奏，以安全为由，劝阻皇帝不要去。可皇帝哪里听得进。四月初九日，同治帝到圆明园工地巡视。五月十一日，又去工地巡视。

圆明园工程让同治帝将一切抛在了脑后，帝师之中，军机大臣李鸿藻与同治帝是关系最为融洽的，对同治帝也最为袒护。这次李鸿藻也忍耐不住，劝阻同治帝不要再去查看圆明园工程了。可老师的话成了耳边风，六月初三，同治帝照样兴致勃勃地巡视了圆明园。

就在同治帝踌躇满志时，突然发生了李光昭诈骗案，让他的计划遭遇重挫。

早在同治十二年（1873），就在同治帝为了圆明园工程而摩拳擦掌时，有广东商人李光昭向内务府大臣贵宝表示，自己经商十余年，在各地购置了很多巨木，现在愿意"砍伐运京，报效上用"。贵宝听了大喜，立刻向皇帝汇报。同治帝不假思索，立刻下令："迅速派该员解运来京，由两湖四川等六省起运，免税放行。"

此后李光昭以"奉旨采办"的名义，在各地招摇撞骗。同治十三年，李光昭以五万两的价格向法国商人订了三船木材，并以三十万的价格上报清廷。六月，法国商人将木材运到天津后，向李光昭讨要木材的款项。李光昭是做无本生意的，手里哪里有闲钱，四处借钱也没有借到，就找了个借口，说法国商人木材的尺寸不符，终止合同。法国商人不肯罢休，去直隶总督李鸿章处告状。李鸿章一查，发现这个李光昭是个骗子，以圆明园工程监督的名义，在各地诈骗官员与洋商。

七月初六日，同治帝命令李鸿章迅速处理，从重查办。李光昭随即被处斩监候，秋后行刑，内务府大臣贵宝也被御史们弹劾去职。

李光昭一案之外，京师内又在风传皇帝借察看圆明园工程之名，私服外出逛妓院。风传的流言，皇帝的折腾，使恭亲王、醇亲王及帝师们一致认为，同治帝闹得太不像话了，必须立刻加以制止。

七月十六日，惇亲王、恭亲王、醇亲王、文祥、宝鋆、沈桂芬、李鸿藻等十名重臣联合上奏。奏折中首先请停止圆明园工程，同时批评同治帝恣意妄为，与太监嬉戏，频繁去工地视察，警告他"人言不可不畏"，并提出六条意见，要求他"畏天命，遵祖制，慎言动，纳谏章，勤学问，重库款"。

奏折递上后，同治帝懒得看，扔在一旁。奕訢对这个侄子的脾气是了如指掌，强烈要求同治帝接见，当面进谏。

七月十八日，在同治帝召见恭亲王、醇亲王等十大臣时，奕訢先是列出当下需要紧急处理的大事，第一项就是"停园工"。

看恭亲王和众大臣气势汹汹，有教训自己的意思，同治帝很不耐烦，对众臣道："朕停工如何？你们还有什么话要说？"

奕訢道："臣奏折中的事很多，不单单是停工一事。"随后将奏折中的事逐条细细道来。

同治帝越听越恼火，突然发作对奕訢道："此位让尔如何？"

此话一出，不啻晴天霹雳，众人无不目瞪口呆。同治帝的这句话，已不是皇帝的身份，而是无赖负气后的表现。众王公大臣除了失望，已无他语。文祥反应最为激烈，听了此话竟然伏在地上号啕大哭，几乎喘不过气，被人搀扶着先出去。

随后，七叔醇亲王奕譞也大哭着劝告侄儿，并一一列举他的不良言行。当听到奕譞说起自己微服出巡、逛妓院取乐时，同治帝耳朵立即竖了起来，追问他有什么证据。

醇亲王就将时间、地点都说了出来，同治帝顿时脸红脖子粗，下不了台，只好打圆场，说园工不能立刻停止，等请示太后之后再定夺，然后赶紧打发叔叔、老师们出去。

这次大吵之后，朝野内外都以为皇帝肯定会让步了，工程也会停止。"样式雷"家中的记载也在揣测："有无旨意下，园停工不停？"不想同治帝和大臣们吵完后，二十一日又跑去圆明园巡视工地了。在同治帝看来，国事家事，关我何事？圆明园才是朕的头等大事。

七月二十七日，同治帝召见醇亲王，不想此日醇亲王恰好去南苑验炮。同治帝就召见恭亲王，想打探自己外出鬼混的消息是从哪里泄漏的。不料同治帝刚一发问，奕訢立刻告诉他："这是臣子载澂所言。"

载澄是恭亲王的长子，以风流放浪而闻名，从小陪皇帝在弘德殿读书。他虽比同治帝小，可鬼点子多，常能玩出新花样，兄弟两人有相见恨晚之感。一次载澄陪同治帝演出亵剧，让恭亲王恼羞成怒，带回家关在家里不让出门。几年之后，同治帝亲政，自然不能忘记这个好兄弟，召唤他入宫相伴，所以载澄对皇帝的私事了解甚多。

同治帝听说是载澄泄漏消息之后，不由怒火攻心，圆明园工程一事被他置于脑后，只想报复载澄及叔叔奕䜣。

七月二十九日早朝时，同治帝突然发怒，谕旨革除恭亲王所担任的军机大臣及一切职务，降为不入八分辅国公，交给宗人府严议。

王公大臣们都请求同治帝不要仓促决定，稍后再说，同治帝也不理众人，径自退朝。

中午，同治帝召见王公大臣及帝师翁同龢时，责问翁同龢，为何不早点反对圆明园工程。翁同龢叫苦道："我刚从南方出差回来。"

听了翁同龢的话，同治帝稍微解气，又开始指责恭亲王、醇亲王，称他们："离间母子，把持政事。"

恭亲王、醇亲王听了，一起大力申辩。就在叔侄口水大战时，翁同龢过来转移话题，道："圆明园工程到底要不要进行下去，请皇上表态。"

同治帝顺水推舟道："过十年、二十年，等四海升平了再说吧。"

众人一起欢呼："如天福，彼时必当兴修。"

圆明园工程决定叫停，改修三海工程。退朝后，翁同龢等人赶去军机处，帮拟定谕旨，不料递上后却留中不发。

到了午后，宫中有谕旨发下，交给文祥等军机大臣。谕旨称奕䜣"目无君主，欺朕之幼，诸多跋扈并种种奸弊，不可尽言"，下令革去恭亲王世袭罔替王爵，降为郡王，恭亲王儿子载澄的贝勒爵位也被革去。文祥等人看到谕旨大惊，称皇帝盛怒之下，措辞过重，请求同治帝暂缓发出处分恭亲王的谕旨。同治帝批示："文祥等所奏着不准行。"

文祥再递奏片，"云今日俱散值，明日再定"。获同治帝批准。文祥此举，在军机处历史上前所未有，因为皇帝谕旨，军机处只有遵循的份儿，从来没有人敢抗拒。

七月三十日，同治帝又再次发出谕旨，称亲政以来，恭亲王对他一直不尊重，"语言之间诸多失仪"，将他降为郡王，革去世袭罔替王爵，同时革去载澄贝勒衔。虽然此次对奕䜣予以处分，但明显改变了语气，如对奕䜣的指责改为"语言之间诸多失仪"，相比昨日的火药味十足，已有所缓和。

看着儿子闹得不可开交，慈禧知道必须加以制止了。两宫皇太后当即在弘德殿召见了恭亲王，加以安慰，又发出懿旨，恢复了奕䜣及载澄贝勒衔，同时正式确认停止重修圆明园工程。同治十三年（1874）八月，同治帝发布上谕："前降旨令总管内务府大臣将圆明园工程择要兴修，嗣朕以经费支绌，深恐有累民生，已特降谕旨，将圆明园一切工程即行停止。"

两宫皇太后出手，暂时制止了同治帝这匹脱缰的野马。同治帝这个精力充沛的皇帝，注意力随即从圆明园转到了北海、中海、南海这三海，此后马不停蹄地视察三海工程。至于被革职的贵宝，很快被恢复了职务，并让他负责办理三海工程。

就在朝臣们为了同治帝接下来将折腾出什么新花样而头痛时，皇帝突然感染重病。

十二月初五日，同治帝因染天花去世。翁同龢日记记载了同治帝最后的情况："十二月初五日，溃烂蔓延至口颊，腮部肿块不能成脓，只流血水，牙断糜黑，食少寐减，神气渐衰，精神恍惚。"当日，同治帝龙驭上宾。同治帝死后不到百日，皇后也绝食而死，她被视作节烈的代表，大肆褒奖了一番。

同治帝一死，当月两宫太后就发布懿旨："所有三海地方一切工程。无论已修未修，均着即行停止。"

五、三海及颐和园工程

康熙二十三年（1684），在内务府设置奉宸苑，负责管理畅春园、圆明园、颐和园、御船处、热河行宫等处建筑的管理、修缮事宜。光绪年间进行的三海工程及颐和园工程，也由奉宸苑管理。

同治帝在位时，曾想重修圆明园，遭到群臣劝阻，不得不停止。此后，同治帝将注意力转移到三海工程，不想他突然死亡，导致工程停止。光绪朝初期，慈禧忙于垂帘听政，无心进行大工程，三海工程暂时停止。到了光绪十一年（1885），眼看皇帝已长大，即将亲政，慈禧开始考虑自己的养老问题。慈禧知道，要重修圆明园，必然面临较大阻力，而三海工程则阻力较小，但是仍然有人反对三海工程。光绪十一年四月二十日，总管内务府大臣嵩申奏称："三海工程，为数甚巨，请拨何项银两？"慈禧太后闻奏后，面有不快之色，嵩申见此，遂叩头退出，不敢再说。①

自从决定开工之后，对于此次修缮经费的来源，外间有各种议论。甚至有传言称，此次南、北、中三海等项工程所需银数十万两，"由已革总管内务府大臣文锡独力捐输"。由此可见，文锡在内务府大臣任上贪腐之多。

自光绪十一年五月初九日，慈禧发布懿旨之后，三海工程开始推

---

① 《日下述闻》，《申报》1885年6月13日。

进。各地肥缺衙门都被勒令进献银两，如粤海关就挪出了一百万两。"钦奉懿旨，三海工程紧要，着粤海关监督筹款银一百万两，解交奉辰苑应用。"

三海工程包括殿宇、房屋、道路、河池、假山、堤泊、点景、花园、电灯、铁路、冰床等，重点则在南海的瀛台、中海的丰泽园、仪鸾殿、西苑门一带。工程项目有一百多处，既有旧址翻新，也有重新修建的项目。为了扩建工程项目和奉辰苑工程用地，清室购买了大批民房，其中还包括外国教堂。当日清室还不够强悍，必须用钱购买，而不能强行拆除。

三海工程调动京师内十六家木商及数万工匠参与，在南海重修了瀛台、翔鸾阁、澄怀堂等处，在中海重修了船坞、水云榭，添盖了军机处办公场所等，在北海重修了承光殿、阐福寺等处。三海工程中还有一条小铁路，全长三华里，经过中海、北海西岸，一直通到极乐世界殿。光绪十四年（1888），由外洋购到的小火车运送到京师，经海军部同奉宸苑联合办理，调动工匠七百人，小铁路于九月二十九日开工。

慈禧极为重视南海瀛台工程，指示殿阁内外的油饰、糊饰等都要见新。每隔一二日，慈禧就要派李莲英去现场察看，监督工程质量。为了去除油味，慈禧又令刚建成的殿座内要焚烧香料。

南海瀛台工程规模浩大，京师内各处著名商铺如兴隆、广丰、义和、德兴等，都作为分包商承包了部分项目。在众承办商中，兴隆木厂规模最大，承接的活计也最多。光绪十三年进海施工的一万零七十九人中，兴隆木厂就有九千九百七十八人。大量工人聚集后，在京师各处滋事。

光绪十三年三月初一日，京师西安门内大街茶社内有瓦木匠多人在其中喝茶，皆是参与三海工程的匠人。与邻座老者闲谈时，双方发生口角。老者大怒，去官府控告，官府派出差役抓捕诸匠人。众匠人大怒，将差役打走，又拥至官厅，抓住老者一顿痛打，更将官厅窗壁拆毁。官员见工匠人多势众，急赴步军统领衙门禀报。待步军统领衙门派人至现场时，工头已派出多人，将官厅被毁的窗壁全部修补好，并将匠人带走。面对此种场面，步军统领衙门也不知如何处理，只好不了了之。

自三海工程开工之后，由于克扣薪资，工匠罢工不断。"宫中兴作，以三成到工为正例。"①内务府经手的工程，常要扣去十之七八。未经动工，先派成数。"承修大臣去其一，勘估大臣去其一，派出司员又去其一，则实际落到工程者有限矣。"②最后，包工工厂所得不过二三成，至于工匠所得更是微薄。光绪十二年（1886）三月，瀛台工程现场的兴隆木厂木匠煽动罢工，殴打头目。带头的二人被处以枷号二十日，押至西苑门外示众。五月端午前，兴隆木厂工人发动罢工，四处张贴传单，要求增加工资待遇。至端午后，工人仍然罢工，最后领头的工人被抓捕。五月初八，又有广泰木厂的木匠挟持广泰木厂厂商，躲到了德胜门外的黑寺庙内，经过多日方被寻到。

自从开工之后，各处工匠罢工运动，此起彼伏。内务府严惩为首的工匠，并解雇了大批参与罢工的工人，另行招募新工匠。此外，更有各色人等出入园中，招惹是非。为此，内务府在光绪十二年五月十六日下令，三海等处工程项目地方，"无论军民及在工夫匠人，如无腰牌，一概不准擅入"。

瓦木匠于光绪十二年三月初发动罢工时，恰好有监工大臣至工地巡视，见无人开工，急忙询问承办商人。监工大臣询问每人每日工价多少，商人答以一千二百文。监工大臣闻后道："未免太少，每人每日

---

① 《古今宫闱秘记》，上海文艺出版社1990年版，第74页。

② 湖北省人民政府文史研究馆、湖北省博物馆整理：《湖北文征（全本）》第十一卷，湖北人民出版社2014年版，第315页。

可增百文，倘增工价后，再有罢工者，当即奏明皇上，按律交刑部惩处。"①商人唯唯。

光绪十三年（1887），慈禧不时催促早日将工程完工，李莲英的身影频繁出现在各处工地上。在不断催促下，工匠们的工作量日益加大，此时京师之中，物价暴涨，百姓生活窘迫，各处工地不时爆发工匠罢工的情况。负责工程项目的醇亲王奕譞张贴布告，指责工匠们贪得无厌，不断加价，万无再加之理。

光绪十三年三月初一日，六七十位木匠在高四、吴四带领下，喧闹罢工，要求增加工资。木匠作头目前去劝说时，众木匠各持斧头，上前将头目砍伤，将一名木匠作徒弟两腿打伤。在场的官兵袖手旁观，不敢劝阻。所幸奉宸苑值班官员带了木匠作中人员，持了木棍，将人救出，擒获领头的吴四，另一人高四逃脱。不久过后，吴四的母亲又来到木厂谩骂，声称如不将吴四放出，就要拼命云云，被清廷视为"刁恶已极"之徒，逮捕送交步军统领衙门。

一波未平，一波又起，三月十三日上午，有楠木作工匠纠集百余人罢工，要求增加工资，被官兵驱逐。到了午后，工匠朱汰独自潜入南海宝月楼，串联楠木作工匠一起罢工。清兵此时早已戒备森严，将罢工工人镇压，擒获带头的罢工工匠。吴四、朱汰先后带头闹事，依照大清律中的"寻常斗犯律"，不过是处以流放。为了警告其他工人，刑部决定从重处罚，将二人拟斩监候，"并请毋庸入于朝审，仍遵旨牢固监禁"②。此事过后，清廷下令在三海等处加紧看管，各处出入口由内务府派三旗护军营看守，各处建筑的门则由太监看守。

---

① 《匠人加价》，《申报》1886年4月28日。
② 叶志如、唐益年：《三海工程工匠罢工史料选》，《历史档案》1984年第4期。

到了光绪十四年五月初十日，兴隆木厂木匠又惹是生非。当日木匠多人，要进入园内某处宫殿游玩，被值班官员拦阻。众木匠大怒道："我等所修宫殿，何以不准游玩。"值班官道："皇家禁地，不准擅进。"众木匠不听，发生争执，木匠人多手杂，将该值班官饱以老拳。其他各处木匠闻讯之后，纷纷赶来增援。此时又来一名官员劝阻，木匠人多势众，将官员拖拉带至木厂。清军出动二百官兵赶去镇压，木匠也不畏惧，各自找了木料，准备厮杀。官兵见此等情景，唯恐闹大，好言安慰，方才平息此事。①

光绪十七年（1891），海淀颐和园应修各处工程期限迫近。各厂商不得不多集工匠，以期早日完成工程。此时承包的厂商有二十余家，工匠万余人，除了瓦石、油画、土作工匠外，单是雕作工匠就有三千余人。工匠在工程项目中，素来桀骜不驯，此前修三海工程时，频繁滋事。此次颐和园工程处木匠听闻慈禧即将驻跸，就一起聚集起来，要求增加工价，双方相持十数日，竟无一人开工。

无奈之下，厂商向木匠头目苦苦劝说，奈何木匠抓住工期将近之机，加以勒索。以前每日除了三餐外，各给工钱二千，这次工人狮子大开口，要求每人每日工钱七千五百文。厂商难以接受，双方多次争辩。

到了四月十七日，木匠聚集起来，向厂商挑衅，一言不合之下，木匠放炮为号，聚集其他各厂木匠，声势浩大。管事的工程官见了，大为畏惧，急调外火器营、健锐营、圆明园马队，携带枪械前来，以备镇压。木匠聚集了千余人，每人手持巨斧，气势汹汹，毫不畏惧。三队官兵到达后，将木匠包围在中间，严阵以待。最后经过工程处及地方官再三开导，木匠退让，答应复工，作为妥协，"嗣后每日给工钱

① 《勅改颐和园》，《申报》1888年6月30日。

四千"①。

在三海工程进行后，颐和园工程也随之上马，借口则是训练水师。

早在乾隆十五年（1750），乾隆帝以为其母庆贺六十生辰为由在瓮山建"大报恩延寿寺"，定下"万寿山""昆明湖"等名。园林工程费时十一年，命名为清漪园。咸丰十年（1860），清漪园毁于英法联军。

光绪十一年（1885）九月，成立海军衙门，以醇亲王奕譞总理海军事务，庆郡王奕劻、李鸿章为会办大臣。光绪三年，醇亲王奕譞曾想重修清漪园，被御史郭从矩阻拦。光绪十二年，奕譞巡阅北洋海防，遂想到了重修的理由。

光绪十二年八月二十七日，奕譞奏请恢复昆明湖水操，同时声明，为了恭备皇太后阅看水操，拟将万寿山暨广润灵雨祠旧有殿宇台榭，并沿湖各桥座、牌楼酌情加以保护修补，以供临幸。慈禧当即批准，并指示"参用西法，复京师昆明湖水操内外学堂"。

这样，奕譞打着训练水师之名，行修缮清漪园之实。光绪十三年，清漪园工程偷偷开工。光绪十四年二月初一日，光绪帝下旨将清漪园更名为"颐和园"，以备"慈舆临幸"，此时颐和园的许多工程已经开工，甚至完成了。

就在颐和园工程进入高峰时，光绪十四年十二月十五日发生了贞度门失火事件，这给反对工程的御史提供了批评的由头。二十日，慈禧发布懿旨："所有颐和园工程，除佛宇暨正路殿座外，其余工作一律停止。"停工只是虚招，待舆论风潮过去之后，工程照旧。因为是挂着海军学堂的名字，所以颐和园修好之后，名义上处于海军管理之下，实际上则处于内务府掌控之中。

---

① 《帝京景色》，《申报》1891年6月8日。

颐和园修好后，慈禧、光绪倒是多次来看了水操，如光绪十五年（1889），《申报》报道："皇太后、皇上于本月二十三日起至二十七日前往海淀颐和园昆明湖游幸调阅水操，此五日朝去暮归，并不驻跸其间。"[①]光绪十七年三月初六日，"皇太后率诸位公主等于玉泉山安坐亭中，阅看神机营外火器营马队，圆明园马队，利字、健字两洋枪步队操练。各路马队、洋枪队，五花八门，枪马迅捷，两面演打，交冲一阵，杀声聒耳，几似大敌当前"。

比较起来，颐和园工程项目规模和所用经费小于三海工程，只是后世常以颐和园挪用海军经费，而以为其工程项目庞大，导致北洋海军覆灭。光绪二十五年，梁启超云："吾尝游颐和园，见其门栅内外皆大张海军衙门告示。同游之人，皆窃窃焉惊讶之。谓此内务府所管，与海军何与？而岂知其为经费之所从出也。"

光绪十四年，颐和园动工，光绪十七年完工。范文澜在《中国近代史》中说建颐和园花了三千万两银子，此数据比较夸张。据当代学者邹兆琦考证，实际数目当在一千二百万两至一千四百万两之间。其实不仅仅在颐和园工程上，在三海工程上也大量挪用了海军经费，还拖欠了很多款项。1913年，有某木厂向躲在故宫内的逊清小朝廷奉宸苑追索三海工程欠款二百余万两白银之事。此时打官司开始讲究法律，控方还特意请了名律师去起诉。

---

① 《都门杂录》，《申报》1889年4月23日。

第五章

帝王的家奴和鹰犬：江南三织造局的兴衰

一、三织造的发展

明代设有提督织造太监，管理南京、苏州、杭州织造，掌管织造御用衣物。贪财的太监到了富裕的江南，无异于老鼠掉入了米缸，织造太监是非不断。嘉靖年间，有织造太监在杭州索贿不得，作诗云："朝廷差我到杭州，府县官员不理咱。有朝一日朝京去，人生何处不相逢。"府县官员们只能惊叹："好诗！"万历二十九年（1601），为反对加税，苏州织造工包围税监衙门，杀死织造太监孙隆随从六人，孙隆狼狈逃往杭州。

崇祯元年（1628）二月，崇祯帝叹息民间艰辛，不堪织造骚扰，下旨苏杭织造暂行停办。"稍加轸念，用示宽仁。俟东西底定之日，方行开造。"[①]崇祯八年三月，皇后令苏州织造太监进草棉纺车二十四具，

---

① [清]孙承泽：《春明梦余录》卷四十六，清文渊阁四库全书本。

以教导宫婢纺织。结果宫中女子无一人会操作纺车，皇后怒而焚之。①

明清鼎革之后，清室对内廷事务做了诸多改革，以革除太监干政的弊端。在江南地方上，清初仍保留了江南三织造，且仍以太监掌管织造事务。"顺治初年，定御用礼服及四时衣服，各宫及皇子公主朝服衣服，均依礼部定式，移交江宁、苏州、杭州三处织造恭进。"②

织造衙门（又称织造府或织造署）是织造官吏驻扎及管理织造行政事务的官署；织造局是经营管理生产的官局工场。江南织造三局各有分工，其中江宁织造主要负责彩织锦缎、重色大云锦、织金缎、妆花缎等；苏州织造主要负责绫、绸、锦缎、罗、缂丝、刺绣等；杭州织造负责御用袍服、丝绫、杭绸等。

顺治二年（1645）十二月，杭州织造太监卢九德进御用袍服。此事引起当时朝中大臣的不满，"九德仍妄行具疏，切责之"。顺治三年三月，顺治帝下令罢去织造太监。此年七月，管理江宁织造的太监车天祥，以老病为由提出辞呈。自崇祯二年（1629）始，车天祥在江南织造前后十余年，经历王朝更替，至此方才去职。

顺治三年罢去织造太监后，朝廷派遣官员督理江宁、苏州、杭州织造事务。江宁、苏州、杭州织造诸局，各遣监督一人，笔帖式、库使各一人，三年一更换。顺治五年，派遣户部官员管理江南三织造。顺治七年时，江南织造一度大拍皇帝马屁，上奏称"织造龙衣机上有异光，三日不止"。钦天监立刻配合，上奏称，此乃吉兆，"以为一统天下之瑞"③。顺治十三年，织造局改隶十三衙门，主管官员一年一任，到了顺治十五年，又改为三年一任。

① [明]佚名：《烬宫遗录》卷下，民国适园丛书刊小琅嬛校缉瑞楼本。
② 《大清会典则例》卷一百五十九《内务府》，清文渊阁四库全书本。
③ [清]余金：《熙朝新语》卷一，清嘉庆二十三年刻本。

顺治十八年（1661），顺治帝去世，十三衙门被废除，内务府恢复，江南三织造归于内务府。

康熙二年（1663），从内务府郎中、员外郎的多位人选中挑选贤能者去主持江南三处织造，给予关防、敕书，不限年数，可专差久任。道光十年（1830）八月，令江南三织造此后每届一年期满，令内务府大臣根据其表现具奏上报，或去职，或连任。

管理江南三织造的主要是皇室亲信包衣，如满洲镶黄旗人高斌。雍正元年（1723）正月，由内务府主事迁员外郎兼佐领，四月迁郎中。雍正四年，管理苏州织造。再如高晋，系高斌从子。乾隆十五年（1750）三月，管理江宁织造。^①江南三织造一直由内务府派员担任，在特殊情况下也可由地方督抚兼任，如光绪九年，苏州织造立山丁父忧，回京穿孝百日，苏州织造一职，暂由江苏巡抚谭钧培兼管。

康熙一朝，由于皇帝喜好使用密探，由江南三织造承担了刺探任务，相应地其主要业务工作织造也受到影响。至雍正朝时，雍正帝加以纠正，不时敲打江南织造，使其回归主要工作而不是刺探、监控地方。雍正五年（1727），江南织造进贡御用绣线黄龙袍等物。雍正帝看到有一以彩绣为饰者，大为不满，训斥道："朕心深为不悦，比即加以诫谕。"^②

至乾隆朝时，江南三织造回归到原先从事织造的工作，为内廷服务。至于江南三织造，也从原先由内务府世家长年垄断改由内务府司官担任，一切活动均由内务府总管大臣管辖。原先江南织造可以越过内务府大臣，直接给皇帝上奏，此后江南三织造一切请示汇报，均需经过内

---

① 《大清会典则例》卷一百三十六《工部》，清文渊阁四库全书本。
② ［清］胤禛：《雍正上谕内阁》卷五十七，清文渊阁四库全书本。

务府大臣。至于原先拨给如两淮盐运使等织造管辖的肥差多被取消。

乾隆帝对江南三织造贡品的要求更为严格，时常挑剔，不时处罚、责骂江南三织造。原先江南三织造对地方的督抚负有监督之责，此时却颠倒过来。乾隆帝曾令两江总督那苏图密查苏州织造海保的情况。经过查探后，那苏图查到海保"种种劣迹，皆系实有之事"，遂将海保摘印看管。乾隆帝表示，那苏图此举办理极为妥当。

清代定制江宁、苏州、杭州织造，每织造各有运船三只。走水路是比较经济快捷的运输方式，但容易受到水汽影响，导致丝绸之类的货物发霉。走陆路的话，时间长又容易发生抢劫事件。可能有人会觉得不可思议：会有人敢对贡物下手？实际上，在清代，抢劫进贡龙衣之类的案件屡屡发生。嘉庆二十年（1815）九月，就发生过抢劫苏州织造贡品的大案。

深州人王四与武邑县马回台村人张驴子、吕兴等人结交厮混。张驴子等人平日聚赌窝娼，并私留外来之人出外行窃牲口，或变卖与人，或经事主出钱赎回。直隶冀州武邑县境内马回台村，与该府所属献县、交河、阜城三县相连，匪徒在其间出没劫掠，官府也不加过问。

嘉庆二十年九月初八日，马回台村人吕七虾米赶到张驴子家，向王四、张驴子、穷张、杜洛茂报喜，发现从南方来了一辆车子，上插旗号，甚是沉重，车上必有银子。初十日前后，张驴子、王四等人商议后，决定邀些人一起去打劫。之后，便邀集了十四人各带刀棍绳鞭等物于初十日五更时分先后起身，约在景州迤南黄草铺会齐。穷张在路过不知名地方时，偷了一匹白马、一头草驴，又在凉栅上抽了两根杉杆，以备运输赃物。

初十日天黑时候，众人到了黄草铺南二里多地方，在隐蔽处躲藏。等到四更天，听得有南来车辆。穷张、杜洛茂因脸上有胎记，恐被人认出，各自用偷来的面粉涂了脸，同金洛茂看定一辆大车，三人从车后翻上去截车，王四与其他人在附近瞭望，车夫看到歹徒后，立刻往旁边躲开。穷张、杜洛茂跳上车，将劫来的东西交给金洛茂接收。大车后面还有好几辆车。穷张跑过去大嚷："我们是沧州来的，不过借些盘费，你们好朋友不必多管，各人走罢。"

等那些车子往旁边散开之后，穷张让大家用杉杆轮流抬走所劫到的银箱，此外还有一些物品都被放在马上驮着送到张驴子家。众人随后将银子用秤分开，穷张、杜洛茂、金洛茂三人出手劫车，每人分得六秤，每秤约有一斤多些，其他人每人分了三秤。①此次打劫的是苏州织造解送内务府的贡品及银两。银两瓜分后，进贡的绸缎、布匹等也被众人瓜分。众人嫌物品麻烦，转卖给了张驴子。此案发生后，官方震动，立刻组织侦缉，将案犯团伙中的大部分擒获，只有张驴子、吕七虾米逃跑，被抢走的银两、绸缎等物先后被追回。负责运送的苏州织造九德受此案牵连。

江南三织造的经费，除了户部、工部拨款外，织造局有时直接找江浙地方官员寻求款项支持。同治十三年（1874），苏州织造毓秀上奏称，此年四月初六日，接到造办处通知，奉旨采办派缂丝挂襕、挽袖马褂、舒袖马褂紧身等各八十一件，圆金缎、圆银缎各二百匹，限于本年八月前办好，送入京师。毓秀估算了下，开办这些工程需工料银九万两，当即咨请江苏巡抚筹拨款项。不想江苏巡抚称目前无款可筹。不得已之下，毓秀只能上奏，请暂免采办任务。不过，朝廷并不体贴下属，指示毓秀努力筹款，尽力筹办。

---

① ［清］那彦成：《那文毅公奏议·直隶总督奏议》卷四十九，清道光十四年刻本。

毓秀边筹集款项，边招募匠人，准备开工时，江苏巡抚来函称，现在正在筹办防务，所需军饷浩繁，势难再行拨款。毓秀则称："此项活计，关系内廷应用，刻不容缓，必须立刻办理。"不过，江苏巡抚手中无钱也是实情。毓秀查到织造府内存有历年积存下来的剩余银款两万余两，算了下，可办挂襕舒袖马褂各三十六件，挽袖马褂紧身四十五件。只是八月之限，转瞬将至，只能请再展限一月，争取于九月内解京呈进。剩下的褂襕舒袖马褂各四十五件，挽袖马褂紧身各三十六件，圆金缎、圆银缎各二百匹，"容江苏巡抚筹拨款项，再行接续办理"[①]。

咸丰三年（1853），太平军攻下南京，江宁织局生产完全停顿，织工分散各处。有部分织工被太平军俘获，开始为太平天国编造衣服。江宁织造中有一女工曾为洪秀全织造黄袍，战后被清军处以凌迟之刑。到了咸丰十年、十一年，太平军先后占领苏州、杭州，苏杭两地织造也停业。在战火之中，苏杭两地的织工四散，织机被毁。

苏州织造府府署原先在元和县葑门内带城桥东。康熙十三年（1674）始，改葑门内明嘉定伯周奎故宅为苏州织造衙门。康熙二十三年，皇帝南巡，在织造署之西创立行宫，此后历二百余年至咸丰朝毁于战火。同治二年（1863）十月，李鸿章以江苏巡抚统兵，收复苏州、常州。此时百废待兴，而国库紧张，故而一直未重建织造署，暂时寄居颜家巷民房。同治十年春，江苏巡抚张之万、布政使恩锡，因为同治帝大婚，织造署业务繁忙，遂重建织造署衙门，至同治十一年三月落成。重建之后的织造署共计房廊四百余间，用钱四万两千余串。[②]

江宁织造也差点毁于火灾。光绪二十五年（1899）五月，大雨连

---

① 《织造奏折》，《申报》1874年12月2日。
② [清]冯桂芬：《（同治）苏州府志》卷二十二，清光绪九年刊本。

绵不绝。到了月中，雨水停息，城中突然警报声四起，是江宁织造署失火，民众纷纷出逃。此时南京已有了水龙（消防）队，立刻出动抢救火灾。只是水龙队反应缓慢，待赶来救火时，已经毁去上房两进、花厅三椽，所幸货仓未被烧到。

咸丰年间，江南三织造受到太平天国战争的严重冲击。在南京被太平军占领后，江宁织造局的事务交给了杭州织造局，至苏州、杭州被太平军占领后，织造任务暂时中止。太平天国战争结束后，江南三织造局重新恢复生产，只是原先的衙署、生产设备都被破坏，三局所用工匠不过千人。江宁、苏州两局织造经费，每年无闰月时为十八万两，有闰月为十八万一千余两。至光绪三十年（1904），因为财力窘迫，江宁织造局被裁撤。

到了清末，江南三织造局更混乱不堪：名册上的匠役与实际人头不符，织造署官员大吃空饷；织造局从民间雇工织造，引发各种争端；所进贡的贡品中，以次充好、尺寸短小、劣品掺杂等现象屡屡可见。此时，民间织造的质量已大大胜过三织造局，三织造反而成了劣质产品的代名词。到了晚清时，江南三织造局已柱倾壁斜、机台尘封，一片颓废景象。

二、曹家与江宁织造

中国古典名著《红楼梦》的作者曹雪芹，其家族命运与江南三织造有着密切的联系和深远的渊源。曹氏家族的兴衰，正是江南三织造这个机构的兴起与没落命运的一个投影。

康熙二年（1663），三织造改隶内务府，康熙帝下诏，从内务府中挑选皇帝亲信包衣充当织造。汉军正白旗包衣曹玺被任命为江宁织造，此后，曹家的命运便与江南织造紧密联系在一起。曹玺的祖父曹世选在关外被女真人俘虏后，成为多尔衮正白旗下包衣。曹玺的父亲曹振彦一路追随多尔衮入关，立下军功，官至光禄寺大夫。曹家从龙入关，可谓股肱之臣。

顺治八年（1651）二月，多尔衮死后曹家获罪，削爵夺谥，籍没家产。顺治帝乘机将正白旗纳入自己掌控之中，而正白旗包衣也从王室包衣成为皇室包衣。

包衣汉人与一般汉人还是有区别的。包衣汉人血缘上是汉人，身份上是低贱奴才，可他们长期追随主子，出生入死，休戚与共，与满人已达成利益上的一致。故而定鼎中原后，清皇室重用包衣汉人，为其提供各种政治、经济上的机会。在皇室眼里，包衣汉人是低贱奴才；可在外人看来，他们出将入相，身份显赫，能获得各类肥差。

康熙二年（1663），四十五岁的曹玺由内务府郎中"特简督理江宁织造"。织造一职本无品级，曹玺以内务府郎中担任织造，是为特简。织造原本三年更换一次，至曹玺任织造后，定专差久任。

曹家与皇室关系亲密，曹寅的母亲孙氏、李煦的母亲文氏都曾做过康熙的保姆。清代每位皇子，例用乳母、保姆共四十人，其中乳母、保姆各八人。乳母"须有夫，年十五以上，二十以下"。任命亲信至江南主持织造不单单是给亲信一份肥差，也有监视江南地方社会的重要使命。不论官衔级别如何，江南三织造都可以给皇帝直接写密折。凡被放到外省肥缺岗位上的内务府人员，都可以专折奏事，即"密折"。康熙帝曾让这些外任的内务府人员将地方上的大小事件都一一奏闻，"是笑话也罢，叫老主子笑笑也好"。

曹寅在江南任上时，就以密折奏报江南地方上的舆情，监视地方官员。如康熙四十八年三月，曹寅在奏折中提道："打听得熊赐履在家，不曾远出。其同城各官有司往拜者，并不接见。"康熙五十年（1701），江南乡试发生了贿卖举人一案，江宁织造曹寅先后六次、苏州织造李煦先后十四次，密折报告会审情形和江南的民情舆论。康熙帝通过江宁织造和苏州织造的密折奏报，全面掌握了案情。

织造在南方，担负了监视南方知识分子与上流社会动向的使命，同时也要笼络南方的士人。曹玺上任后，公开与明遗民交往，通过诗文酒会等方式，与他们联络感情，消除其对清王朝的抵触情绪。曹寅与高士奇、纳兰成德早就是文友，在江南任职时，更与诸多明遗民交往，有效地笼络了江南知识分子的心。

曹玺在江南织造任职二十一年，病逝于任上。曹玺死后其职位由曹寅接任。曹寅少时曾被挑选为御前侍卫，充任康熙帝伴读。康熙二十九年，曹寅由内务府广储司郎中出任苏州织造，三年后调任江宁织造。

"曹楝亭（曹寅字）性豪放，纵饮征歌，殆无虚日，酷嗜风雅，东南人士多归之。"曹寅为江宁织造时，每出必拥八驺，携书一本，观玩不辍。人问公何以好学，曹寅曰："非也，我非地方官，而百姓见我必起立，我心不安，故藉此遮目耳。"[①]后曹寅到扬州主持两淮盐务，金陵名士随同渡江者十之八九。

康熙帝六次南巡，为了表示不扰民，令一切供应由内务府办理。是故江宁、苏州、杭州三地皆以织造府为行宫。康熙二十三年，康熙帝第一次南巡至江宁时，恰逢曹玺病逝，停灵在江宁织造署内，故而御驾改驻江宁将军府。康熙帝亲至江宁织造署"抚慰诸孤"。此后四次南巡，均由曹寅接待，驻江宁织造署。《红楼梦》中，赵嬷嬷回忆太祖南巡，贾府接驾一次，"把银子都花得淌海水似的"，也是曹家的情形了。

---

① [清]袁枚：《随园诗话》卷二，清乾隆十四年刻本。

康熙三十八年（1699）四月，康熙帝南巡返回途中，驻跸于江宁织造署。曹寅老母尚在，一起拜见康熙帝。康熙帝见了老保姆，大喜云："此吾家老人也。"此时恰好庭中萱花盛开，亲书"萱瑞堂"三字赐给曹家。

康熙四十二年始，曹寅、李煦，奉旨轮流兼理盐政，次年钦点为两淮巡盐御史。二人一直轮管盐政长达十年之久。两淮巡盐御史统辖淮南、淮北批验盐引所。两淮盐运使与两淮巡盐御史同为盐官，职司不同。前者掌理盐运，后者巡视盐课，廨署也不在一处。盐税是清廷最重要的收入来源，也是皇室小金库的主要财源。

为了保证盐税收入不被吞没，清廷派遣最亲信的大臣担任两淮盐运使。虽然如此，清廷还不放心，另外设置两淮巡盐御史，常以内务府官员担任。两淮巡盐御史本负责监督，不想却越过盐运使，操控两淮盐务。按清代职官体例，盐运使为从三品，巡盐御史官阶可大可小，常出现从二品、二品的高阶官员，因此巡盐御史反而成了盐运使的上级。

康熙四十四年，康熙帝南巡。为了讨好皇帝，两江总督阿山擅自增加地丁税和夫役，江宁知府陈鹏年不同意。阿山心中恼火，故意刁难陈鹏年，令其承办龙潭行宫。南巡时康熙帝的侍从照例来索要贿赂，陈鹏年一概不予，侍卫们就在康熙帝的卧室处放置了蚯蚓粪，以此陷害陈鹏年。随同南巡的王公大臣中伤陈鹏年"诽怨巡游，罪不可赦"，建议处罚他。

康熙帝执政多年，见多识广，知道其中必有蹊跷，谕令不要着急。在下榻江宁织造府时，江宁织造曹寅的幼子在庭院里玩耍，康熙帝就招来问他："知有好官否？"小儿答："好官有，陈鹏年。"此时张英从安徽桐城来谒见康熙帝，康熙帝又问谁是好官，张英也推荐了陈鹏年。虽然如此，陈鹏年还是没能过关，最后被陷害入狱，由于曹寅的恳请，方才得以活命。①

曹寅之子曹颙生于康熙二十八年（1689），此时已十七岁，自然不是"小儿"，更不会在庭院中嬉戏。曹寅弟弟曹宣的第四子曹頫自幼被带到江南长大，是故很多红学研究者推断此幼子乃是曹頫。曹寅将弟弟的幼子带来江南，也是为了和弟弟修复关系，给侄儿提供更好的教育。也正是由于这层关系，后来康熙帝指定曹頫为曹寅嗣子，继承其职位。

曹寅执掌盐政时，康熙帝提醒他："风闻库帑亏空者甚多，却不知尔等作何法补完"，又再三告诫他小心。曹寅表示两淮盐运使事务重大，一定要将钱粮料理清楚，方才离职。虽然曹寅表态坚决，且确实着手整顿盐课弊端，可皇帝的南巡，各种私下的打点，种种杂用开销使他无法填补亏空。

康熙四十九年八月，两江总督噶礼弹劾曹寅、李煦，亏空两淮盐课银三百万两。康熙帝将此事压了下来，称"其缺一百八十万两是真"。康熙帝不忘提醒曹寅、李煦，要及时弥补亏空，以免遗罪子孙。

曹寅在扬州时，还负责《全唐诗》《佩文韵诗》的编纂工作。康熙五十一年六月十六日，曹寅自江宁至扬州，料理书局刻工事宜。七月初，曹寅感染感寒，转成疟疾，经过多番调治，仍无起色。李煦紧急向康熙帝求金鸡纳霜（奎宁）。此药出自南洋，是治疗疟疾的上好良药，当日只有宫廷之中才有。康熙帝收到奏折后，立刻派人送去金鸡纳霜，令日夜驰行，限九日抵达扬州。只是未等送到，曹寅已病逝。

曹寅去世后，留下亏空一百三十万两白银。康熙帝命李煦、李陈常以两淮余银为其填补亏空。曹寅留下大量亏空的原因很多，如四次接待康熙帝南巡，就耗费无度、亏空甚巨。曹寅交际面广，应酬多，每年给

---

① [清]陈康祺：《壬癸藏札记》卷二，清光绪刻本。

各方孝敬的银两不可计数。皇太子允礽派其奶公、内务府大臣凌普向曹寅讨要银子，一开口就是五万两。内务府中的大小官员，宫中的太监，不时找他借个几千两银子花花。康熙帝就曾指责他"打点太多，多亦无益"。

在日常生活中，曹寅极讲究排场，服饰饮食、买地置业等方面的开销，都不是小数，而收藏古董更是一掷千金。康熙三十七年（1698），曹寅担任织造时，属正四品，年俸一百零五两。后因接驾有功，曹寅升为正三品，年俸不过一百三十两，尚不够他买三个古董瓷碗。

曹寅、李煦亏空巨大，康熙帝则为他解释："曹寅、李煦用银之处甚多，朕知其中情由。"曹寅死后，康熙帝指令李煦代管盐差一年，以余银为曹寅填补亏空三十二万两。此后又令两淮盐运使李陈常为曹寅、李煦填补亏空，逐渐将盐课亏空填完，至于织造亏空，则尚未补上。

曹寅病故后，其子曹颙于康熙五十二年继任江宁织造，任职两年就去世了。康熙帝看着曹颙长大，对他的去世很是惋惜，"朕所使用之包衣子嗣中，尚无一人如他者。看起来生长得也魁梧，拿起笔来也能写作，是个文武全才之人。他在织造上很谨慎，朕对他寄予很大希望"。

曹颙去世后，康熙帝命曹寅四弟曹宣第四子曹𫖯过继曹寅，继续担任江宁织造，以尽赡养责任。康熙五十四年，曹𫖯承袭了嗣父曹寅的职位，恩宠无匹。曹宣地位一直低于乃兄，在官场发展也很一般，兄弟二人之间关系普通。康熙帝在为曹寅挑选嗣子时曾特指示："原伊兄弟亦不和，若遣不和者为子，反愈恶劣，尔等宜详细查选。"经过李煦担保，方才将他过继给了曹寅。

曹𫖯接了江宁织造，日子并不好过。康熙五十四年，又查出曹寅亏空织造库银三十七万三千两。康熙帝只好再次安排两淮盐运使李陈常和李煦代为偿还。到了康熙五十六年，才把窟窿给补上。

康熙帝在世的时候，还是关照曹家的，通过各种途径为曹家的亏空填补窟窿。到了雍正朝，曹家风光不再。雍正帝对自己往昔的政敌及其同党的仇恨已无法言表。大学士明珠之子揆叙系允禩党人，此时已死了七年，雍正帝尚不解气，命人在其墓前树"不忠不孝柔奸阴险揆叙之墓"碑。

雍正二年（1724），雍正帝给曹頫下达密折，指示他："不可以乱跑门路，瞎费心思力量买罪受。"又将他交给自己的心腹怡亲王允祥监护。至雍正五年，曹頫彻底失宠。此年闰三月，雍正帝发现自己穿的石青褂落色，下令查办："此缎系何处织造？是何官员、太监挑选？"之后查明，雍正帝所穿褂面，俱是江宁织造所送石青缎匹。将内务府广储司中所存石青缎匹查验后，发现全部落色，为此曹頫被罚俸一年。

缎匹落色的风波还未过去，又有了新的是非。十一月，山东巡抚塞楞额控告曹頫骚扰驿站，敲诈勒索。十二月初四，此案被下令严审。十二月十五，雍正帝下令将曹頫、孙文成同时革职。十天之后，雍正帝下令查抄曹頫家产，以填补织造亏空。不过，雍正帝也惊讶地发现，曹家虽然有不少田地房屋，却没多少金银，因为曹家的金银多用于打点各处了。

曹家家产被查抄后，全数赏给了新任江宁织造隋赫德。隋赫德为了安顿曹氏家人，酌量其在京师的人口，拨出些许房屋给其生活，"将赏伊之家产人口内，于京城崇文门外蒜市口地方房十七间半，家仆三对，给予曹寅之妻孀妇度命"。

《红楼梦》第十三回中，秦可卿托梦给凤姐道："趁今日富贵，将祖茔附近多置田庄、房舍、地亩，以备祭祀供给之费……便是有了罪，凡物可入官，这祭祀产业连官也不入的。便败落下来，子孙回家读书务农，也有个退步，祭祀又可永继。"

在清代，若是官员出事被抄家时，坟地、祭田不在抄家之列。"凡八旗及汉员应行入官地内，有坟园祭田数在三顷以下者，免其入官。若在三顷以上，除给还三顷外，余地悉行入官。"①曹家在祖茔附近购置了大量田庄、房舍、地亩，在查抄家产时，只要这些产业中有一部分免被抄没，就可以维系基本生活。

曹頫在山东泰安骚扰驿站，雍正五年（1727）时被罚赔银四百四十三万二千两，直至雍正十三年，才缴纳了不到三分之一。由此可见，曹家经济状况之窘迫非当日举手之间挥霍千万银两可比了。至乾隆帝登基后，为了展示宽容，皇帝又命曹頫入内务府任职。不想乾隆四年（1739），曹頫又牵连进庄亲王谋逆案，再次遭到打击。

关于曹雪芹生父，学界大致有两种说法：一说认为是曹颙，而曹雪芹是他的遗腹子，谱名曹天佑（佑）；一说认为是曹頫，周汝昌、冯其庸等持此看法。在金陵生活了十余年的曹雪芹回到北京后，家道虽已中落，不过仍可维持中等人家生活水平。至嘉庆年间，京师有曹姓武官，参与林清天理教攻打皇宫一案，被全家诛灭，事后京师中有人恶意造谣，将曹姓武官说成是曹寅后人。

三、李煦与苏州织造

李煦的父亲李士桢是山东都昌（昌邑）人，本姓姜。明崇祯十五年（1642）十二月，清军攻袭山东。在昌邑之战中，守城的姜士桢被俘虏。对姜士桢这样的人才，清军很珍视，于是将他带回辽东。在辽东，姜士桢的命运被改变，他被过继给了正白旗包衣佐领李西泉为养子，改

---

① ［清］薛允升：《读例存疑》卷十四，清光绪刊本。

姓李，成为正白旗包衣。

《红楼梦》中有贾王薛史四大家族。第四回云："这四家皆连络有亲，一损皆损，一荣皆荣，扶持遮饰，皆有照应的。"这也是对江南三织造的描述。顺治十二年（1655），李煦出生，年长曹寅三岁。李煦、曹寅二人都是正白旗包衣，生母都是康熙帝保姆，二人又是姻亲关系，加上曹家姻亲孙文成担任杭州织造，三家长期把握江南三织造，"三处织造，视同一体"。李煦在奏折中屡屡称呼曹寅之妻李氏为"臣妹"，称曹寅为"老妹丈""吾妹丈"。

康熙三十二年（1693）三月，李煦接替曹寅，担任苏州织造。李煦赴任时，曹寅迎接，李煦传皇帝旨意说："你做官着实好。钦此。"①李煦在苏州织造任职前后三十年，四次迎接康熙帝南巡。曹寅在苏州任官时以明察而闻名，李煦则"以宽和无扰以树威"，二人在苏州官场风评均佳。

曹寅喜好昆曲，建有家班，且戏曲造诣深厚，曾创作《北红拂记》等多部戏曲交家班演出。曹寅在苏州不过三年，李煦则待了三十年，在家班建设上更费心费力。康熙四十四年，康熙帝到苏州时，沿途河边一带数里，设戏台演戏恭迎。过街五彩天篷张灯结彩，由大街绵延至苏州织造府内。与曹寅一样，李煦同样喜藏书，积有几万卷，也善书法。每逢良辰佳日，李煦都与吴中士人饮射赋诗，为当日文坛盛事。在江南，李煦、曹寅与士人群体保持了良好的关系，改善了清王朝在江南士人心中的印象。

李煦在苏州三十年，地方上工匠均沾其惠，尊称他为"李佛"。不

---

① ［清］宋荦：《西陂类稿》卷三十四《奏疏》三，清文渊阁四库全书本。

过受乃父影响，其长子李鼎生性奢华，更喜欢戏剧，曾聘请名师教习，在演出《长生殿》时，仅服装花费就高达数万。曹、李两家子弟在耳濡目染之下，多精通戏曲，曹雪芹本人就"杂优伶中，时演剧以为乐"。

康熙帝喜欢昆、戈二腔，李煦担任苏州织造后，便为皇帝精心物色女伶。李煦上奏时道："今寻得几个女孩子，要教一班戏送进，以博皇上一笑。切想昆腔颇多，正要寻个弋腔好教习，学成送去。"

康乾年间，吴中昆曲名闻天下，也被征入宫中演出。乾隆十六年（1751），苏州织造局选征苏州籍艺人入宫当差，令住景山，属南府管辖，随时准备传演。"苏州优伶有入内务府三旗者，然只准一二人，以其占包衣人等俸饷也。"各衙门如欲观演，须向内务府商借。这些伶人的演出并无特定价格，一般都给以高额演出费，"故各优隶名此部者，声价顿高"。到了嘉庆帝时，厉行节俭，裁撤景山，从苏州来的名伶们被打发回乡，一时间梨园内白发名伶，登场重演，道光中叶犹可见之。至咸丰年间，战火蔓延至苏州后，戏剧日衰，能唱昆曲者不及百人。

康熙四十二年（1703），康熙帝提出由曹、李二人"轮管盐务"，却拖到四十三年十月才给敕印，让曹寅上任，明显是让原来上上下下参与盐务的官员、商人有个回旋空间，不至于太过难堪。曹、李二人轮任两淮巡盐御史，整顿两淮盐务弊病，并以羡余作为接驾及其他公务费用，弥补织造亏空。

李煦、曹寅就如何整顿两淮盐务有不同的见解。李煦大力打击私盐买卖，得罪了诸多利益集团，遂有各方势力向李煦施加压力。一些盐商则选择投靠曹寅，寻求庇护。二人一度闹出纠纷。曹寅派人去扬州捉拿投靠李煦的盐商，李煦则写信告诫曹寅要小心行事。就在二人矛盾激化时，曹寅因送长女完婚及安葬老母事宜进京，使矛盾暂时缓和。此后二人又修复关系，共同打点江南织造与两淮盐务。

在江南任上，这对亲戚除了卖力地为皇帝服务外，也有着各种往来。二人都喜欢戏曲，不时有诗词唱和，礼物馈赠，各自在家中养了家班，两个家班之间互相走动，切磋技艺，提高艺术水准。李煦总是亲昵地称曹寅为"老妹丈"，曹寅在临终前，也将自己的家族托付给了李煦。

李煦年长曹寅三岁，很早就在官场上出入，曾在韶州、宁波等地担任知府，又回京担任畅春园总管，再担任苏州织造，可谓是官场老油子。与李煦相比，曹寅一直在内务府任职，对于地方官场没有李煦那么熟悉，为人处世也不是那么老练油滑。李煦曾评论曹寅"性情行事，每多孩气"。康熙帝南巡时，驻跸江宁织造署，曹寅为江宁知府陈鹏年求情，叩头以致血流满面。此时李煦也在场，他在曹寅身后，唯恐曹寅激怒皇帝，"隐拽寅衣"。

在接管盐政之后，曹寅、李煦承担了修建扬州行宫的事务。为迎接康熙帝南巡而建的三汊河行宫，即"塔湾行宫"，又称"高旻寺行宫"，名义上是两淮盐商捐资修建，曹寅、李煦各捐银二万两。行宫建成后，康熙四十四年（1705），在这里接待康熙帝第五次南巡。行宫规模庞大，极尽奢华，张符骧有诗讽刺云："三汊河干筑帝家，金钱滥用比泥沙。宵人未毙江南狱，多分痴心想赐麻。"

康熙四十四年，康熙帝南巡返回。行至扬州时，一改他自我吹嘘的"一日而过"的惯例，在高旻寺行宫一住就是六天。据后世诸多红学家考证，此次修建行宫，曹寅实际花费更多，为自己带来了庞大的债务。到了后日，曹雪芹写《红楼梦》时，写了元春省亲，贾府为之修建省亲别院。别院修建标志着贾家进入鼎盛期，之后慢慢走向衰败，如历史上的曹家一般。

康熙五十一年曹寅去世后，孙文成年迈，曹颙年少，李煦成为江南三织造的核心。曹寅去世后遗留下无数亏空，在康熙帝的支持下，李煦全力为曹寅善后，弥补了亏空。康熙五十四年（1715）正月，曹颙突然去世，康熙帝又命李煦在曹家子弟中选择可以"奉养曹颙之母如同生母之人"作为曹寅嗣子。李煦选择了曹𫖯，得到康熙帝认可。

康熙五十二年十二月初九日，李煦以"清茶房太监分用余剩银两，未能据实奏明"，被革职留任。此案发生之后，李煦吓得"战栗恐惧，愧汗雨下"。为了修复与皇帝的感情，李煦开始打亲情牌，不时提起曾给皇帝当过保姆老母之事。康熙五十九年，他在奏折中道："奴才九十二岁之老母，复蒙万岁垂慈讯及，一家老幼，叠受圣主天恩。"此年年底，李煦生母病逝，李煦以母命谢恩，康熙帝却未有任何表示。康熙五十三年七月，李煦奏请再赏盐差数年，以补江宁、苏州织造亏空，康熙帝未许。同年八月，皇帝另派李陈常为两淮巡盐御史。

康熙五十五年，李煦受命刺探李陈常的情况。李煦与李陈常原本关系较好，现在为了讨好皇帝，他开始卖力打探。为此李煦安排密探在扬州打听，又派人去李陈常老家打听，最终获得他表面清廉、暗中贪腐的情况。李陈常原本家境贫寒，担任巡盐御史不过一年，就有好田四五千亩，市房数十处，又有三处当铺。这些消息，被李煦密折奏报，以向康熙帝邀功。

李煦在苏州织造上亏空严重，不得不挪用两淮盐运司填补亏空，如康熙六十一年，为了如期办理进贡的丝绸，李煦从盐运司预领五万两银，用于织造事项。康熙帝晚年时，曾命江南三织造在江南售卖人参。李煦此时老糊涂了，手中财力窘迫，竟贪没卖参所得钱财，一直拖欠，不肯将款项返还给内务府。虽然内务府催促多次，李煦却分厘未交，于是康熙帝大怒，责令其年前必须交出，不然严加议处。康熙帝震怒之下，李煦返回了卖参钱。不久康熙帝又让他再次售卖人参，不过未及收回款项，康熙帝就去世了。

雍正帝登基后，对于江南三织造售卖人参很是疑惑，曾询问内务府："人参在南省售卖，价钱为何如此贱？"而人参在京师售卖时，人人争购，南方人参价格也一直很昂贵。李煦第二次为康熙帝卖人参，"应交之银，分厘未交"。面对雍正帝的追问，李煦自行上奏，请让自己去东北，为皇商王修德挖参。雍正帝大怒，将其织造之职革除。清代能长期从事人参贸易的都是与皇室有点关系的皇商。王修德是正白旗包衣汉人，所做的人参生意颇大。此人能量极大，遭到抓捕关押之后，被用铁链锁住的王修德竟然能从牢中逃出。雍正帝认为此人是个"大光棍，极为放荡，系大乱之人"。

此外，康熙五十二年（1713），李煦为康熙八子允禩购买五名女子一事被揭露。允禩是雍正帝政敌，雍正帝登基后，将其圈禁致死。对老臣李煦，雍正帝也施展出雷霆手段。

雍正二年（1724），李煦被抄家，计李煦父子及家人名下，共有"宅田、器皿、香炉、字画等物及借出亏空等项，共折价银十万九千二百三十二余两，钱一千四百文"。李煦在苏州织造多年，加上在两淮任事五年，总计亏空钱粮三十八万余两。查抄苏州、京城两处家产，折银不过十二万余两，尚亏欠二十五万余两。雍正帝对李煦只有十二万余两的家产，根本不信，下令严刑拷问其儿子、家人、商人、朋友、幕僚等，必须查出可能藏在家人、商人中的家产、货物，用来弥补亏空钱粮。

李家被查抄之后，家中亲友都被下狱。除了二百一十七名仆人被变卖掉外，被审讯、夹讯、拷打者有五十四人。除了李煦父子外，李煦的亲友、幕僚，都遭到残酷拷打，甚至包括李煦家人郭茂之妾舒氏。

两江总督查弼纳亲自主持了审讯。审讯时，李煦之子李鼎曾被威胁："尔父因亏空钱粮，上命查出商人之中所藏产业，着其赔补，尔倘隐而不供，若一旦咨行所属地方查出，尔父子则罪上加罪，从速供出。"

李鼎供称："若我李鼎供词不可凭信，可只管咨文盐运司，传饬众商人，逐一查问。如稍有一点隐匿财产之处，我情愿从重治罪。"

管家钱仲璇被威胁："现将尔主于家人、商人之中所窝藏之家产、买卖据实供出，不然立即夹刑。"

钱仲璇供称："小人所有之家产，先前严审之时，已全部供出，并无隐瞒。而今正值严审之时，小人不供出以补亏欠，愿受重刑而不供？"

刘长生等家人被用夹刑审讯，追问有无财产隐匿。刘长生等人供称："我等实无隐匿财产，虽夹死我等，亦无可供之处，乞请松刑。"

人称"李佛"的李煦，未如当时人所吹捧的那样"德隆于身，泽及子孙，庆流无穷"，最终家破人亡。

雍正五年（1727），七十三岁的李煦被免除死刑，发往打牲乌拉效力。同年十二月，督理江宁织造曹頫、杭州织造孙文成一起被罢免。李煦被流放的第二年，在打牲乌拉流放地饿病而死，死时"囊无一钱"，也无一名亲属在身旁。

曹寅的母亲孙氏和李煦的母亲文氏早年都曾做过康熙的保姆，二人的丈夫也都先于他们去世。对于得享高寿的老年人来说，宠爱孙子，乃是必然的事。在祖母的溺爱中，李鼎成为纨绔子弟，享尽荣华，最后却不得不承受破家之痛，也可以说，他的命运更接近《红楼梦》中的贾宝玉。

四、织造书吏舞弊案

书吏弄权问题，是清代政治中的一大弊端。六部所处理的工作多数与文书相关，因而雇用了一批书吏帮助办公。书吏们的薪资微薄，官署中又没有办公经费预算，必须捞外快以补贴家用。六部书吏就利用最擅长的文书，钻制度上的漏洞，敲诈勒索官员。

书吏能耐之大，连权倾朝野的大臣也无可奈何。嘉庆初年，福康安征战回京，到户部报销军费。书吏勒索钱财，福康安大怒："我是何许人也，岂能容你敲诈？"不料小书吏冷笑一声："不给钱，军费拖延你几个月，到时你一分钱拿不到，还要被惩办。"跋扈如福康安也只好乖乖掏钱。在吏部，书吏们洞悉各地官员们吏治上的不足，并利用文书上的漏洞，借此敲诈，被捏住了命根子的各地官员只好花钱消灾。当时有句话叫作"堂官不如司官，司官不如书吏"。嘉庆帝也洞悉此弊端，曾指出："自大学士、尚书、侍郎，以至百司，皆唯诺成风，而听命于书吏。"

织造衙门中的书吏也绝不是省油的灯。雍正十年（1732），江宁织造隋赫德因年老去职。江宁织造的书吏侵吞银两，被查出亏空后却分文不吐，隋赫德不得不代赔银一万余两。此事惊动雍正帝，他亲自出面干预，方才摆平。事后雍正帝大骂："隋赫德身为织造，一味罢软糊涂，致官役任意亏空赔补。"[①]

雍正十年四月，雍正帝特意指出："向来织造官员，往往为司库、笔帖式所愚弄，恣意妄行，侵盗国帑。及至事发，总恃有织造代赔，置身事外。积弊若此，断不可不加惩戒。"书吏弄权向来难以控制，如果

---

① ［清］胤禛：《雍正上谕内阁》卷一百十四，清文渊阁四库全书本。

有织造影响到其利益，书吏乃至敢于控告织造。如光绪十三年（1887）七月二十一日，有书吏控告苏州织造奉曾，奉曾被形容为性情凶暴，贪鄙不职，其罪行有：一、采办贡物，擅减材料；二、倚废员李桂林、蒋瑛为心腹；三、勒索司库铭佑银两；四、在署演戏狎妓聚赌等。

经过江苏巡抚卫荣光查探，真相很快查清。原来苏州织造衙门下派活计，采办物料，向来由书吏承办，设有公所名"西账房"。奉曾到职后，发现其中弊端较多，即将西账房奏明裁撤，另派商人赵启堂为工头，管控织造事宜。西账房的书吏在织造衙门多年，一经裁汰，不免心生怨恨、图谋报复，就开始运动人脉、攻击奉曾。经过卫荣光清查，发现所列四条罪状，并非属实。织造衙门等肥差部门中的书吏因为对长官心存怨恨而设计陷害的行为，在大清律中有专条予以惩戒，"即就近交地方官衙门严加惩治"①。

书吏之间，为了利益彼此内斗的情况屡见不鲜。如同治十二年（1873），杭州织造衙门书吏韩溥华至杭州将军处控告织造衙门书吏孙锦，称孙锦因罪被发往黑龙江充军，却诈称病故，又更名孙同如，继续担任书吏，侵吞工款十余万两。

经过探查得知，同治七年十一月十二日，杭州织造德生整顿织造事务，将舞弊弄权的书吏孙锦、朱乃昌、李廷溥、赵复初四人革职问罪，发往黑龙江充军十年。随后出现诡异的一幕：仁和县报告，孙锦已于同治七年九月二十一日在兴化县病故；钱塘县报告，经过详查，李廷溥已于同治七年九月二十九日在孟河地方病故；山阴县报告，赵复初已于同治七年十一月二十日身故。三名书吏，事发后同一年死亡，其实都是假死。

---

① [清]薛允升：《读例存疑》卷九，清光绪刊本。

孙锦改了个名字，在自己原籍江苏仁和继续充当书吏。一日在街上行走时，突然遇到韩溥华。孙锦曾欠韩溥华银三千两，假死之后，正好就躲掉债务。韩溥华此年因为操办皇帝大婚所用物件来到苏州，突然在街上看到欠债人，怒火中烧，抓住孙锦索要银两。孙锦称身无分文，并且恶语相向，二人将官司闹到吴县衙门。吴县则将两人解回浙江钱塘。到了钱塘，承审官却包庇孙锦，不予深究。孙锦买通了一些人，联名出结作保，就此了案。

韩溥华此时日子也不好过，他因办理织造活计时以假银两蒙混，被织造衙门革职并追赔银两。韩溥华大为不服，四处告状，最后告到了杭州将军处。各省将军向来不管地方织造衙门事件。此案遂被移交给了浙江巡抚杨昌浚。

孙锦之子孙瀚也在织造衙门担任书吏。案发之后，浙江巡抚杨昌浚要拿他讯问，不想孙瀚突然消失，杭州织造衙门悬赏一千两，到处缉人，一直未获。然后又有新的案情被揭露，原来孙瀚系生员孙文浩冒名顶替任职。

冒名顶替，乃江南织造书吏上的弊端，书吏一职可父子相传，只要肯花钱认个做书吏的老子，就可以冒名顶替。此案最为离奇的是，突然有一老妇人声称孙锦早死，被控告的乃是无关之人。一查之下，发现孙锦老母早已去世，而老妇人也突然消失无踪。

此案最后的处理结果是，皇帝谕令，将孙锦按照刑部所拟，杖一百，流三千里，不准援免；韩溥华既然已向按察使司呈控，并不静候审判结果，擅自在将军衙门呈告，将韩溥华革去从九品职衔，杖一百，不准纳赎。

此案过后，书吏继续在织造衙门中呼风唤雨。光绪十一年（1885）十月，苏州织造衙门以失窃贡物龙衣为由，派人至上海抓捕人犯张安

（张子云）。此时的上海已有租界，若是人犯逃入租界之中，需要进行沟通才可抓捕。此案案情重大，负责抓捕的人先至上海县署联系，查得张安寓居英租界。①

张安是苏州织造的工作人员，曾负责押解贡物龙衣进京，犯事后逃入租界。抓捕的人到了英租界后，恰好在长发客栈看到他，立刻将他抓送到了巡捕房。英租界巡捕房对此不满，认为要抓人，应先至公廨报明，由租界派人协助。江苏方面则称，此案重大，不容迟缓，应立刻抓捕。张安被抓捕后，先送至上海县署审讯。不想审讯时，张安供称，自己确在织造署负责监守贡物，日前因事来沪，对于龙衣失窃之事并不知情。②

实际上，此案并不是龙衣失窃，而是另有隐情，涉及苏州织造衙门书吏。

苏州织造衙门中，有书吏严镛，在此年被御史弹劾，称其"侵蚀多端，遂成殷富"。严镛的父亲严椿，在织造衙门充当书吏二十余年，自咸丰年间把持织造府公事，一切不肯假手于人。御史奏称，严椿办理织务，弊窦甚多，因此致富，陆续开设商铺，广置房屋田产，成为苏州巨富。严椿去世后，其子严镛接了他的班，严镛骄横更甚于严椿，甚至违背礼制，擅坐大轿，出入织造衙门。

御史在弹劾中指出了问题核心所在。光绪七年（1881）三月，严椿负责的"庚辰大运绸八百匹"因为克减丝斤，导致绸匹霉变，不堪使用。绸匹运到北京后，内务府鉴定不合格，驳回重新进贡。后来，严椿另外从市面上购买绸缎，冒充贡品进贡给内务府。御史愤愤地指出：

①　《委提人证》，《申报》1885年11月30日。
②　《提人续述》，《申报》1885年12月1日。

"苏省织造大运，每年不下十余万金，岂容蠹书任意弊蚀。"

严镛被捕后，却供称自己曾被负责押运贡品的同事张安敲诈多次，现在再次被张安诬告。而苏州织造衙门中人均知张安为人狡恶异常，已有几年未曾派他押解贡物入京。就在上一年，张安还多次敲诈严镛，未能得逞，遂在织造衙门多次诬告。此番张安进京散播流言，致御史听信弹劾。经过严刑拷打，严镛坚称，如果是内务府驳退，必定注明"驳退"二字，发回苏州织造；且既经驳退，需要经过一系列的程序，重新织造后，再行进贡，并无从市面上买绸缎冒充入贡的可能。

对于其他指控，严镛供称，其父在世时，购置有住屋一所，祭田一百四十余亩。在江宁曾与人合开钱店一座，早已倒闭。之后在苏州与亲戚合开源大祥钱店，其父只出了本钱五百两白银，另有数处房产，并无广置田产，也无擅坐大轿进入衙门。经过探查，其供认的经济状况大略相同。

在织造府，织造、运送贡品是分开的，严镛负责织造绸缎，只要交付给押解人员之后，即与其无关。而张安则负责押解贡品入京的承差。惯例是"如所办绸缎不能合式，咎在书吏；倘中途遇雨致受潮湿，责在承差"。光绪六年（1880）庚辰大运绸缎丝斤等项，由其故父严椿承办，光绪七年四月，交给承差张安点验解京交纳。

张安回到苏州后声称，解送交内务府的绸缎八百匹，因偷减丝料，已经霉变，不能交纳。自己在京"天兴绸店买补八百匹"，补交给了内务府，垫付一千数百两银，向严镛索讨。此时严椿已去世，严镛刚刚上任，但对于贡品的操作还是比较熟悉，知道如果贡品不合格，会打上"驳退"二字，再发回苏州织造。

严镛又询问了张安的帮差吕培，得知并无不合格之事，当即斥责张安诬告。不想张安是个泼皮，在各衙门屡次提出控告。而严镛对于其父所办的贡品绸缎是否合格，心里也没底，且刚刚上任就被人多次控告，对自己也不利，于是严镛不得不低头，给了张安银六百两。张安仍不满足，又分两次敲诈了一千两，共计得银一千六百两。此事闹得大了，传到御史耳中，于是加以弹劾，进而有了到上海抓捕张安一事。

张安被捕后，一直坚称所押解的绸缎发霉，在京师另外购买了绸缎交给内务府，又称有帮差吕培可以作为证人。吕培被审讯后供称，光绪七年（1881），与张安一起解送绸缎等项赴京，行至清江浦后，改走水路运送入京。运输到京后发现，有少许绸缎受潮，颜色稍变。对于这批绸缎，内务府查验时，是在可以接受的范围之内，未有"驳退"等事。内务府也回复，当年送交入库的绸缎并无霉变，更无饬令更换一事。京城天兴绸店细查账簿，发现光绪七年六七月以后，并无张安买绸缎八百匹之事。

面对铁证，张安无可狡辩，只能如实交代。张安是吴县人，充当苏州织造衙门承差。光绪七年，张安负责押解庚辰年大运绸缎等共计三百六十余箱，其中有七八箱安置于上面的绸缎在途中受潮，稍有变色，每箱不过两三匹。回到苏州之后，张安得知严镛接充其父遗缺，认为是个好机会，就狠狠敲诈了一笔。

《大清律》载："官吏贪赃枉法在一百二十两以上者""有禄人，绞监候""无禄人，罪止杖一百，流三千里"。张安是无禄人，依照律法，应拟杖一百，流三千里。而且张安居心诡谲，诬告多次，且到案后又一直诡辩，情节较重，罪加一等，改为流四千里充军，到配杖一百，赃银没收入官。

严镛被敲诈时不敢告发，以钱财私下解决，依"以财行求者与受财人同科例"，拟杖一百，流三千里。同时还发现，严镛之子严钰也在苏州织造中充当书吏，遂令一并革退，以免日后有把持朋充之弊。[①]

　　在清代宏大政治架构中，书吏只是卑微的小人物，而恰恰是这些小人物掌握着一定的技术，使其不可或缺。织造府书吏弄权，乃是清代无数书吏弄权引发风波中的常态。在高居于上的权力掌控者们看来，他们不过是些寄生虫，偏偏是这些寄生虫，凭借着其对各处衙门事务的熟悉，反能操控权力，捞取利益，并不断腐化、侵蚀着皇权笼罩下的巍峨高楼，加速其溃烂。

---

① 《京报全录》，《申报》1886年6月4日。

第六章

终结宦官乱政：内务府对太监和宫女的管理

一、铁牌下的太监

清军入关之前，努尔哈赤、皇太极均未正式建立太监制度，不过宫中及贝勒府中已开始使用阉人。入关后，清室接受了前明遗留下来的太监，建立宦官制度。直至康熙年间，"明季内监犹有在宫服役者"。

大明开国皇帝朱元璋坐拥天下后，曾立下铁牌，警告宫中太监不得干预政事。对于朱元璋，顺治帝无限崇拜："朕所以谓历代之君，不及洪武也。"①他效法朱元璋立铁碑于宫中，警告太监。朱元璋立的铁碑，未能有效地束缚住明代的太监；顺治帝的铁牌，却让太监们惊悚畏惧，在铁牌的威压下小心谨慎，不敢逾越。

康熙十六年（1677），在内务府下设置敬事房，由康熙帝亲自题写了"敬事房"的匾额。敬事房掌内务府文书，管理宫内事务及礼节，收核外库钱粮，甄别调补宦官。敬事房设有总管、副总管，由宦官充任。

---

① [清]王先谦：《东华录》顺治二十，清光绪十年长沙王氏刻本。

雍正元年（1723），定总管为四品，副总管六品，"初定太监品级，至四品止"①。乾隆朝时又特意重申，太监官职只到四品，不得加至三品、二品以至头品，以免太监擅权。到了清末，慈禧专擅，突破祖制，在光绪二十年（1894）正月初一授予总管李莲英二品顶戴。

清代以内务府统领敬事房，由内务大臣总管一切太监事务，切断了太监干政的可能。此外，内务府大臣常由位高权重的大臣担任，这些大臣，如庄亲王允禄、恭亲王奕䜣、傅恒、和珅、宝鋆、荣禄等，都是皇帝面前的红人。面对他们，太监们无论如何也跋扈不起来。

曾国藩认为，以部院大臣充任总管内务府大臣，将太监置于管理之下，"将前明宦寺擅权，征求外省之弊，革除净尽，实为千古善政"②。内务府大臣平日对太监管教甚严，要求他们牢记身份，不许藐视职官，否则严惩不贷。乾隆朝时，一位得宠太监曾在背后直呼当朝大员梁国治的名字。时任内务府大臣的和珅听到后，怒道："梁为朝廷辅臣，汝辈安可轻之？"当即打了他几十大板，勒令其向梁叩头认罪。和珅任内务府大臣时，管制太监最严，故"当时寺人，俯首唯命是从"。

在年龄上，太监入宫一般要在十六岁以下，一则年纪轻，没有沾染太多坏习气；二则比较安全可控；三则当日医疗条件落后，壮者受宫多危险。在地域上，太监以直隶人为主，尤以河间府居多。之所以选择直隶一带，是考虑入宫之后，很快能适应北京口音。

清廷对太监的招募控制得十分严格。《总管内务府现行则例》载，凡招募太监，先在礼部报名记档，由内务府的会计司和掌仪司各派一名官员监视，再由年老的太监亲自验净后，交给宫殿监派拨差务。到了乾

① ［清］吴振棫：《养吉斋丛录》卷二十五，清光绪刻本。
② ［清］曾国藩：《曾文正公奏稿》卷三十四，清光绪二年传忠书局刻本。

隆朝后，由于宫中太监不敷使用，于是简化程序，凡招募太监，一概由内务府负责，不经礼部之手。

此时还设置了牙行，凡是有愿意当太监者，先到此处，由牙行代为到内务府报名。为了鼓励牙行拓展业务，特规定，如招募太监一人，赏给牙行制钱一串。太监报名后，要进行审核，查明籍贯、年龄，年在二十岁内，或虽在二十岁以外但勉强可以任职者，分别安排当差。如果年岁过大，已有家室或系外省（非直隶）之人，则当场淘汰或赏给各王公。

入宫之前，内务府大臣要查明太监的年龄和籍贯，行文给太监籍贯所在地查询其家庭出身、品行，再由地方官出具印结。对于地方官来说，这个担保充满风险。太监在宫内富贵了，于地方官员没有任何好处；一旦出了事，则要承担责任，故而地方官对此反应相当消极。

宫廷太监，有自行投充，还有王府进献，这些太监都要经过内务府大臣的审核。王府进献的太监被称为"旗下太监"，依照"驯谨朴实"的原则挑出，由王府同居太监及原籍地方官联合担保，出具来历、品行证明。

清初尚有太监读书之制，后被撤销。太监多来自乡野，粗俗无知，偶尔有识字者，也不过百八十字而已。在明一代，太监弄权的重要原因就是太监识字，能干预政务，故而清代太监都粗鄙，不通文字，以免太监干政。明代太监多有市井油滑之徒，入宫之后，奉承皇帝，备受宠爱。清代吸取教训，在为阿哥们挑选太监时，以蠢笨为首选。在清廷看来，蠢笨太监不会带坏阿哥。雍正五年（1727）七月十二日，雍正帝特意指示："今日尔总管所奏补挑阿哥下太监一事，不可将伶俐太监挑去，恐致引诱阿哥干预外事。宁可挑蠢笨老实者，与阿哥使唤方好。若挑给伶俐之人，日后有不安静处，惟尔总管等是问。"[1]不过，清代要求太监蠢笨，可驱逐宫女出宫的常见理由却也是笨。

清初，太监并无定额。顺治朝时，太监不过千余人。雍正朝时，将各宫苑太监名额设为两千四百余人，每月发给钱粮二两至八两。乾隆十六年（1751）正月，乾隆帝下旨，将太监人数限制在三千三百人。此后，清室太监再未超过此数。

自从额定太监人数后，宫内太监不足时便从各处抽调过来使用。乾隆十九年正月三十日，乾隆帝指示太监总管王常贵：近来宫中太监旧人少，新人多。新太监不熟悉宫中事务，当差时不能让人满意，为此特意令从圆明园中拣选精明能干的旧太监，补入宫内当差。圆明园中太监的空缺由新进太监接替。在乾隆帝看来，圆明园中的工作比较轻松，不过是看守宫殿、打扫山道而已，不能与宫中职守相比。

与明代相比，清廷所使用的太监人数大大减少，且清代的太监管理制度更为严格。乾隆朝对太监的管理最严，太监偶有过失，必以重刑惩戒。乾隆初年，乾隆帝曾令将奏事太监之姓改为秦、赵、高三姓，以此来自我警醒，提防太监干政。

乾隆三十四年所修《国朝宫史》中，就太监的名额、官职、工作范围、收入，都做了详细规定。敬事房太监大总管（四品宫殿监督领侍），每月俸银八两、米八斛、公费银一两三钱，这是收入最高的太监；五品宫殿监副侍，月银六两、米六斛、公费银一两二钱；六品宫殿监副侍和执守侍，月银五两、米五斛、公费银一两一钱；七品执守侍的待遇，分为月银五两、四两，月米五斛、四斛两种，公费银均为一两；八品侍监，月银分为四两、三两，月米均为三斛。一般太监根据工作性

---

① 清代《国朝宫史》卷三《训谕》三，清文渊阁四库全书本。

质、工作年限，月银定在二两至三两之间，月米在三斛至一斛半之间。太监的收入，在清代还算可以，且吃住穿不要钱，只要稍微手紧些，还是能存下些。

不过，太监的薪资标准有时也会有所突破。嘉庆九年（1804）谕旨，养心殿五品总管太监，着照乾清宫五品总管太监之例，每月食银七两、米七斛；药房八品首领太监，每月食银四两、米四斛；圆明园六品总管太监，着每月食银六两、米六斛。此后成为宫中则例，永远遵行。

宫内各殿、各处的首领太监，是太监中的一个特殊群体，他们相当于中层干部，分别管理各处宫殿。各殿的首领太监，都要经过严格挑选。旧例宫内、圆明园挑补首领太监，年龄上必须是进宫三十年者，后改为二十五年。道光二十五年（1845）十二月，再次改为进宫三十年者。此前已挑补的宫内、圆明园各处首领太监，已满三十年者，准用首领顶戴；未满三十年者，只准拿首领太监的钱粮，待年限满了之后，方准用顶戴。但宫内符合三十年期限的太监实在稀少，对于太监年限造假，内务府往往睁一只眼闭一只眼。为了调动首领太监的积极性，每到年终，内务府于崇文门项下取银两千五百两，赏给各处首领太监。年终时，另于广储司项下取制钱一千五百贯，予首领太监恩赏。[①]

就上层太监而言，每年所得的恩赏钱财往往超过正式俸禄。不过宫中各处的首领太监，到了晚清，日子都过得很是凄苦。光绪年间，在京担任京曹十数年的何刚德，记录了宫中各处首领太监的惨象："宫内四十八处总管，各管宫殿一处，形容枯槁，衣服褴褛，个个与穷寡妇无异。"

嘉庆年间定下王公府中可使用太监的数量：亲王准用七品首领一

---

① ［清]庆桂：《国朝宫史续编》卷七十二，清嘉庆十一年内府钞本。

名，太监四十名；郡王准用八品首领一名，太监三十名；贝勒准用二十名；贝子准用十名；入八分公准用八名；一品以上文武大臣准用四名；公主额驸准用十名，民公（非宗室封公爵者）准用六名；不入八分公及二品以下民爵侯以下，俱不准私用。在亲王、郡王、贝勒、贝子等处服役的太监，俸禄最低，前途最暗。这些太监与宫中太监一样，也有官衔品级，但他们的俸禄由外府发放，而不是宫内拨出。外府之中，有的小，有的大，有的穷，有的阔，所以太监收入不一。在大府服役的太监，收入还算可以；在小府服役的太监，只能赚些饭银，再穷点的，连衣服都买不起。凡在宫内的太监，严禁与各王府交往，以免泄露宫廷机密。道光七年（1827），曾有升平署太监苑长清，出逃后躲在惇亲王府中。内务府大臣禧恩、穆彰阿等将其捉拿归案。惇亲王受此牵连，被降为郡王，交给宗人府处理。

宫中太监虽然收入颇丰，但常会沾染赌博、吸毒等恶习，所得钱财不足开销。景仁宫后院的赌局，天天开场，太监们在此中一玩就是通宵，乐此不疲。康熙二十八年（1689）三月，康熙帝上谕中称，看到账房太监破衣烂帽，形同乞丐，甚为可恶。

康熙帝认为，太监们不用养家，吃住穿都不要钱，衣服破败成这样是赌博所致。可康熙帝没有想到，这些太监，人生已无追求，也无乐趣，在这禁宫之内，如同蝼蚁一般，时刻要被碾压，只能在赌博中去获得些许解脱。内心不满的康熙帝指示内务府，一定要严禁太监们赌博，教导太监们过上健康向上的生活。

皇帝的训斥、内务府的督导都没有效果。康熙三十二年二月，康熙帝看到宫内太监所着衣服仍多褴褛不堪，如同街头乞丐，不由目瞪口呆。康熙帝心中恼怒，皇家威严却在何方？几年整顿，怎毫无效果？

皇帝怒责："赏伊等几月钱粮到手，即行花费，亦非经久之计。"[①]此后，康熙帝再三整顿，仍毫无效果，多数太监仍处于赤贫状态。

紫禁城内，向来由诸王、文武大臣及前锋统领、护军统领等轮流值宿、严密稽查，天长日久，渐渐松懈，连夜班也不来值了。嘉庆六年（1801）十一月，在紫禁城内查出太监与护军整夜聚众赌博。嘉庆帝得知后气得吐血，下令总管内务府大臣等，此后照旧例轮班值宿，轮流查夜，如果查到有夜深不熄灯火及赌博等事，立即锁拿究办。

太监在宫中存不下银子，可很多宫外之人将太监视作光荣职业，心向往之。民间以为，只要狠心下来做太监，就可以一步跃入龙门，过上富贵日子。却不知，从太监的挑选入宫，到其在宫廷中的一切活动，清代都有严格的制度。

清代严禁民间私下净身，凡民间私自净身者，处以斩监候之刑。一则是因为民间自行净身，死亡率颇高，说起来也有损皇室之名；二则皇宫要求净身入宫者，身家清白，其来历都要地方官详细查证，出具担保。虽然严禁，可民间私自净身者仍然颇多。如乾隆四十八年（1783），直隶安肃县民人王二格，由于家中贫穷，将十一岁的儿子王成私自净身，被捕入狱。乾隆帝亲自审讯被净身了的王成，掌握详细情况后，下令从律法中删除私自净身者处斩一条；同时规定，如果民间有私自净身者，准其到内务府派拨当差，也算是给穷人留了一条活路。清末时，有张姓秀才，参加省试时，"墨污其卷，恚而自宫，得不死，遂入宫"。

就太监管理，内务府拟定了系列严格条例。太监的处罚，分别是死刑、发配和杖责。死刑者，或是交给刑部公开处死，或是交给内务府慎

刑司秘密处死。发配则主要是发配到打牲乌拉等处为奴，或是到南苑吴甸铡草喂马。杖板刑也是残酷的刑罚，很多太监就毙命于杖板之下。

杖刑使用长五尺、圆径五分的实心青竹，板刑使用长五尺、宽五分的青毛竹板。受刑时，一人按头，二人按手，二人按腿，一人行刑。挨打时，受刑者需要不时哭喊求饶。如果不哭叫，则是态度不端正，还得加重处罚。受刑完毕后，则要叩首谢恩。

清代太监主要来自直隶和京郊各县，也有部分山东人入宫充当太监，至年迈之后，太监则被驱逐出宫，在社会上毫无生存能力，备受歧视。太监晚年出宫后，大多栖身于寺庙之中。因为家族中认为，太监是家丑，死后不能入祖坟；社会上认为，太监不男不女，是下贱之人。家族、社会都不接受他们，他们只能为自己营造一个空间，孤寂地度过最后的时光。

上层太监在宫内时已有丰厚积蓄，可以自己购置房地，或修建寺庙，以便晚年安身。京师白云观就获得了太监的大量捐助。在京郊，明清两代有太监捐资的寺庙二十余座。太监们以自己的积蓄，买地捐给寺庙，拜寺庙住持为师，或是直接捐建寺庙，待出宫后可在寺庙栖息。有钱有势的太监，出宫后可以到寺庙当方丈，继续过呼奴唤婢的日子。此外，寺庙中设有太监"养老义会"，入会太监须有人介绍，定期缴纳一定钱财，出宫后可赡养终老。

没钱的底层太监，晚年只能流落街头，以乞讨为生。雍正四年（1726）十一月，雍正帝看到年迈太监的惨状后，发布谕旨称："几个有年纪的太监当差也有三十年也，有二十年俱曾出力。今虽年老有疾，遽令外出朕实不忍，即如犬马尚要养活，何况院内奴才。"[①]为此，雍

---

① 清代《国朝宫史》卷三《训谕》三，清文渊阁四库全书本。

正帝特意命内务府大臣找出空闲的官房百十余间，年迈或多病太监，每人赏给一两间居住，同时适度予以补贴，使其能安度晚年。只是雍正帝一时的慈悲之心，并不能改变太监年迈之后的悲惨命运。

清代太监之中，最有钱的当为同治年间的太监苏德。咸丰帝去世后，恭亲王奕䜣联合慈禧发动政变，太监苏德传诏拿下肃顺，立下大功。待年迈之后，苏德在京北上地村，以积蓄买了所宅院。不想宅院之中，竟然埋有窖银百万余两，苏德遂成巨富。在阜成门外恩济庄太监公墓中，苏德修建了座大墓，因为违制被弹劾，最终没敢使用。

晚清时期，当年顺治帝所立铁牌对太监已失去了约束力。太监们疯狂地追求着钱财，他们依附于皇室，吸食全国民众提供的脂膏。太监制度是对个体的一种残酷折磨，这些没有了生活乐趣的人，人生目标就是狠狠敛财。最后，被统治者所阉割的太监，反过来寄生在宫廷之中，疯狂聚敛财富，成为吸血鬼。

大臣入宫，也要面对太监的各种敲诈。光绪六年（1880），因为伊犁事件，俄罗斯咄咄逼人，扬言要对华用兵，提督雷正绾奉命驻扎山海关加强海防。入京时恰逢慈禧寿辰，被赏入宫听戏。这让雷正绾颇感为难，因为他是超级大烟枪，时刻离不开大烟。经过运作，商量好每小时太监端给他一杯有三个大烟泡的茶，一天听戏六个小时，共六杯茶，太监一天敲诈他六千两白银，三天共敲诈了一万八千两。

太监们中饱私囊，慈禧也没法管。太监们直接对她说："老佛爷享福，奴才们也得跟着沾点光。"为了皇帝的需要，制造出了太监；可反过来，皇帝又被太监束缚，这也是历史的吊诡。宫廷中的各色陋规，哪怕嫔妃也不得不遵从，她们也得给太监大量打赏，不然就寸步难行，处处碰壁，被太监们刁难。外省封疆大吏入京，也得忍受太监们的各种勒索。

二、宦官失火延烧宫阙

紫禁城在明代遭遇多次大火灾。如嘉靖三十六年（1557）夏，三大殿发生大火，沿着东西两廊一直烧到午门。火灾之后，嘉靖帝认为，奉天殿的"天"字被匾额上的"奉"字压住了，导致天怒降火。嘉靖帝遂下令将三大殿改名：奉天殿改为"皇极殿"，谨身殿改为"建极殿"，华盖殿改为"中极殿"；此后又再分别改为"太和殿""中和殿""保和殿"。

明代宫廷之中，因为太监各种疏忽，导致多场火灾。不过，明代皇帝的思维很是古怪，将火灾视为天怒，也不去追究太监，最后不了了之。

清代宫廷之内，对于防火还是相当重视的。宫中设有铜、铁缸三百余口，冬季为防水冻，在缸下烧炭加温，以蓄水防火。虽然清宫防火工作较为严格，但无法彻底根除隐患。康熙十八年（1679），太和殿失火，起于御膳房。康熙年间，御膳房搬迁到太和殿东配殿以东二百米的院子里，面积约一千平方米。因为御膳房中每日要使用大量柴炭，故而也有一定的防火措施。

康熙十八年十二月初三日凌晨，正在乾清宫的康熙帝忽听得宫内大呼："太和殿走水。"走水，即失火。火从御膳房烧起，风助火势，很快蔓延到西配殿、太和殿和东配殿。直到中午时分，大火方才被扑灭。此番大火是六名司膳太监在御膳房使用炊火时疏忽而引发的。

《大清律例》中就宫廷失火有规定："失火之人，若延烧宗庙及宫阙者，绞监候。"[①]康熙十八年七月十八日，北京发生大地震，死亡

---

① ［清］朱轼：《大清律集解附例》卷二十六《刑律》，清雍正内府刻本。

一万七千余人，房屋毁损十余万间。当日宫内多处房屋被震倒，皇帝御案龙椅也被震翻，康熙帝则被吓出一场大病。大地震之后，康熙帝大赦天下，不再处死罪犯。对于六名太监，刑部定以绞刑，预备过完春节后再行刑。康熙帝看了刑部的处理意见后，表示认可："此等人在禁地不小心谨慎，致此火变，虽已遇赦（指当年大赦），不容宽免，仍依议治罪。"春节之后，将此六名太监处以绞刑。

御膳房火灾之后，康熙帝下令改造太和殿以预防火灾。工匠将太和殿左右挑檐下的廊子封闭起来，等于多出一间房，形成防火墙。原本太和殿宽九间，纵深五间，这样就成了十一间。康熙帝特意下令，皇宫之内一律禁止吸烟，违者削籍。康熙帝还下旨："凡宫中有火之处，必有人看守，不许一时少人，总管等要不时巡察。"此次火灾之后，御膳房针对北京常刮西北风的特点搬了地方，迁建后的御膳房坐西朝东，正面设门窗，两侧山墙使用防火墙，且御膳房周边不许搭建棚舍等。

到了雍正五年（1727）十一月，雍正帝特别下旨，"宫中火烛最要小心"。指示各处值班房预为防范，将房屋后檐改为"风火檐"，将所有靠近火源的木质屋檐全部拆除，改为琉璃瓦。汲取了以往造办处太监每次抬水救火时效率太慢的教训，雍正帝特意指示，将宫内太监编集成队，每队立头领一名，每十队立总头领一名，以提高救火效率。"纵使人多，各有头领，点查约束，必不至于紊乱。"[①]

虽然皇帝重视防火工作，做了诸多预防，可清宫之中仍然时常发生火灾。乾隆二十一年（1756），太监李连栋盗窃了些衣服，为了掩饰而放火。事发之后，乾隆帝大怒，下令将其即行正法示众，又将其父母兄弟五人发配到黑龙江为奴。太监张平与李连栋同在一处当差，虽与此案

---

① 清代《国朝宫史》卷三《训谕》三，清文渊阁四库全书本。

无干，但乾隆帝认为张平为人粗俗，且系中年时方才净身入宫，不便再留于宫中，将他赶出去为民。[①] 之后，又有太监赵进禄因为盗窃衣服被圈禁，心生不满，遂在果房后的值班房内放火。乾隆帝大怒，下令将赵进禄押解德胜门外，杖责之后处死。

乾隆二十六年（1761）九月初四日，当夜三更，寿安宫内遮阳席片失火。在宫外巡逻的护军看到，急忙呼唤开门，进去救火。寿安宫的首领太监被惊醒后，却不开门，而是自行扑救，所幸火势不大，一会儿也就扑灭了。事后太监解释，不开门是防备有人进入会盗窃宫中重要物品。但寿安宫是乾隆帝下令修建的，预备作为皇太后七旬万寿节庆祝之所，其中并无重要物品。

事后，寿安宫太监将责任推给了工匠，称是工匠所遗火烛导致失火。乾隆帝则指出："若果系工匠所遗火种，断不应迟至三更。明系该班太监不能小心火烛，或吃烟所致，其为掉谎推卸无疑。内务府大臣何不就此诘问？"

而且，乾隆帝认为，既有失火事件，就应立刻放人进入灭火，寿安宫太监处理不当。经总管内务府大臣议定，将寿安宫首领太监李世福发遣打牲乌拉，其余太监交上驷院，发吴甸铡草一年。乾隆帝又指示，嗣后凡宫内园庭，倘遇此等意外之事，应立刻放人入内救火。

到了嘉庆二年（1797），宫中又发生了一次特大火灾。冬季，宫廷之内会使用火盆取暖。此年十月二十一日，太监郝士通未等火盆内的炭火完全熄灭就收了起来，预备次日使用。郝士通贪图方便，随手将火盆放在乾清宫东穿堂楠木槅旁。不想到了夜间，炭火重新燃起，将楠木槅点燃。乾清宫首领太监等人闻到烟气，开门查看时，火势已成，虽再三

---

① 清代《国朝宫史》卷四《训谕》四，清文渊阁四库全书本。

泼水救火，却无济于事。此次乾清宫失火，蔓延到了交泰殿及宏德、昭仁二殿，坤宁宫前檐也被熏灼。所幸总管内务府大臣及时带领官兵，全力汲水救护，"得保无虞，足征神佛垂佑"①。

此时已禅位的乾隆帝，认为此番火灾是"政事有缺，皆朕之过"，非儿子嘉庆帝之过。②参考"失火之人，若延烧宗庙及宫阙者，绞监候"的律条，内务府认为，此番失火导致宫禁重地失火，且火情较重，判郝士通即行绞决；乾清宫首领太监三名拟绞监候刑，待秋后处决。乾清宫其余二十二名太监也被牵连，拟发往打牲乌拉等地为奴。

内务府拟定处理意见之后，乾隆帝又生慈悲之心："朕仰体上天好生之德，量予从宽。所有原拟绞决之太监郝士通，着改为应绞监候秋后处决。原拟绞监候之首领太监张士太、刘顺、王进禄，着免死，发往黑龙江，给索伦达呼尔为奴。原拟发遣之散众太监二十二名，均着免其发遣。"

嘉庆二十四年（1819）十月，嘉庆帝亲至太和殿。此日天气寒冷，殿中安设了很多火盆，殿后三槽隔扇全开。突然之间，一阵风吹过，火星满地，在皇帝面前跳了起来。在殿内的御前大臣、御前侍卫惊慌不已，纷纷跳上前去踹灭火星。事后嘉庆帝大怒，指责内务府大臣漫不经心，徒费无益。嘉庆帝指示，此后太和殿只在地平二层两角安设炭火二盆，盆内炭火用灰掩盖，两边隔扇一概不准大开，仅开中隔扇。至于中和殿、太和殿，不必再安设火盆，两边隔扇亦不准开，永着为例。又令内务府大臣，每次使用火盆都要加意查看，如有违例多安火盆、不掩两边隔扇者，加以惩戒。

---

① ［清］庆桂：《国朝宫史续编》卷六，清嘉庆十一年内府钞本。
② 同上。

清律之中，不同地点发生的失火事件，涉案人的刑罚各不相同。在紫禁城外、东陵、西陵等地失火，处罚相对较轻，在宫廷之内则严刑处罚。嘉庆二十年（1815），太监在打扫东陵膳房时，感到疲乏，就点了灯熟睡，结果油灯失火，烧毁膳房五间。在审理此案时，因为所烧膳房系在宫外，非宫阙可比，最后比照"失火延烧官府公廨律，拟杖八十，徒二年"①处置。道光二年（1822），内务府所属御书处失火。此次失火，虽是油纸自燃所致，可事发地点乃是紫禁城内，故将涉案人员比较"失火延烧宫阙绞候律"，量减一等，拟杖一百，流三千里。②

翁同龢在京师生活多年，留下的日记中，对京师状况有很多记载，其中多有各种宫廷火灾的记录。如同治六年（1867）十一月二十六日，苍震门内下司房失火，很快被扑灭。下司房系敬事房的库房，存储各种物件，若蔓延开来，则不可收拾。此后，陆续有武英殿、神武门内木库、东华门木库等处失火。到了光绪八年（1882），长春宫演戏失火。这几次均系小火，很快扑灭，涉案太监多被发配到吴甸等处铡草。

光绪十四年，在贞度门发生了一次特大火灾。贞度门是太和门之西旁门，位于紫禁城中路南部，是文武百官上朝出入之门，左右两庑是侍卫值宿之处。贞度门附近还有许多库房，收藏各种贡品。十二月十五日深夜寒风呼啸，地上积雪甚厚。火灾发生后，翁同龢从睡梦中惊起，紧急赶到贞度门时，却见烈焰逼人，不能靠近。

翁同龢与赶赴现场指挥救火的奕劻等人商议，认为要切断火源，可此时贞度门附近的皮库、茶库等处已燃烧起来。此时天寒地冻，金水桥下的水已经结冰，凿冰一尺，才得数寸水，根本不够扑火之用。火势蔓

---

①　[清]祝庆祺：《刑案汇览》卷五十三，清道光棠樾慎思堂刻本。

②　同上。

延开来，烧毁武备院毡库五间，又向东烧到昭德门。众人将昭德门附近的库房紧急拆毁，才阻止了火势的蔓延。事后查明，原来是挂在檐柱上的油灯诱发火灾，值班人员熟睡不知，导致火势蔓延。事后查办起来，涉案人员少不得要被严惩。

虽屡招惹出是非，可太监一直还是在宫廷中。辛亥革命之后，《清室优待条件》第六款中，涉及太监们的命运，"以前宫内所用各项执事人员，可照常留用，唯以后不得再招阉人"。虽然被很多守旧大臣反对，但此条最终还是通过了。但据庄士敦的说法，截至1923年，紫禁城中仍有一千多名太监。

1923年，紫禁城内发生了一起特大火灾，堪为紫禁城火灾中损失最重的一次。六月二十六日夜十二时，供奉清室历代帝王画像的建福宫起火。这是一处极为重要的宫殿。每届年终，清帝须亲自至建福宫致祭一次。自清帝以下王公大臣，哪怕是有资格在宫中乘坐肩舆的老臣，路过建福宫前时，也应下来步行，以示尊重。清宫历代所获的奇珍异宝，多收藏在建福宫内。此前寿皇殿曾发生盗窃案件，故而溥仪决定对建福宫所藏珍宝详加盘查，命英国人庄士敦携带照相机拍照保存。二人至建福宫刚刚拍了一次照片，就惊动了太监，他们唯恐泄漏盗窃珍宝之事，遂一把火将建福宫焚烧。

火灾发生之后，北京各个消防队及意大利救火队都涌至神武门前，想要入内救火。但溥仪以家训为由，不肯开门。总管内务府大臣绍英出面，入宫找到溥仪，再三陈请，溥仪才允开东华门内某门。二时五十分，各消防队陆续入宫，由绍英指挥一切。但火势甚大，宫内又无自来水管，须待外边引水入宫。到二十七日上午七时，始将火头扑熄，然余烬尚燃，浓烟四起。此次火灾，总计焚烧房屋一百三十二间，损失财物估价在一千万以上。

建福宫的建筑构造极其坚固，又有诸多防火措施，如建福宫殿柱，以极细砖粉与猪血搅拌后，以麻缕包裹其上，很难燃烧。此次火灾，最具嫌疑的是守宫太监。建福宫起火时，内务府执法科就将建福宫的首领太监黄进福等七人逮捕至执法科中审讯。1912年之后，宫内太监皆知清室再无操控太监生死的大权，故而胆大妄为，肆意盗窃宫中财物。一旦案发，以金钱加以贿赂，内务府也就敷衍了事，大事化小，小事化无。火灾后，宫中普遍认为，如溥仪"无查物照相之举，大概亦无火灾也"。

溥仪召集各王公会议，却未议出处理办法。溥仪见诸臣萎靡不振，很不满，遂自行下谕，先将崇华宫首领阎金福交慎刑司严刑审讯，拟将该太监处以死刑。阎金福党羽兔死狐悲，又欺负溥仪无甚势力，勾结各殿太监首领，聚众罢工，并索要欠薪，借为要挟。火灾之后，溥仪唯恐遭到太监谋害，时有戒心，常佩一小刀，后改带手枪自卫。

此后，载沣二福晋患病，溥仪因恐太监报复，遂借看望二福晋病体为名，于七月十五日下午，乘坐汽车亲往什刹海醇王府。溥仪在王府召集各王公开会讨论惩治太监的办法，由载沣提议，将宫内太监遣散，不但节省许多经费还可保存宫内一切古物。溥仪原拟尽行驱逐，一个不留，载沣认为此举不妥，请酌留五分之一，溥仪方才答应。

当晚溥仪回宫，彼时各宫太监还在聚众闹事，讨要欠薪。溥仪密令内务府开具酌留之太监名单，交给护军警察队及守卫队军官。除名单上有名者外，其余太监一律赶出宫去，不准片刻停留。护军警察队得令之后，当即把守各殿，另由警察入内，将各太监扭获，十个一排，鱼贯押送宫外，又搜查一次，全由神武门驱出。太监当夜被驱逐，连铺盖也不准拿。一时间神武门外南池子一带，尽是太监，或张口谩骂，或垂头丧气，其状殊为可怜。当夜被驱出的太监有六百余名，其中无家可归者颇为不少，至深夜十点钟仍在后门一带聚集喧哗。

北京卫戍司令王怀庆得知此事后，令警察厅前往弹压。各太监苦苦哀告，警察厅先将无家可归的太监安置在后门雁翅楼，复会同内务府绍英议定遣散办法。七月十六日早，在雁翅楼的太监得到消息，内务府议定，给太监发遣散费，每总管一员给洋一百元，每首领一员给洋三十元。小太监每人十元，一律资送回籍，无家可归者可暂在雁翅楼居住。

各太监首领，因平日在宫内当差，在宫内存有许多财物。此次被遣赋闲，拟将私物领出拍卖，以作日后生活资费。故而纷纷请求回宫将私人财产取出。内务府与溥仪商定之后，通知各太监不得一齐入宫去取，以防聚众滋事。议定每日十名太监入宫取物件，在纸条上写明日期，当场抽签，何日往取。此举得到多数太监认可，总算平息了太监闹事。

到了八月初，内务府从外面找了一百余人来清理火场，内务府大臣每天轮流到场监视，以防有人把烧残的金银带出宫去。每当清理火场的人出神武门时，也要检查，以免财物外漏。

三、吸食鸦片与宫内盗窃

早在唐代，鸦片就由阿拉伯商人传入中国，称作"阿芙蓉"。航海大发现之后，葡萄牙人以澳门为基地，将印度生产的鸦片输入中国，但此时流入中国的鸦片不多，且价格昂贵，只有少数官僚富商能吸食得起。

到了清乾隆年间，为弥补贸易逆差，英国东印度公司开始大规模对华输入鸦片。鸦片在乾隆年间传入时，清廷并未意识到它的危害性。大批高质量、低价格鸦片的输入，导致吸食者数量呈现爆炸式增长。

鸦片在当时中国社会流行的原因很多。当年没有什么娱乐活动，穷苦人每日里操劳之后无处放松，鸦片传入之后，吸食者极多。而且当时人认为鸦片具有壮阳功能，能补肾水不足，于是在官僚士绅阶层中鸦片也流行开来，吸食鸦片"以媚房中"。

鸦片传入后，国内各地也开始广泛种植。当时种植鸦片带来的经济效益高于任何农作物，"种植罂粟花，其利十倍于种稻"。巨大的利润，吸引农民纷纷改种鸦片，浙江、福建、广东、云南等地都有优质鸦片出产，名目各异，如台（州）浆、广浆、芙蓉膏等。

当时鸦片在华流行，是社交中的一项必备活动，朋友之间见面时，都会招待对方抽上几口。道光年间，直隶督抚以下的衙门中密布鸦片鬼，官府没了鸦片就没法办公。军队中也普遍吸食鸦片，在"围剿"广东连州瑶民起义时，大烟兵们呵欠连天，不战即溃。鸦片之蔓延，连街头乞丐都要吸上几口才有力气去乞讨。据美国传教士卢公明观察："中国的鸦片烟馆数量比米店还多，中国人大半嗜吃此物。"太监张进福入宫后，吸食鸦片烟长达三十余年，又引诱贝勒柯克色布库及同伴太监等一同吸食。为了购买鸦片，张进福曾称病外出，至天津购买鸦片。

道光十一年（1831），因为吸烟者日众，清廷在全国范围内开展了禁烟运动。此年内务府查出张进福买食鸦片烟，将其移交给刑部审讯。刑部判将张进福先行枷号，再发新疆为奴。太监何进禄被张进福引诱吸食鸦片一两次，被处以枷号两个月，发吴甸铡草二年。[①]

看着国内吸食鸦片的现象日益蔓延，清廷开始制定严刑峻法，加以抑制。道光十九年，清廷拟定了《查禁鸦片章程三十九条》，章程规定："开设烟馆，栽种罂粟，制烟兴贩，首从各犯拟死罪外，其余俟一年六个月后，均拟绞监候。"

---

① ［清］祝庆祺：《刑案汇览》卷十二，清道光棠樾慎思堂刻本。

就宫中太监抽大烟，清廷又特别规定：太监有吸食者，在一个月内自首则免罪；同时令总管太监在宫中搜查，有收藏烟具者，一旦查明即从重治罪；有在宫内吸食者，均拟绞监候，在外围值房吸食者枷号六个月，发极边烟瘴永远枷号，遇赦不赦。①

虽然清廷严禁太监抽大烟，却屡禁不止，最后竟在宫中出现了大烟馆。为了筹集吸食大烟的钱，又有盗窃团伙以宫中大烟馆为根据地，出入紫禁城多次，盗窃东华门牌匾上的铜字、城门上的铜钉、宫殿殿脊上的铜瓦和兽头铜练。更甚者，有两个团伙同夜入宫行窃，为了匾额上的铜字，在宫内大打出手。

内务府太监徐致祥自幼净身入宫，混了多年之后，被调到銮仪卫听差。銮仪卫衙门设在东华门内迤南地方，属内务府管辖，负责掌管宫廷帝后乘舆和卤簿仪仗等，共分六所一卫，即左、右、中、前、后、驯象六所及旗手卫。

徐致祥烟瘾大，就在銮仪卫衙门内开设鸦片烟馆牟利，以此获得烟资。每日里受雇挑什物进出宫廷的苦力，多在该处歇息抽大烟。光绪六年（1880）六月，袁大马、袁立儿、王五、傅九、刘四等人在徐致祥烟馆中抽大烟。袁大马每日里干苦力，却赚不到什么钱，烟瘾又大。一日，袁大马突发奇想：东华门是紫禁城东门，城门悬挂的满汉文"东华门"匾额，以纯铜铸成，重量很是可观。他与众人商议，夜间盗窃东华门匾额上的铜字，卖了换些钱花。众人当时烟瘾发作，一致点头附和同意，徐致祥也支持。

六月二十八日，众人在烟馆集合。三更时，众人由东华门南马道

---

① 　[清]刘锦藻：《清续文献通考》卷五十三《征榷考》二十五，民国景十通本。

摸上城。至午门楼上后，用绳索制成蜈蚣梯①攀爬而上。袁大马亲自上梯，凿下四个门楼匾额上的满汉铜字。偷来的铜字及此后盗窃来的宫内物件，均被卖给了德隆铜厂老板侯善祥。此番偷盗之后，连毛儿、张二套、狄合儿、王六舜儿、李三狗儿等人撇开袁大马，于八月间三次混进东华门，由马道上城，至午门楼，偷出门钉四个、铜瓦四块、铜散水三块。十二月二十八日，袁大马约同袁立儿、王五，仍在烟馆会齐，携带蜈蚣梯，攀上太和殿脊，偷出兽头铜练等物。

光绪七年（1881）三月初十日，袁大马约了同伙，再至太和殿脊，偷出龙口宝匣内金钱、金银锞等物。此年闰七月，袁立儿约了狄合儿，三次由东华门马道上至西角楼，将宝顶锉出金屑，每次偷出二两有余。

十月二十八日，袁大马、袁立儿、大胡、王六舜儿、狄合儿由烟馆出发，到了东华门楼上准备行窃，看见连毛儿、广仔、韩老西等另一伙人，先到此处，已将门楼铜字起下一个。袁大马见了，大为不满，上去要求广仔分赃，广仔不允，双方由口角引发冲突，袁大马用木棍将广仔打伤，自己也被刀扎伤。经同伙劝解，双方退回烟馆，广仔留在烟馆内养伤，偷来的铜字卖给德隆铜厂，得钱分用。

十一月期间，王五、王六舜儿等人由烟馆出发，连续偷盗多次。十一月三十日夜，王五盗窃慈宁宫前殿脊宝匣，盗得金钱、银锞等物，檐头铜练八挂。下殿时，王五将蜈蚣梯踩断，跌下时摔断了左胳膊。王六舜儿用绳子将王五缒出墙外，一同扶至琉璃门外，路遇正要前去偷窃的大胡，请大胡帮拿赃物。大胡即将铜练二挂，围在腰间携带，于天明时走出东华门。

王五忘记了收拾踩断的蜈蚣梯木杆，这才暴露了案情。清廷得悉

---

① 蜈蚣梯是京师盗贼团伙的发明，相当于绳梯。

后，下令内务府、步军统领衙门等联合查办，不久破案。此案之中，袁大马等人多次盗窃卖赃，所得钱财分给徐致祥两三吊不等。在出售赃物时，也对侯善祥告知了实情。侯善祥也不畏惧，将铜练等物熔化后再出卖。被抓捕时，侯善祥手中尚有未卖出的金银铜料。

此案案情重大，遂移交刑部处理。光绪八年（1882），刑部审讯后认定，此案之中，袁大马、袁立儿、王五等人，参照"偷窃乘舆服御物者，不分首从拟斩立决律"，拟斩立决。徐致祥身为太监，辄敢吸食洋烟，复于东华门銮仪卫公所开设烟馆，招引窃贼，参照"禁门以内吸食鸦片烟应拟斩监候例"，处以斩监候。因案情重大，请旨将徐致祥即行正法。连毛儿、大胡多次出入禁城重地盗窃。侯善祥明知是赃物，却协助销赃。连毛儿、大胡、侯善祥三人被处以斩监候。

在逃之王六舜儿、韩老西、李三狗儿、狄合儿、刘四、定福、傅九等人，着步军统领衙门顺天府五城御史一体严拿。[①]王六舜儿虽未归案，参照偷窃乘舆服御物者，不分首从，先拟斩立决，一旦抓获归案，立刻处以死刑。

徐致祥在銮仪卫衙门开设大烟馆，诱发宫廷盗窃案，为此被处死。到了光绪九年八月，内务府得到消息，又有太监尚进升在銮仪卫衙门开设烟馆，容留烟鬼。清廷在秘密侦探之后，拿获太监、平民各一名，并搜出账簿五本、鸦片烟具二十二样。前犯徐致祥刚刚伏法不久，又有太监在该处开设烟馆，让大清朝廷目瞪口呆，只能从重治罪。于是，尚进升、李二也掉了脑袋。

到了清末，宫中太监抽鸦片成为公开现象，不能控制。光绪三十三

---

① ［清］王先谦：《东华续录》（光绪朝）光绪四十五，清宣统元年上海集成图书公司本。

年（1907），慈禧下懿旨，"着各太监一律戒烟，以三个月为限，如期满不戒者，杖一百，逐出内廷"。奈何慈禧虽然威风八面，掌控朝廷政局，于宫内却号令难行，太监们阳奉阴违，只是不敢公开拿出烟具吞云吐雾而已。光绪帝对禁鸦片很上心，一日在宫中某处闲走时，嗅到大烟味，派近侍去查看，发现有太监正在吞云吐雾，遂将太监杖打三百，驱逐出宫。

光绪三十四年，由于禁烟力度加大，京师各个大烟馆基本被查封。唯独颐和园附近烟馆林立，这些烟馆均系太监所开，地方官不敢过问。京师中染有鸦片烟癖者，群集其间，就连禁军士兵也涌去吸食。此事闹得过大，被军方所重视，查出五名吸食鸦片的士兵，在烟馆旁枷号三月。"因此各烟馆稍知顾忌，停歇者有十之五六。"[1]宣统元年（1909），清室再次整顿宫中太监抽大烟，派内廷总管王得祥查办。凡在内廷吸食鸦片的太监，一律限半年内戒掉。经过统计，宫中吸烟太监五百一十七名，一律造册，强迫戒烟，至于结果如何，则不可知。[2]

清代中后期，鸦片在中国大规模传播开来，上至王公贵族，下至平民百姓，无不吸食。鸦片流行在深宫内院之中，众多太监沉溺其中，不能自拔。太监在宫中生活乏味，原先沉迷于赌博，鸦片出现之后，便于其中销铄精神，排解抑闷，严刑酷法也不能制止。

四、太监之死与群臣狂欢

乾隆三十九年（1774）十月二十七日，此时已是初冬，日渐寒冷。

---

[1] 《烟馆渐知顾忌》，《申报》1908年7月22日。
[2] 《内廷禁食鸦片》，《申报》1909年7月27日。

当日内务府皮库库使郭兴阿扛了两包调出库的貂皮，准备去圆明园送给内务府大臣永瑢查收。因为无人帮忙，天色也晚，郭兴阿很是着急，恰好碰到了熟人太监徐贵，就请他帮忙，将貂皮一起送到西华门。

到了西华门，郭兴阿让徐贵在门洞里等，自己去值班房取门印票。徐贵被西华门门洞内的寒风冻得瑟瑟发抖，想着郭兴阿在门外有车接应，就扛了两包貂皮往外走。走到门口，被守军拦住。守军一看徐贵带了两包貂皮，却无出门印票，就将他扣下，交给值日护军统领。

到了次日，内务府加以审讯，两人如实供述，乾隆帝却认为二人是在狡辩，下令用刑。最后的审讯结果不外是二人一时疏忽，出现差错。依照《大清会典》，凡内务府人员出入禁门，必须携带内务府发给的火烙腰牌，腰牌每三年更换一次。"其官物出入禁门者，由各衙门预出门单，送景运门值班处照验，饬知各门放过。"太监徐贵明知貂皮是"库上官物"，却帮助背送，擅出禁门，枷号三月，杖责一百，发往吴甸永远铡草。库使郭兴阿处罚较轻，仅被革职。

清代对太监管理严格，不准太监干政、与朝臣来往、私藏军器、买卖田产等。内务府大臣专门管理太监，约束太监不得在外滋事。太监年迈之后，有要告退的，也得由内务府大臣验明。太监退休之后，一律遣回原籍，不许在京师居住。太监凡出入宫廷，都要登记入档，将出入时刻、去处、随从人员写明。

嘉庆十八年（1813），太监参与天理教闯入皇宫事件之后，内务府对太监的管理更为严格。太监请假出宫受到严格控制，不但限定请假天数，且回家期间也要由官吏监视。至于内廷事务，均由内务府大臣操办，不容太监插手。太监购买私人物品，则可以自行处理，不必交由内务府代办。

乾隆朝对太监最严酷。此案之中，涉事者是因公务而疏忽出宫，却被严加惩罚。不想日后，到了同治和光绪年间，太监却可以随意出入宫廷，招摇过市，更有太监安得海以钦差自居，大模大样地前往江南。

同治年间，慈禧宠幸的太监安得海被派到宫外办事，结果却被以私自出宫的罪名处死。安得海的名字在《清实录》乃至翁同龢、薛福成等人的日记中，都写作"安得海"。但传世最广、影响最大的清季各种笔记体小说中，他的名字成了"安德海"，于是他也以"安德海"闻名。

安得海从小在顺天府宛平县长大，咸丰七年（1857），十四岁的安得海入宫做了太监，至于入宫的原因，不外乎家庭贫困或先天缺陷。依照清宫惯例，年纪轻轻的安得海被称为"小安子"。安得海在家中排行第二，当太监得势后被尊称为"安二爷"。

皇宫大内深似海，要想在太监中混出名堂，也需要一番精细功夫。安得海在这方面表现出色，他聪明伶俐，机巧过人，能揣摩主子心思，想主子之所想。

野史和笔记小说中以浓厚的笔调、诸多笔墨写下了安得海在辛酉政变中的重要作用。

一说咸丰帝死后，两宫皇太后困守热河，急于与京师的奕䜣取得联系，结成联盟。慈禧询问身边的太监，有谁愿意去京师送信？这些太监在宫内过得滋润，谁肯去冒险？只有安得海挺身而出，自告奋勇，愿前往京师，慈禧还给了他五十两银子作为路费。安得海到京师之后，将热河的情况告知恭亲王奕䜣，并与奕䜣一起回到热河，此后又偷偷安排奕䜣与两宫皇太后见面。此外还有"碗底传旨"，说奕䜣到了热河后，想求见两宫而不能。到吃饭时，安得海端了碗羊羹给他，并特意嘱咐，要仔细捧好。奕䜣会意，将碗端到无人处一摸，碗底贴了张纸。纸是两宫所缮写的谕旨，描述了肃顺的跋扈，请奕䜣将肃顺铲除，将授他以辅政王之类云云。

不过这些都只是传闻。清宫对太监出行有严格限制，安得海根本不可能私自出走热河，更不要提居中串联与发动政变了。如果安得海真的立下这般功劳，为何直到同治七年（1868），才被赏给七品顶戴？

安得海的出名与得势，在于他跟对了主子，并能讨得主子的欢心，他的主子就是慈禧。慈禧对他的宠爱，也使围绕安得海的各种传闻在京师发酵，成为街头巷尾的话题。太监突然成了公众关注的对象，自然不是因为他有什么惊天动地的壮举，更多的是关于安得海与恭亲王奕䜣的冲突。

当时流传着诸多安得海为难恭亲王奕䜣的小道消息。同治四年，奕䜣、慈禧叔嫂失和，奕䜣一度去职。据云此次事件中，安得海出力最多，也更得慈禧宠幸。又云奕䜣一日请见慈禧，不料慈禧只顾着与安得海聊天，没空见他。

太监干政，时人皆愤懑不平，欲"执而杀之"，可安得海根本没有意识到，主子过多的宠幸，会要了他的小命，当时他正满面春风地筹划着他的南方之行。还未出发，太监安得海将要出巡苏州的消息就在京城传得沸沸扬扬。

同治八年七月初六日，安得海携带随从三十余人从北京出发，前往苏州采购龙袍。安得海很早就放出风声，将奉旨前往苏州采办龙袍，族人如果乐意，可以与他同行。这种好事，谁不乐意？他的叔叔、妹子、侄女、族兄，都兴高采烈地赶到京师会合，与他同行。安得海还带了六名太监、七名仆役随行，又雇了五名保镖护送。安得海在京师时花了一百两银子买了名十九岁的女子服侍自己，此次也一并随行。走到天津时，安得海到一个庙里游玩，碰到僧人演文。二人一见如故，于是僧人演文也随同南行。

一行人由通州雇太平船两只、小船数只，从运河南下。船上高悬

"奉旨钦差采办龙袍"字样的旗帜。一行人沿途在船上唱曲作乐，极为高调。七月二十一日，众人行到山东德州，当是安得海生日，船上人为安得海祝寿，设宴狂饮，并在船上演戏，两岸观者如堵。德州知府赵新对此很是不解，赶紧报告给山东巡抚丁宝桢。

安得海沿途自称是奉旨外出，但山东巡抚丁宝桢熟悉清代宫廷程序。如果是奉旨出差，会有明发上谕传到地方，同时会有传牌勘合。一个太监，敢公然如此作为，背后必有蹊跷。七月二十九日，丁宝桢上奏："太监自称奉旨差遣，招摇煽惑，真伪不辨"①，将奏折以四百里快递送到京师。在密折报京的同时，丁宝桢布置地方官员，严密监控安得海一行人。

给安得海天大的胆子，他也不敢私自出京，一路招摇。他之所以如此有恃无恐，是因为他确实是慈禧派出京办事的。只是慈禧此时权势膨胀，以为派一个太监帮自己办理点私事，根本不需要经过正式程序。出京之后，安得海行经京师、天津、直隶，一路通行无阻，谁敢拦他？不想在山东碰上了一个较真的丁宝桢。

安得海一行在山东临清靠岸，随后改乘车舆，去泰山游玩。八月初二日，安得海到达泰安，随即被丁宝桢派人抓捕，连夜送往济南，由丁宝桢亲自审讯。审讯时，安得海咆哮公堂，怒吼："奉皇太后命，谁敢犯者，徒自寻死耳。"②

在安得海被擒拿之后，以恭亲王奕䜣为首的大臣们作何应对，给了无数文人以想象的空间。最为流行的说法是，丁宝桢的奏折送到时，

---

① [清]丁宝桢：《丁文诚公奏稿》卷七，《太监出京招摇饬拿审办折》（同治八年七月二十九日），清光绪十九年刻光绪二十五年补刻本。

② [清]薛福成：《书太监安得海伏法事己卯》，《庸庵文编》续编卷下，清光绪刻庸庵全集本。

慈禧正在生病，奕䜣与慈安联手，不将奏折送给慈禧，联手做掉了安得海。但这并不是历史的真相。作为曾国藩的幕僚、丁宝桢的密友，薛福成在日记中对此事有翔实的记述。

八月初二日，丁宝桢奏折到了宫中。当日慈禧却不将奏折发下，而是留在宫中。这给外界的观感是，慈禧尚在回护安得海，醇亲王奕谭建议严肃处理他。其实，在这段时间，慈禧考虑的不是如何回护安得海，而是如何减免安得海出宫所造成的负面影响。

八月初三日，两宫皇太后召集军机大臣、内务府大臣，商量如何处理此事。在场的众大臣都认为"罪不可赦"。

慈安皇太后却帮安得海说情："姑念其侍候西太后多年，贷以不死可乎？"

慈安说话之后，众大臣都暂时沉默。

慈安性格娴静，对权力与政治缺乏兴趣，但从法理上来讲，她的地位却凌驾于慈禧之上。她恬淡的性格和母仪天下的姿态，在朝廷内外树立了良好的口碑，有着强大的政治感染力。"然至军国大计所关，及用人之尤重大者，孝贞（慈安）偶行一事，人皆额手称颂。"她要么不开口、不干涉，一旦她开口，谁都无法忽视她的存在。

不料，此时慈禧突然开口道："然则就地正法可乎？"

慈禧想要安得海死，这是为何？

丁宝桢奏折到京之后，按照程序是先送给两宫皇太后过目，再转发军机处拟旨。一般情况之下，两宫皇太后很少会关注奏折内容，往往直接发给军机处处理。但此次涉及贴身太监，慈禧得仔细阅读奏折。

慈禧看到丁宝桢奏折上所列的安得海的"种种不法之事"，大为震怒。安得海一直坚称自己是慈禧派出宫的，而事实就是如此，这让她如何面对群臣，面对舆论和天下？盛怒之下，慈禧只想立刻将安得海灭口。看到慈禧不想留安得海一条命，军机大臣们都暗自欣喜，叩首而出，等着上谕发布之后，立刻处死安得海。

安得海被抓后，同治帝也不甘寂寞，命叔叔奕䜣带了内务府大臣过来报告此事。有大臣帮安得海说情，同治帝却道："此曹如此，该杀之至。"但不能由此认为同治帝的意见决定了安得海的死活。同治帝此时尚未亲政，只有话语权，而无决定权。

在诛杀安得海一事上，朝野内外表现出了惊人的一致。醇亲王奕谭、倭仁、李鸿藻等保守派人物，虽在政坛上屡屡阻击改革派奕䜣，这次也全力支持诛杀安得海。丁宝桢的奏折递上后，依照程序，两宫皇太后在召见军机大臣之后，要将奏折发给军机处，拟定谕旨，然后再发给丁宝桢处理。

八月初四日，谕旨正式发出。军机处所拟的谕旨极称慈禧心意，一方面，谕旨中称，安得海是"捏称钦差""擅自远出"，将他与慈禧脱离了关系；另一方面，又令丁宝桢"无庸审讯""不准任其狡饰"，以免安得海继续咬住慈禧不放，下令丁宝桢立刻将安得海处死，"勿庸再行请旨"。

安得海出宫时，慈禧并未给他任何证明身份的凭据，也没有走任何程序。处死安得海之后，慈禧为表明自己与此事无关，不但没有处罚丁宝桢，反而将他提拔为四川总督。安得海去江南采办物件，尚未出京已被传得沸沸扬扬，翁同龢在日记中就认为这是异事。如果安得海是擅自外出，早在他未曾出京之前就可以加以擒拿了，何必等他一路招摇，走到山东？

八月初七日，丁宝桢遵照谕旨颁布文告，从大牢中提出安得海，验明正身，指认确实，即刻正法。安得海被处死后，随同他出行的六名太监也都被绞死。安得海死后，因为所留下的衣物等都是宫中用品，留在山东也不合适，军机处在所发廷寄中也指示"即由该抚派员解交内务府查收。由六百里谕令知之"①。

安得海死后，被暴尸三日，极其悲惨。一个月之后，太监王添福被交给刑部，即行处死，理由是他帮安得海"经管家务，种种不法"。真实的原因其实是王添福在背后哀叹：安得海是帮慈禧太后出去办差，结果却被当作卒子丢了命，实在是让人心寒。

安得海被杀，在一定程度上也代表了当时的正义与邪恶之争。太监专权导致一个王朝衰亡之事，在历史上屡屡可见。安得海不过得了慈禧宠信，就嚣张如是，被朝野上下痛恨。安得海被杀后，薛福成评论道："其难如平一剧寇，功尤高。"李鸿章看到诛杀安得海的邸抄后，突然站起，招呼幕僚，狂呼："稚璜（丁宝桢字）成名矣！"曾国藩此时眼睛不好，数月不能睁眼，听了此事后，竟然夸张到眼睛也为之一开，并狂赞："稚璜豪杰士也。"可杀了一个安得海，只要他的主子还在，那么"安得海"仍然会出现。

安得海被处理掉了，朝野内外一片欢呼。但军机处中对此事的内幕看得明白，军机章京朱学勤在给薛福成的信中谈道："安得海被杀之事，诚为大快。惟彼此之见犹存，悔恨之心弥甚，怒及旁侧侍御，疑及贵近诸公，至今未能浑化，亦事之可忧者也。"安得海一案，虽然军机处尽力帮慈禧开脱，但她心中深有不快。依着慈禧睚眦必报的性格，早晚会有反扑。

安得海之死，在于他主子慈禧过于自大，没有依照程序派遣太监。对于慈禧来说，是否依照程序本就无足轻重。不想民间久积的怨言、丁宝桢的较真、朝野上下的一心，都让她颜面扫地。事后为了弥补，慈禧

---

① ［清］王先谦：《东华续录》（同治朝）同治八十，清刻本。

完全按照程序处理此案，丢掉小卒子安得海。然而，程序并不是她头上的紧箍咒，在以后的历史中，她将继续打破程序，主持并干涉大清的国政，却没有任何人或程序能制约她。

五、宫中互殴与看戏滋事

清代就太监管理有着全面的规定。若太监在宫中、圆明园中私藏鸟枪、火药、金刃器械、弓箭、弩弹等物，一经发觉，即行正法；若无故持刀入殿，或假装疯病，或酒醉肆意胡闹者，处以绞刑监候。太监进殿当差，遗金刃之物未经带出者，杖一百。太监、宫女在宫内用刀自伤者，处以斩立决；欲自尽未成，经人救活者，处以绞监候；自尽成功者，将尸骸抛弃荒野，家属发往伊犁给兵丁为奴。

宫中太监不许外出听戏、饮酒，违者杖一百，枷号一个月，分拨外围当差。太监不许赌博，初犯者枷号三个月，重责四十板，发往东陵、西陵当差。太监初次逃走，自行返回者，责打六十板；初次逃走被抓获，或两次逃走俱系自行投回者，均责打六十板，再发往吴甸铡草一年；三次以上逃跑者，无论是自行返回还是被抓获，均责打一百，发到吴甸铡草三年至五年。

虽然有如此多的规定，可太监按捺不住在宫内外斗殴闹事的欲望。抽大烟、闹出人命的案子，屡屡可见。康熙五十一年（1712），十五阿哥的太监王玉鲁持刀伤人。康熙帝认为，此等太监断不能"容留宫内"，决定将其交到瓮山铡草，并规定"嗣后如有似此持刀太监，亦着交予瓮山"。此后，凡有太监持金刃伤人或自伤者，均被发往瓮山铡草，短则一年，长则终身。

到了乾隆朝，违纪太监增多，而瓮山地方狭小，不足以容纳这么多太监。乾隆十五年（1750），为了给母亲庆祝六十大寿，乾隆帝在此地兴建大报恩延寿寺，将瓮山更名为万寿山。此后遂将太监发配铡草的地点由瓮山改到南苑吴甸。铡草太监的工作主要有收割马草、喂马、捡粪、打扫马圈等，犯有重罪的太监工作时还要系上锁链。此后，至吴甸铡草成了太监们的噩梦。乾隆四十八年八月初八，圆明园东谐奇趣楼旁边，两帮太监因争夺螃蟹发生斗殴，闹出人命。螺丝楼旁边有引水沟，直通圆明园外，每到秋季常有螃蟹沿着涵洞爬入沟内。这些螃蟹，被谐奇趣楼太监张忠发现，他大为兴奋。八月初七日夜间，张忠约了狮子林太监李进忠、孙玉二人，在沟边抓到十七只螃蟹，饱食一顿。张忠的盟兄郑进忠得知此事后，责怪张忠将此等好事与外人分享。

八月八日夜间，郑进忠约了谐奇趣楼太监田进忠前去抓螃蟹。到了沟边时，却发现张忠与狮子林的太监李进忠、孙玉已先行到达，捕获颇丰。郑进忠大为不满，上前呵斥李进忠、孙玉，称二人非谐奇趣楼的太监，不能夜间越界到此。李进忠、孙玉二人自觉理亏，遂悻悻而去。郑进忠赶走外人后，开始指挥太监田进忠捕捉螃蟹。此时张忠在旁，看自己约的人被赶走，心中不满，就冲上来抢夺螃蟹。二人一番扭打之后，张忠被推入沟内，等捞上来时，脖子已经折断，奄奄一息，当夜即死去。

双方闹得动静太大，惊动了巡逻太监，将涉事太监一起抓了送到内务府慎刑司审讯。此案的审判，参考"凡斗殴杀人者，不问手足他物金刃，并绞监候"。此外，康熙二十四年（1685）刑部定议：凡太监在紫禁城内持金刃自伤者，斩立决。[①]郑进忠在宫内殴打，闹出人命，遂比照此条，处斩立决。太监田进忠则被处以重责四十大板，发往黑龙江

---

① 　《大清律例》卷二十七，清文渊阁四库全书本。

为奴。孙进忠、孙玉二太监，越界捕蟹，闹出人命，被发往吴甸，终身铡草。

到了同光年间，京师多次闹出太监招惹是非的案子。同治十一年（1872），御史袁承业奏称，近闻太监在京城内外，开列多铺，并蓄养戏子，公然于园庄处演戏。为此特意发布上谕，命总管内务府大臣、步军统领衙门、顺天府五城，一体严行查禁。

光绪十一年（1885）正月十日，东安门外路北徐家饭店的店主与御膳房太监金某发生口角。事后金太监竟率领十余人，手持木棍汹汹而至。店主见太监来势凶猛，越墙而遁，铺中伙计二人，受伤甚重，余人虽被微伤，尚无大碍。店铺食物多被毁坏，店主逃出后，心中不服，约了多人准备报复。回到店铺时，金太监已经离去，店中被砸得一片狼藉。店主心中不甘，带了众人追击金太监，在东安门内南城槚追上金太监等人。一时间，双方棍棒交加，骂声震天，各有四五人受伤。此时京师内驻防官兵赶到，一看是太监与平民斗殴，也不敢抓捕太监，将店主一伙抓了送去步军统领衙门。金太监则领了众太监昂然返回宫内，逍遥法外。《大清律例》中，凡太监"在紫禁城外、皇城内持金刃自伤者，斩监候"。此起事件中，太监持械闹事也是重案，可最后不了了之。

光绪十二年四月十七日，京师大栅栏地方上一派热闹景象。庆和园戏馆在大栅栏一带声名显赫、备受追捧、一座难求。却说此日，数名太监结队而来，一个个得意扬扬、目中无人。本日有某钱庄包座，可目睹了此群太监的凶焰之后，只好拱手让之。

到了四月十八日，众太监再次前来看戏。其中一张桌子被一名曹姓公子提前包下，众太监也不避让，自行坐下。稍后曹公子所请的客人陆续来到，看了众太监占座，曹公子丝毫不惧，因为他是京师曹御史的儿子。曹公子遂让卖座人驱逐这伙太监。

太监哪里肯服，与曹公子发生口角，甚至欲厮打。卖座人知道曹公子的来历，就从中劝阻。庆和园中，时常有混混前来闹事，故而有保镖多人护卫，也一起出来劝说。

众太监悻悻而去，临行时对曹公子道："汝在此待我，勿逃。"太监不知道这曹公子的身份，存了欺凌之意，准备群殴。曹公子见势不妙，立刻抽身而退。众太监跑去小摊，各自买了小尖刀后，返回到戏园中索要曹公子。卖座人则称，不知其往何处而去。众太监大怒，砸毁戏园中许多物品，之后前去鲜鱼口茶馆喝茶休憩。

曹公子见太监凶恶，又不甘心被欺凌，就派人到附近勇局，唤了四名勇丁，随同去找太监的晦气。众人在鲜鱼口茶馆寻到太监，勇丁出手，想要擒拿太监，不想在座的七名太监，各自掏出利刃，一通猛刺。四名勇丁赤手空拳而来，都受了刀伤，其中一名勇丁，肋部被刺穿，身受重伤。

勇局闻讯后，出动了六十余名勇丁，携带兵械赶来增援，一番格斗后擒获三名太监。其余四名太监冲出重围，躲到茶馆的院子里，意图出逃。勇丁将院子包围后冲入，其中两名太监身手很是了得，翻身上墙，飞檐走壁，逃避而去，其余两名太监走避不及被擒获。

经过此番大闹，品茶诸客，丢失钱物不可胜计。茶馆中茗壶茗碗，摔毁无算，最终由勇局捆缚五太监回局审讯。当日京师中风传，闹事的太监都是南府伶人，素习武艺，身体强健，来去如风。清代宫中所用优伶，本由织造、监督、盐政等采选送京，并有眷属同居者谓之外南府。道光初年，将南府人一概遣返。此后宫内演剧，皆用宫内内太监为之。

到了次日，伤重的勇丁毙命。四月二十日，仵作至停放尸体处验尸，被擒获的太监也被押到。就在验尸时，突然有一人凑上来与太监私语，有勇丁指认此人也是太监，迅速将其抓捕归案。

经过审判，戏园主人未能阻止太监看戏，被笞四十。先被擒获的四名太监中，刺死勇丁者处以斩立决，其余参与斗殴者，二人被判处绞立决，二人发往吴甸永远铡草。至于后来在验尸处被擒获的太监，则被查明与此案无关，以枷号处罚。逃脱的两名太监，则严令追捕。遇害的勇丁由戏园中人代购棺木，盛殓掩埋。在鲜鱼口出殡时，同局勇丁多来相送，鲜鱼口地本狭隘，几无容足之处。

清代宫中，对太监管束极紧，奈何太监仍然不断滋事，各种私下斗殴，屡禁不止。戊戌政变后，慈禧下令杖毙珍妃身边的八名太监，又囚禁珍妃，实因怨恨光绪而牵连珍妃。光绪身边的七个太监也被下令杖毙。得悉慈禧要下毒手后，一名太监尹得福不甘坐以待毙，私藏小刀，准备行刺报复，被擒拿后死于狱中，也算是太监之中有胆色者。

六、粗笨的宫女

清宫后妃选秀，由户部主持，每三年一届，称"大选"。后妃主要在八旗之中挑选，满蒙汉八旗适龄女子均可参与，但满人领养的汉人之女不可参选。选秀女子的年纪在十四岁至十六岁之间。每到选期，在京师的适龄女子先至本旗报名，在京外的也要报送到京。参加大选还有一定官衔要求，如乾隆朝规定，外任文官同知以上、武官游击将军以上家庭的女子方可参选。嘉庆朝规定，八旗汉军文职笔帖式以上，武职骁骑校尉以上家庭的女子方可参选。八旗秀女例应三年一次，选后再行聘嫁，遇有事故不能阅选者，待下次阅选。未经阅选者，虽至二十余岁，亦不准私行聘嫁。有违例不待阅选即行聘嫁者，该旗都统察参照例治罪。①

　　清宫宫女由内务府会计司负责挑选，一年一次，称"小选"。清代宫女只在上三旗包衣中挑选，"旧制，若选宫中承直伺应之人，则惟内务府三旗，于每年正月备挑一次。他旗不与"。相较前朝，清代宫女数目并不多。康熙帝曾云："前代宫女至九千人，内监至十万人，饭食不能遍及，日有饿死者。今则宫中不过四五百人而已。"

　　每到寒冬腊月，内务府上三旗包衣家女子，年满十三岁者，都可以参加挑选。在寒风之中，秀女们冻得瑟瑟发抖。康熙三十九年（1700）十二月十九日，康熙帝特意指示："今日天气甚冷，应选秀女多系贫寒之家，尔等带至和暖处所，赏给热汤饭，毋致冻馁。"

　　挑选宫女时，内务府只重视宫女的相貌，至于其身体是否健康、是否聪明伶俐，则被忽略。入宫之后，很多宫女因为身体或才智原因被遣出宫去。选秀女时还有个特殊讲究，就是看秀女有无裹小脚。满洲八旗妇女素无缠足之习，入关之后，见到汉人女子无论贫富贵贱，均需缠足，清廷还一度出台禁令。康熙三年（1664）发布上谕，（康熙元年）以后民间所生之女，禁止裹足。若有违法裹足者，其女父有官者，交吏兵二部议处；兵民者，交付刑部，责四十板。不想地方上的吏役利用此条规定，将康熙元年以前所生女子诬陷为康熙元年以后所生，牵连无辜，闾里骚然，讹言四起。于是礼部再次出动，请废除禁止汉人裹足令。康熙帝无奈，只好同意了汉人女子裹足，但严禁（满汉）八旗女子裹足。

　　秀女入宫后，以老带新，要一段时间才能适应。新秀女入宫，先"试以绣锦、执帚一切技艺，并观其仪行当否"，再决定其去留。宫女

_____

　　① 《大清会典则例》卷一百七十二《八旗都统》二，清文渊阁四库全书本。

中品貌较好者被挑选出来，分配到各宫，伺候太后、皇后和诸妃嫔起居。其余分配到尚衣、尚饰等处从事杂役。光绪二十八年（1902），慈禧太后亲自遴选秀女，以供内廷差遣。此番选得内务府镶黄、正黄、正白三旗，举止安详容貌端正女子，计二十四人，分拨各宫学习。尚有二十人记名待补，其未经入选者，随即发回，并赐以荷包等物。选中服务后妃的宫女，称"官女子"。按清制规定，皇太后有官女子十二人、皇后十人、皇贵妃八人、贵妃六人、妃六人、嫔六人、贵人四人、常在三人、答应两人。

官女子（宫女）服务后妃，待遇相对较好，每日供应猪肉一斤、白老米七合五勺、黑盐三钱、随时鲜菜十二两。家下女子（派在王府），每日供应白老米七合五勺、随时鲜菜十两、黑盐三钱。乳母和保姆每日供应猪肉一斤、老米七合五勺、随时鲜菜十二两、黑盐三钱。①官女子每月支给银六两、云缎一匹、宫绸一匹、纱一匹、纺丝一匹、杭细一匹、木棉二斤。

在宫内生活，除了服侍后妃的宫女（官女子）待遇较好外，其他大部分宫女吃住条件一般。"所居屋漏墙圮，巷十室，居十人"。每日饭菜，"置饭木桶，咸鸡、鸭肉二片佐之，臭腐不中食，还之，下餐复进"。因为吃住很差，很多宫女入宫之后，容颜日益憔悴。

上三旗包衣之家因为得了皇帝的宠幸，也有女子参加大选，入宫为妃。如内务府金氏、高佳氏，都有女子许配给乾隆帝为妃。高氏乃是乾隆朝第一个被册封为贵妃者。金氏初为贵人，位号不断晋升，死后追封皇贵妃。上三旗包衣在后世发展中获得抬旗，身份地位改变，但其家中女子仍要继续参加宫女选秀。雍正七年（1729），雍正帝就此下令：

---

① 清代《国朝宫史》卷十七《经费》一，清文渊阁四库全书本。

"嗣后凡挑选使令女子，在皇后、妃、嫔、贵人宫内者，官员世家之女尚可挑入。如遇贵人以下挑选使令女子，不可挑入官员世家之女。若系拜唐阿、校尉、护军及披甲散人等之女，均可挑入。"据此，内务府世家之女也可以入宫，服侍皇室成员，增进主仆感情。

清代宫内规矩森严，禁止宫女喧哗、口角。康熙二十年（1681）二月十四日上谕："宫中女子不知礼体，每有声高角口者，尔总管俱罢软不能管束，一味瞻徇，不知禁约。嗣后遇有不守宫规，仍前喧诟者，尔等指名据实参奏，如徇私隐蔽，察出一体治罪。"

道光三年（1823），翊坤宫两名宫女发生口角，互相辱骂，被乾清宫总管斥退出宫。口角本是小事，但道光帝将此事提升到政治高度，认为"然凡事莫不因小成大，其中甚有可恶之处，若不稍加薄惩，如此下谗上暴，肆无忌惮，将何所不至耶"。为此下令将储秀宫首领太监，加以重罚。

明代宫廷管理混乱，很多太监与宫女结伴，是为"对食"，引发了诸多争端。天启朝时，客氏在宫中先与魏朝结为对食，后来又与魏忠贤勾搭上。客氏风韵过人，二魏争风吃醋。某夜，二人喝醉，为了客氏在皇帝住宿的暖阁大打出手，惊动了天启帝。清代严格规定，"凡各宫女子，不许与太监等认为亲戚"。如果宫女称呼本宫太监为伯、叔、兄、弟者，将严惩宫女，驱逐出宫，发配家属。非得本主命令，宫女与太监不得交谈、嬉笑与喧哗。宫殿监各处太监，如在路上遇到宫女，须等宫女走过之后再走。

秀女选入宫内后，面对皇家的各种规矩，一时无法适应，常被驱逐出宫。此外，宫女如果患有哮喘、痨病、伤寒等传染类疾病，或是手脚笨拙、不够灵活，或是偷盗宫内财物等原因，均有可能被驱逐出宫。针对宫女"笨"的问题，清廷一直有开学校培养宫女的倡议。直到宣统元年（1909）七月，因宫内当差之秀女多粗笨不堪，故而准备设立教育秀女学堂，选拔内务府三旗之幼女，送入学堂教育礼节及普通女学知识，并厘定毕业期限，俟毕业后分别拨入宫内当差。

秀女入选后，一则不了解宫内规矩，二则年轻，对很多事务不熟悉，时常被老宫女、太监殴打凌辱。嘉庆九年（1804）三月，内务府奏报，寿康宫一位名叫平安的宫女投井身死。慎刑司调查后，发现平安身上有多处被殴打所致的伤痕。经过审问，寿康宫太监、宫女承认，平安才入宫四个月，年少无知，很多工作做不好，故而屡屡被打。道光十五年（1835）闰六月，又有宫女二妞自杀，年方十四岁。调查后发现，也是入宫后被欺凌导致自杀。

宫女在宫中，因为主子的暴怒或权力争斗，时有遭遇杀身之祸者。如道光中期，道光帝某夜在乾清宫盛怒，厉声呵斥，召值班侍卫王某入宫门，授以宝刀，令至某宫第几室，于床上取一宫女首级复命，不知其为何事。

康熙朝时规定，宫女年满三十岁方可遣出宫，此时年纪大了，很难婚嫁。雍正朝做了改变，宫女在宫中服役至二十五岁可以出宫自行婚配。宫女服役期满，出宫之时，另外还有一定赏赐。清宫规定，宫女服务十五年以上，赏银三十两。十五年以内十年以上，赏银二十两。十年以内者，赏银十两。一些在宫内表现优异的宫女，由皇帝赐婚，嫁给各旗有品级的佐领、步军校等，也算有个好归宿。

到了清末，旗人婚姻有了变革，开始允许满汉通婚，秀女的选拔也发生变革。往日清廷规定，内务府上三旗包衣之家，如将未经挑选之女许配民人者，将主婚之人照违制律杖一百；若将已挑选及例不入选之女许配民人者，照违令律笞五十，其聘娶之民人亦一体治罪。此种规定限制了上三旗包衣的人身自由，带来很多问题。光绪三十四年（1908），此条也被废除，此后上三旗包衣之女可以自由许配民人。

在皇权时代，挑选上三旗包衣女子入宫当差，对被选中的女子而言，是一种负担和束缚。被选入宫的女子，不但没有人身自由，甚至连安全都无法保障。清廷给予的些许酬劳根本不足以弥补女子们流逝的青春和压抑的精神。宣统帝退位后，清宫之内尚留下百余名宫女效力，对她们来说，此时在宫内当差，不过是一份职业罢了。

第七章

一本万利的皇家贡品：内务府的大肥差

一、别九州任土作贡

清室入主中原后，以天下而养一人，少不得要采纳各地的珍稀贡品。逢年过节，各地定例要有进贡，此为例贡，如元旦贡、冬至贡、端午贡、万寿贡、年贡、上元贡、中秋贡等。其中又以元旦、冬至、万寿庆辰三个节日最重要，如粤海关每年例贡包括年贡、灯贡、端午贡与万寿贡四次，再如长芦盐政每年例贡五月、八月、十一月、十二月四次。此外还有一些名目繁多的临时性进贡，如迎銮贡、木兰贡、来京陛见贡、谢恩贡、传办贡、贺捷贡等。

迎銮贡是皇帝巡游各地时，地方官员进贡的方物。如乾隆四十九年（1784），乾隆帝巡幸江浙，沿途各省督抚、提镇、盐政、织造等官员进贡的各色织物数以千计，此外还有大量鼻烟、小刀、翎毛、饰品、纸笺、香袋等工艺品。

至木兰围场围猎时，则有木兰贡。传办贡是臣子遵照皇帝谕旨，特别进献某些物品，主要由织造、盐政、海关负责，有时皇帝也选择亲信大臣来置办。谢恩贡是官员因晋升或其他情况，向皇帝进贡谢恩。来京陛见贡是官员进京觐见皇帝时，携带贡品呈献。贺捷贡是取得重大战事胜利后的贡品，如乾隆四十一年（1776）大小金川之战获胜后，两广总督李侍尧进"万年平定如意一柄"。

据贡品不同可分为土贡和非土贡。土贡是以其地方特产进贡，主要有果贡、茶贡、花贡、灯贡、鸟兽贡、烟火贡等，贡品来自五湖四海，如盛京的貂皮、人参、香水梨、榛仁、黄米糖、蜜饯山楂、花红，山东甜桃，山西榆次西瓜，吐鲁番白葡萄干、绿葡萄干、哈密瓜，河南的岗榴，广东的甜橙、广橙、杨梅、橄榄脯，福建的酸枣糕、荔枝干，湖南的莲子藕粉，安徽省歙县茶叶、泾县宣纸、当涂藕粉、阜阳樱桃葡萄，等等。

内务府所征收的土贡，大宗来自吉林。吉林土贡于每年四月、七月、十月、十一月，分四次呈进。为了进贡，吉林城内特设置果子楼，负责贡品事务。吉林土贡分为头次鲜、二次鲜及岁进贡品。头次鲜呈进"鹿尾十盘、胸叉肉十块、肋条肉十块、臀肩肉十块、稗子米一斛、铃铛麦一斛"等。二次鲜呈进"稗子米一斛、铃铛麦一斛"等。宫中有急需时，也会命地方紧急呈进土贡。如光绪三十四年（1908），光绪帝病重，内务府中药材不堪用，令云南贡茯苓、浙江贡于术、河南贡山药，此外还命两江总督端方进贡佩兰五十盆。

非土贡则有玉器贡、金银器贡、古玩贡、书画贡、陈设贡、洋货贡等，包括金、银、玉器、古玩、书画、瓷器、铜器、陈设、绸缎织物、皮张、洋货等各种物品。洋货贡是诸多贡品中最为特殊的一项，主要来自传教士进贡、各国进贡及粤海关采购。

康熙二十四年（1685），清廷松弛海禁，在广东设粤海关，总管对外贸易。此后欧洲生产的各种物品通过广州上岸，由十三行商行销往各地，其中很多货品作为贡品入宫。广州官员进贡的西洋器物主要有钟表、天文仪器、珐琅、香料、家具、绘画、牙雕等。

清代贡品名目繁多，不一而足，大多是当地土特产，也有异地特产，如苏州和扬州玉雕较为出名。为了讨好皇帝，很多地方官员会采购苏扬玉雕进贡。

有资格向皇帝进贡的，主要是皇室和大臣。乾隆五十五年（1790），乾隆帝圈定了有资格进贡的人员，宗室亲贵有亲王、郡王、贝勒；中央大员有大学士、尚书、左都御史、都统；地方大员有总督、巡抚、将军、提督。此外一些肥差衙门，如织造、盐政、海关等也有资格进贡。比较特殊的进贡者是致仕的大臣和曲阜衍圣公。

臣子擅自进贡物品，非但不能讨皇帝欢心，还会招致麻烦。雍正五年（1727）十一月十六日，兰州按察使李元英进呈天马袍褂五套、云豹袍褂三套、元狐皮十六张、元豹皮二十张、猞猁狲皮四十张。雍正帝对李元英擅自进贡十分不满，批道："如何使得，胡闹至极。"乾隆四十三年九月十三日，兵部侍郎、驻新疆叶尔羌办事大臣高朴进贡，被乾隆帝批评："高朴系侍郎职分，亦不应进贡。"外省盐政、海关、织造，每年进贡的物品自有定额，不得超过数量。苏楞额担任两淮盐运使时，年例进风猪肉一百块，皮糖八匣，结果苏楞额"加倍进呈，掷还一半，仍处分之"。

贡品到京后，一般交给奏事处，由奏事处接收、登记，然后把贡品和进单呈览，皇帝在进单上挑选贡品。进贡的物品中，方物和如意一般全部收下，其他的贡品则有驳有收。贡品之中，茶叶归茶房，吃食归膳房，笔墨纸砚归懋勤殿，皮张交四执事，金银交广储司银库，佛器交佛堂，绸缎织物交敬事房、缎库等处，动物贡品交养牲处等地，钟表交作钟处、圆明园水法等处。

　　有时，皇帝需要贡物，会主动向臣子提出让其进贡，这是臣子的殊荣了。乾隆年间，李侍尧历任湖广总督、两广总督、云贵总督等要职，堪为官场不倒翁。李侍尧调任云贵总督时，乾隆帝毫不吝啬地夸奖他："各省总督之中，老成有识，能办大事，最为出色者，唯有李侍尧。"除了具有才干之外，李侍尧得宠的原因之一，在于他每年给乾隆帝上贡最多，有时一年上贡八九次，所进献的贡品都是各地珍奇宝物。李侍尧"善纳贡献，物皆精巧，是以天下封疆大吏，从风而靡"。

　　李侍尧进贡的物品，主要有紫檀雕塑、珐琅制品、玉雕、钟表、瓷器之类。乾隆二十二年（1757），李侍尧进贡紫檀屏风、钟表等物品，乾隆帝看了后，大为满意，发出指示："此次所进镀金洋景表亭一座，甚好。嗣后似此样多觅几件，不必惜价。"乾隆帝收下一部分贡品之后，其余退回，这样就落到了李侍尧手中。毕竟，对于皇帝而言，臣子献上贡品，若是全部收下了，岂不是显得过于贪婪？将部分贡品退回，既可显示皇帝的大度，也可以笼络臣子。这退回的贡品，理所当然地成了李侍尧的私产。

　　在历史上，广东一直是进贡的重镇，唐代时就有藤盘、石砚等土产进贡。清代广东所进贡的物品更多，两广总督、广东巡抚、粤海关，每年都有大量物品进贡。西方工艺的传入，也使得广东本地的贡品融入了西方工艺技术，如使用玻璃制作的钟表、望远镜等物。

　　欧洲产品走俏，后果之一就是大量中国仿制品的涌现。在乾隆朝，一些高仿钟表甚至被作为洋货献入宫中。乾隆帝也发现广东进贡的所谓"西洋钟表"是赝品。乾隆十四年，乾隆帝指示两广总督，进贡的钟表、洋漆器皿"必是要在洋做者方可"。不过，广东工匠的制作水平飞快提升，乾隆朝中期以后，"广钟"已成为宫廷贡品。

　　光绪帝生平最嗜西洋钟表，凡有新货来华，必要弄入宫中把玩。

驻华使者觐见时，多以钟表作为贡品。宫中设有精室一间，室内置满钟表，大者逾人，小如扁豆，奇形异状，琳琅满目。光绪帝闲暇时，就到室中玩弄钟表，以资消遣。室内有三千余钟表，一律不准停止，由看守不时上发条。他人入此房中，往往被钟表的嘀嗒声吵闹得心烦意乱，可光绪帝以此为乐。

除了各地贡品外，内务府也会制作一些器物，但多不能达到要求，如内务府造办处负责制作宫内所用的佩刀。与外界的想象不同，宫内使用的部分军械的制作工艺并不是特别精湛。雍正初年，宫内侍卫的佩刀多是粗铁制作，并无锋刃。在东华门、西华门外，甚至有租赁刀剑之所，官兵有需要时，到此租赁使用。为了改善兵器状况，皇帝特意命南方等地进贡优质钢材，制作精良刀剑。内务府中一度设有做钟处，聘有欧洲技师制作钟表。乾隆年间，做钟处耗费了五年时间，才制作出一钟。耗费巨资，却没什么产出，这让乾隆帝大为不满，遂命内务府停止造钟。

贡品对于各地来说是沉重的负担，"大致进奉一节，最为吏治之害"。清廷对此也有了解，给予贡品一定的补贴，有时则下令取消贡品。乾隆帝去世后，嘉庆帝下令永远停止中秋贡。道光帝以俭朴而闻名，特意下令停止进贡福建荔枝和扬州玉器。[①]康熙年间，定太原府属之榆次县三郝村每年例贡西瓜六百四十个。嘉庆三年（1798），奉旨减免一半，每岁正贡二百个，随贡一百个，总共三百个西瓜。三百个西瓜并不值钱，但沿途的路费、官吏的勒索却使这三百个西瓜花费多达千金。西瓜运到京师后，常霉坏不可食。虽然减了一半，对当地民众来说，仍是沉重负担。到了光绪六年（1880），朝廷下旨："似此瓜

---

① 徐世昌：《晚晴簃诗汇》卷三，民国退耕堂刻本。

果征贡无损于上，有益于下，俯准将榆次县三郝村瓜贡三百个，永远蠲免。"

内务府库房之中储存各地贡品颇多，如康、雍、乾三朝官窑，制瓷极精，内务府库房中，过了百余年仍有保存。光绪年间，内务府以旧物无用，将官窑出售给民间。广东人颜某购得乾隆时大内盛水果瓷盘两只，盘内画鹌鹑一双，外作胭脂水色，娇艳绝伦，盘底有"乾隆年制"四字。再如逊清小朝廷被逐出故宫后，在清查广储司茶库时，就清点出有百余年历史的普洱老茶，又于清宫御膳房中盘点出诸多珍稀食材，引得北京各大饭店眼红无比，强烈要求拿出来拍卖。

除了国内的各类进贡之外，海外各国的朝贡更受清廷重视。古代中国是以华夏文明为中心的天下概念，没有近代意义上的国家意识。在"华夏中心"说支配的天下概念中，中国以其文化的先进，处于世界的中心，周遭的蛮夷小邦，感受并膜拜华夏文明的光辉，进而在此基础上形成了以中国为中心的朝贡体系。朝贡体系之下，周边各国向作为"天下"的中国称臣，每隔一段时间前来朝贡，而中国则给予册封和赏赐。顺治元年（1644），定外国朝贡以方物为主，又定贡使到京，象交銮仪卫，马交上驷院，刀及鹿皮、青黍皮等交武备院。各国贡品种类繁多，如顺治十一年，琉球国进贡庆贺方物，有金饰佩刀、银饰佩刀、金酒、缾银酒、金画屏、泥金扇、泥银扇、蕉布、苎布、红花、胡椒、苏木。[①]

朝贡体制常被来朝贡的国家视为一种屈辱，因为这不是平等的国家之间的交往；但在中华帝国眼中，这却是周边的"蛮夷"归化的一个过程，也是中华文化恩泽四海的表现。

---

① 《清通典》卷六十《礼》，清文渊阁四库全书本。

其实，朝贡体制所带来的只是皇帝心理上的快感，而且这种快感也是有代价的。对于来贡各国，中华帝国一贯的政策是"厚往薄来"，常给予来贡国几倍于贡品的赏赐，这也成为一个难以承受的负担。

不论是中国周边的国家、罗马天主教教廷还是欧洲国家的使者，凡来华之使者，一概被清廷视为"入贡"。乾隆五十七年（1792），英国首次派遣马戛尔尼率团访华，名义上是为乾隆帝贺寿，实际上是想借此打开中国市场。为了吸引中国人的注意力，马戛尔尼使团携带了大量代表工业革命后世界最高科技水平的礼品，如能够准确模仿地球、月球、太阳运行的天体运行仪，标有地球上各大洲、海洋和岛屿位置的地球仪，装备了一百一十门大炮的战舰模型，各种先进的火炮、步枪和手枪，最新发明的蒸汽机、棉纺机、梳理机和织布机，以及赫歇尔望远镜、帕克透镜等。

对于英国使团赠送的礼物，中国人并未表现出特别的震惊或热情。对于西方工业革命的产物，他们无动于衷，不屑一顾。他们并没有从这些礼品的科技含量中认识到英国的科技水平、工业能力、军事能力，更没有因此产生危机感和紧迫感，奋起直追。他们只是把这些科技产品看作无关统治大局的"雕虫小技"或"奇技淫巧"。英国人在安装调试天体运行仪时屡屡遭到围观中国人的哄笑；乾隆帝在参观英国的天文学表演时，只看了几分钟，就刻薄地评论，"这些东西只配给儿童玩"；英国科学家表演帕克透镜如何熔化中国的钱币时，在现场观看的和珅却用它来点烟斗。严肃的科学演示被中国人当作杂耍和巫术，科技产品则被作为"远藩来朝"的贡品藏在圆明园。

二、叶尔羌贡玉

至乾隆年间，经过多次用兵，清军击败了准噶尔及大小和卓，最终平定南疆。叶尔羌是南疆仅次于喀什的第二大城，地方上物产丰饶。康熙五十二年（1713），俄罗斯沙皇彼得一世听到了诸多关于此地盛产黄金的传说。一份西伯利亚发来的报告中称："准噶尔治下有一座名城叶尔羌，沙金即出自该地。"其实沙俄的情报有误，南疆盛产者不是沙金，而是美玉。

叶尔羌所产美玉，白如羊脂，绿若翠羽，黄若蒸粟，赤拟鸡冠，黑比纯漆，自古就是玉中上品。南疆稳定之后，和阗、叶尔羌所产玉石成为进献给清廷的贡品。清廷在平定南疆后，初时较为克制，注意避免官员横征暴敛，时间一长，各种弊端开始出现，由贡玉引发了系列重案。

据《西域闻见录》云，去叶尔羌二百三十里有山名叫"米尔台山"（密尔岱），遍山皆玉，五色不同，有大至千万斤者，在绝高险峰之上，难以攀登。当地土产牦牛惯于登山，本地人携带工具，乘牛攀援，用锤凿玉石，任其自行滚落，再收取变卖。①清代多采用拉网接玉的方式，在玉石掉落的地方安置多条索网，玉石从山上滚入网中后，再将网放下取石。

密尔岱山的玉石都在深山峡谷中，运输是个大问题，故而常在冬季开采玉石，如此可以在谷底泼水结冰，再用人畜之力，拉出山外。如果是在夏季开采的玉石，则要等到冬季冰雪封地之后再运出。乾隆二十五年（1760）后，叶尔羌每年都在春秋二季进贡玉七八千斤至万斤不等。

---

① ［清］椿园：《西域闻见录》卷二上《新疆纪略》下，清青照堂丛书本。

到了乾隆五十二年（1787）十一月谕令："嗣后叶尔羌、和阗，每年春季停止采玉，秋季仍令采运。"①

山玉之外，叶尔羌、和阗两地河流之中，出产高品质河玉。"河中所产之玉，无定额，尽数入贡，由台站辇送至京。"②到了秋分，当河水漫过腰部时，以羊祭祀，将羊血洒入河中，然后开采。采河玉时，叶尔羌帮办大臣也到河边设毡帐视察。采玉者皆是当地人，入河中以足试探，且探且行，一旦触探到了玉石，则拾出水面，河上鸣金为号，"一鸣金，官即记于册，按册稽其所得，采半月，乃罢"。

清代严禁私人开采玉石，和阗玉龙喀什河及哈朗圭塔克河中的子玉，除了不足二两的以外，全数入贡。为防止玉石外流，在和阗城城外东西河共设卡伦（即哨所）十二处稽查。河玉之外，叶尔羌所产的山玉，也不许变卖。

"叶尔羌例采贡玉，凡坛庙之特磬、编磬及庆典之玉册，皆其材也。"特磬是一种打击乐器，以玉石制成，用木槌击奏。《周礼》中载："特磬十二，依辰次陈之，以应其方之律。"乾隆二十五年，以新疆贡玉制作十二特磬，乾隆帝御制铭词，镌识其上。

玉册，即"奉册宝"，是太庙记录历代皇帝上尊谥的专用玉册。太庙祭祀时，将玉册奉出，放入大殿，同时奏赞颂词。乾隆四十七年，乾隆帝因为太庙中玉册的颜色不整齐，特意命英廉、福隆安，以和阗贡玉，慎选良工，再造列朝宝册一份，替换太庙中的旧玉册。替换下来的玉册，则恭送盛京太庙尊藏。③

叶尔羌所产美玉，被乾隆帝定为贡品，不准民间私自开挖、贩卖。

---

① 黄鸿寿：《清史纪事本末》卷二十八，民国三年石印本。

② [清]姚莹：《康輶纪行》卷九，清同治刻本。

③ 《清文献通考》卷一百十一《宗庙考》，清文渊阁四库全书本。

乾隆帝霸道地指示："和阗所出玉石皆为官物，要尽得尽纳。"对于民间捡拾到玉石而主动献出者给予报酬。

乾隆三十年（1765），和阗总兵和诚因为藏匿贡玉被治罪。"和诚在和阗，隐匿应贡之玉，又重利盘剥回人，亦经治罪正法。"①和诚利用监管开采贡玉的权力，偷偷藏了十几块上好的玉石，总重有二百余斤，预备退休回到内地后变卖。此后，和诚又利用巡城的机会，向当地民众勒索金银玉器，被人告发后，被乾隆帝下令处死。

密尔岱山，其山绵亘，不知其终，其上产玉，凿之不竭，故得名"玉山"。金庸小说《书剑恩仇录》第十六回中，即有对玉山的描写："行不多时，陡然间眼前一片空旷，此时朝阳初升，只见景色奇丽，莫可名状。一座白玉山峰参天而起。"

为防民间私采玉石，乾隆帝下令将密尔岱山封闭，又在山口设关卡一处。乾隆四十一年，高朴被派去叶尔羌任职。高朴来历颇不简单，他的父亲是牵涉两淮盐引案被杀的高恒。高恒被处死三年之后，乾隆帝却破格提拔高朴为左副都御史，众臣不服。乾隆帝特意解释道："高朴年少奋勉，是以加恩擢用，非他人比。"由于朝中群臣强烈反对，要求将高朴夺职，乾隆帝无奈，将他降职为兵部右侍郎，后将他派往叶尔羌坐镇一方，希望他能干出一番事业，不辜负皇帝的期望。高朴到任后，奏请每两年一次开采玉石，又暗中命三千余民工，在山中私下开采玉石，然后以招股的形式与商人合伙，将玉石运至内地贩卖，"价值数十万两"。

高朴到任后，与叶尔羌阿奇木伯克、鄂对等人交好。阿奇木伯克是

---

① ［清］傅恒：《平定准噶尔方略》续编卷三十二，清文渊阁四库全书本。

清廷封的官，品级因地而异，最高三品，最低六品，以回人贵族担任，统治南疆各城。阿奇木伯克多从最早归顺清廷的哈密、吐鲁番等地挑选。清廷派到各地的文武官员由朝廷供给俸禄，派至各地的阿奇木伯克薪水则由地方供给。这些人到了各地后，将地方上的民众视为奴仆，肆意掠夺。

高朴贩卖玉石，一路上经过诸多关卡。各地关卡，或是被收买，或是慑于高朴权势，均畅行无阻。案发后据高朴家人供称："自叶尔羌携带玉石起身。经过嘉峪关一带，有人盘问，回说是高大人家人，同师爷进京，带的是随身行李，就一路放过，也不查看了。到了肃州，换了骡驮子，装作买卖人，由边墙一带行走。到山西汾州，复从山西走河南，过浦口到苏州。经过关口，都熟识的，出些使费给巡查的，人就放过来了。"

见高朴私下入山采玉发财，鄂对等人也眼热，派了二百余人入山采玉。采玉时，山高路险，天寒地冻，死者颇多，民间怨言颇大。乾隆四十三年（1778）三月，鄂对去世，高朴特意奏请以鄂对之子鄂斯满接替父职，好继续私采玉石。不想乾隆帝考虑之后认为："如此父子相继办事，竟似伊家世职，久之与唐时藩镇何异？"遂将鄂斯满调往喀什噶尔，将喀什噶尔的阿奇木伯克色提巴尔第调任至叶尔羌。[①]

自己收买的鄂斯满被调走，高朴就着手收买色提巴尔第，开价黄金五十两，玉石两千斤。不想色提巴尔第不吃高朴这套，将送来的黄金封存好，又向乌什办事大臣永贵控告高朴私贩玉石。乾隆三十年，乌什发生民变之后，原先驻在喀什噶尔的总理回疆事务参赞大臣暂移驻乌什，负责天山南路各城事务，所以色提巴尔第向乌什办事大臣永贵揭发

---

① ［清］祁韵士：《清藩部要略》卷十六，清道光筠渌山房刻本。

此事。

案发之后，在内地各省查出涉案玉石十四万余斤，在叶尔羌查出涉案玉石三十三万余斤，查出高朴盗卖玉石所得银将近十四万两。对于高朴盗卖玉石，乾隆帝惊呼此案是前所未有，对高朴破口大骂："此等孽种，不惟国法所不容，亦其家所断不可留。"

高朴家族与乾隆帝的关系非同一般。高朴的祖父高斌是乾隆帝最信任的重臣，父亲高恒在两淮盐运使的任上因为贪腐被处死，姑姑是乾隆帝最宠爱的慧贤皇贵妃，伯父高晋是现任两江总督。此番高朴偷盗玉石案发，乾隆帝毫不留情，指示将高朴于叶尔羌就地正法，"正法后，其尸骸即掷喂狼犬，尸骸断不准携回内地"。高朴的下属三泰参与盗卖玉石案，正在押解进京途中。乾隆帝派人前去在途中等候，在何处遇到三泰，即于该处将其正法，尸骸抛弃野外，不准收殓。其他涉案人员也都被处死。

乾隆四十三年（1778）十一月又颁发谕旨，此后再有私赴新疆偷贩玉石者，一经查获，"即照窃盗例，计赃论罪，满贯者拟绞监候"①。高朴案发生之后，清廷下令关闭密尔岱山，禁止民间入山采玉，"总之密尔岱山，竟宜永远封禁。或回人赴山偷采，惟当令守卡兵丁严行稽查。一经盘获，即将人赃一并解送该管大臣处严行究治"②。至于官方在密尔岱山的采玉活动，却未曾停止。

乾隆五十五年，有一批叶尔羌贡玉到京。内务府查验之后，发现两块玉竟然被人换成了石头。经过侦查，发现是在叶尔羌粮饷局当差的绿营兵张殿魁在贡玉装箱时，乘人不备，以两块大小重量相差无几的石头

①　《清文献通考》卷二百二《刑考》，清文渊阁四库全书本。

②　[清]王先谦：《东华续录》（乾隆朝）乾隆八十八，清光绪十年长沙王氏刻本。

调换出玉。在场的官员未发现调包，将箱子封印之后送到京师。案情明了后，张殿魁被判处绞刑，疏忽查验的官员也均被严惩。

也正是乾隆五十五年（1790），叶尔羌挖出三块大玉石，"大者万斤，次者八千斤，又次者重达三千斤"。叶尔羌办事大臣为了拍皇帝马屁，于次年将这三块大玉石运往北京。从叶尔羌到京师，路途遥远，且要经历诸多险要地势，动用诸多民工，逢山开路，遇水架桥，花了八年时间，才将三块玉石运到和硕之乌什他拉，"辇此大玉时，用马数百。回人不善御，前却不一，鞭棰交下，积沙盈尺，轴动则胶固，回人持大瓶灌油以脂之，日才行数里"。

乌什办事大臣都尔嘉将运送大玉石的诸多麻烦上奏，都被和珅压下。嘉庆四年（1799），和珅被处死后，嘉庆帝下令将玉石就地抛弃，不准再运，"回民闻弃此玉，无不欢欣鼓舞也。"此年嘉庆又下令，此后玉石准许卖给民间，不许官方经手致滋纷扰，盘查关卡一概取消。在嘉庆帝看来，"疆宇宁靖是朕至愿，玉之多少，何足轻重"。

自乾隆四十三年，清廷严禁民间私贩玉石，"自是以后，玉器遂为无价宝矣"。姚元之在《竹叶亭杂记》中记录，玉禁之后，玉价暴涨，曾有人出售玉烟壶二枚，开价银一千八百两。冷姓商人出售四个玉碗，口径五寸，开价五千两。[1]到了嘉庆四年，玉禁放开之后，大批商贩涌入叶尔羌贩玉，于是玉石价格大跌。姚元之不由挖苦道："余犹见前索价五千之四碗，只需八十两矣。"[2]

至于留在新疆的三块大玉石，"初覆以屋，年久屋圮，玉之面南者为风日所燥，剥落起皮"。嘉庆十一年，新疆地方官员眼看这三块大玉

---

[1]　[清]姚元之：《竹叶亭杂记》卷三，清光绪十九年姚虞卿刻本。
[2]　同上。

搁在那里多年，风吹日晒，真是暴殄天物，就建议招商认购。嘉庆帝看了奏折后，大骂地方官员贪图小利，可转念一想，玉是好东西，扔在那里实在可惜，就下令挑两块小玉运进京师。不料两块小点的玉，加起来也要一万一千斤，大臣松筠就上奏说这两块玉运起来太麻烦了。嘉庆帝一想也是，讪讪地说"朕天性不喜玉"，让不要运来京师了。

自平定新疆以后，和阗、叶尔羌每年采进贡玉四千余斤。到了嘉庆十七年（1816），因内务府造办处所贮玉石丰足，又减为每年采进两千斤。道光元年（1821）下令："今查所贮尚多，足以敷用，着交和阗、叶尔羌办事大臣将此项每岁应进贡玉，暂行停采。"①

后来林则徐被贬新疆，路过和硕时，尚看到被遗弃于当地的这三块玉石。清徐松《西域水道记》载："土人导余至驿舍东北观之，半没尘壤，出地者高二尺许。"谢彬考察新疆时，看到犹存的大小块玉石已被人零截取走。民国时公路修好后，将此大块玉石用卡车运至乌鲁木齐，此后又被分解开来，散于四方。

三、东北人参

产于奉天、吉林、高丽等地的人参称"辽参"，又称吉林参、高丽参，以野生者为贵。中国古时最重上党参。至清代，由于清室崛起于辽东，遂使辽东人参地位倍增，为参中王者。辽参产于深山人迹罕至处，采参时，必纠合数十至数百人，携带粮草弓弩器具进山。山中到处是参天大树，不见天日，沿途要砍松枝烧火做标记。往往要在山中行上十余

---

① ［清］刘锦藻：《清续文献通考》卷六十二《土贡考》一，民国景十通本。

日，深入千余里，方有参源。

女真人一直将人参当作珍宝，严禁汉人、朝鲜人进入产参地区采参。明宪宗成化元年（1465），东宁卫军民前往辽东采挖人参时，被建州女真所伤。至皇太极登基后，更是严禁采参。天聪三年（1629），清军在新城地方遇到东江左都督毛文龙派出的采参军民，"杀百余人，生擒千总三员以归"①。

清室入主中原后，人参既是宫廷日常使用的补品，也是赏赐给大臣的重要物品。宫廷日用的人参存于内务府广储司茶库中。每逢皇帝出巡时，也携带一定数量的人参随时备用。使用人参有严格的等级规定，四等及四等以上的人参是专供帝后食用或是配制御药之用。乾隆时期，五等以下人参主要用于赏赐官员、变价出卖及一般入药。

在清代后宫中，妃子们常将人参含在口中，慢慢融化，据说可以美容驻颜。此外，人参还被用来入药、泡酒、熬汤，制成药丸甚至药膳等，通过各种形式发挥滋补功能。对于皇帝的宠臣，赏人参既能展示恩宠，又能让臣子滋养身体，更好地为皇权效力。

康熙十九年（1680），大臣魏象枢生病，康熙帝赐给人参及参膏，又命内侍前去询问饮食如何。雍正十年（1732）冬，雍正帝一次赐给蒋廷锡人参十二斤。乾隆十三年（1748），乾隆帝赐给在金川前线指挥战事的傅恒人参三斤。在清代诸帝中，道光帝堪称最抠门。道光十八年（1838），道光帝想念起致仕十几年的老臣黄钺，一算明年就是他九十岁生日，特赐给人参八两，命其子到北京领取。道光帝又降手谕云："知卿原不假参苓之力，聊伸眷念耳。"道光这抠门皇帝舍不得多给人参，还要找点理由。

---

① 《八旗满洲氏族通谱》卷十九，清文渊阁四库全书本。

入关之前，采参的特权被八旗贵族控制，"原定八旗分山采参制，彼此不得越境"。对于立下大功的文臣武将，清廷准其入山采参。崇德八年（1643），清太宗下令，立下功劳的将领"准令其部下自行采参"。到了顺治五年（1648），下令停止大臣采参；顺治七年，停止宗室采捕东珠、貂鼠等物。①

此后，东北各地所产辽参，除每岁进贡给皇室使用外，只有宗室内亲王、郡王、世子、贝勒、贝子等可以遣人去按照定数采挖。康熙二十年（1681）四月，有王公派人偷采参，康熙帝责令严加查处，将涉案的镇国、辅国二公罚俸二年，将涉案的家奴处死。康熙三十六年，明确了宗室每年可派往关外采参人数及人参数量。爵位最高的亲王，每年可派一百四十人，采人参七十斤；爵位最低的奉恩将军，每年可派十五人，采人参七斤半。②

康熙朝以后，随着人参资源的萎缩，对于八旗贵族采参的控制日益严格。"八旗分地，徒有空名。"③宗室派遣的采参人员，除非深入千里，否则根本采不到参。康熙三十八年，康熙帝下令，八旗贵族"一律停采"，此后只有皇室专享采参之权，人参也成为皇室私利。

为了防范有人私入产参地区偷采人参，顺治朝时，清廷开始搭建柳条篱笆墙，至康熙朝方才完工。柳条墙南起辽宁凤城南，经新宾东北至开原北，又向西南折向山海关，称老边；从开原东北至吉林北，称新边。④柳条篱笆墙长达千余公里，设置边门二十，由官兵守卫。千里篱

---

① ［清］杨宾：《柳边纪略》卷三，清光绪鹤斋丛书本。

② ［清］郑光祖：《一斑录·杂述五》，清道光舟车所至丛书本。

③ ［清］杨宾：《柳边纪略》卷三，清光绪鹤斋丛书本。

④ 唐廷猷：《中国药业史》，中国医药科技出版社2001年版，第233页。

笆墙，只为防偷参。后来，这道柳条篱笆墙，也给东北带来了个"柳条
边外"的别称。于是，"千里风烟重大漠，柳条边外暮萧萧"①之类边
塞诗屡屡出现。柳条边之外，清廷还在参山隘口、河道渡口设置卡伦，
或于歇山之年入山搜查。

清代皇室使用的人参，主要通过打牲乌拉进贡、招商采参、八旗士
兵采参等途径获得。

打牲乌拉衙门配备有参丁约三百人，"国初定额，年交官参三千
两，每一牲丁，令缴纳一斤八两"。若多交一两，赏毛青布一匹；少交
一两，鞭责十下。乾隆十四年（1749），因为参源枯竭，当年打牲乌拉
只交了八百三十五两。乾隆十五年，经过奏准，打牲乌拉采参丁三百名
停止采挖人参，改编为十二珠轩，负责采集东珠。对于打牲乌拉衙门来
说，采参只是其诸多事务中的一小部分，并不是特别重要。对清室来
讲，打牲乌拉衙门进贡的人参也只是一小部分，通过招商采参等途径，
皇室可以获得大量高品质的人参。

康熙五十三年（1714），清廷决定招商包办采参事务。商人购得参
票后，或转让出卖，或招揽人进山采参。招商采参的实际效果并不好，
在康熙六十一年时被叫停。雍正年间一度鼓励满八旗兵丁和包衣牛录领
票入山采参，但在采参时管理混乱，各行其是，不久即告停止。雍正八
年（1730），皇商范玉、范清注父子自告奋勇，愿承包参务，此后连续
承包十三年，每年雇用三万余名刨夫入山采参，获利无数。到了乾隆年
间，乾隆帝眼红采参的巨大利润，以皇商"唯图自身获利，不能诚心放
票"为由，停止皇商办理参务。

---

① ［清］铁保：《梅庵诗钞》卷六《五言排律五言七言绝句》，清道光二
年石经堂刻梅庵全集本。

　　清廷在盛京、吉林、宁古塔等处，均设官参局，负责发放参票，办理人参事务。"领票曰揽头，挖参曰刨夫"，每张参票，揽头可以携带一定数量的刨夫入山采参。所采集到的最好山参，上交给内务府，如遇到"大枝山参"，专供皇帝使用，不拘时段，可随时进贡。

　　通过控制人参开采及贸易，清室获得了巨大利润。如乾隆二十五年（1760），实放出参票六千余张，每张收官参六两，共收参三万六千余两，当日北京参价，一两参售银四十两，则收入在一百四十四万两白银左右。所得人参均交内务府，"其每票所收参六两，仍解交内务府，以作抵补之项"。

　　人参生长周期较长，面对采参者的疯狂采挖，人参资源逐渐枯竭，前去领取参票者也渐渐减少。乾隆五十四年，官方放出参票五千张，实际上只有两千三百张被人认领。为了鼓励人们去采参，清廷增加了凭票入山的人数。乾隆九年以前，每张票可一人入山，之后改为每票三人或四人。超过参票规定的人数，额外多带的人手，称为"黑人"。每个购买参票的，都希望多带人手入山，可多挖，于是大量"黑人"涌入山中采参。

　　乾隆二十五年，清廷规定，每张参票定为五人，可携带五驮，每人发腰牌一枚，准带六斗口米。但购买参票的揽头，实际上携带的"黑人"人数，从十余人至百余人不等。此年发出宁古塔参票三百二十二张，吉林水陆参票一百五十五张，实际人数达到了七千余人。乾隆二十五年五月，三姓地区①发生了"黑人"暴动。三姓副都统命令补办参票，聚集起来的"黑人"一起闹事，将官参局人员打伤，又手持棍

①　三姓地区即依兰地区，清初居住三姓赫哲人，故而依兰又名"三姓"。康熙三年（1664），在此地设三姓城，雍正十年（1732），设三姓副都统衙门，管理黑龙江、松花江、乌苏里江、库页岛及鄂霍次克海海峡，是吉林三边（三姓、宁古塔、珲春）之一，三姓、宁古塔属吉林将军管辖。

棒、斧头，包围三姓副都统衙门。三姓副都统手中只有三百兵丁，没法应付，只好妥协，发放腰牌。

清律规定，偷参队伍规模在百人以上，偷采参在五百两以上，为首者拟绞监候，为从者照例处罚。所带之人不满百名，所收之参不满五百两者，为首者杖一百、流三千里，为从减一等。①至于流放之地，还特意规定，纠集人数在四十名以上，人参五十两以上，"人犯发云贵两广烟瘴地方"②。

如果并无财主出资支持，系临时乌合之众，或各出资本，或受雇偷采，或只身潜往挖参者，俱按其得参数目处罚。得参"一两以下，杖六十，徒一年；一两以上至五两，杖七十，徒一年半；一十两，杖八十，徒二年；一十五两，杖九十，徒二年半；二十两，杖一百，徒三年；二十两以上至三十两，杖一百，流二千里。每十两递加一等，罪止杖一百流三千里。为从及未得参者，各减一等。代为运送米石者，杖一百。私贩照私刨人犯减一等治罪"③。

依照清律，很多偷采者被定为死刑，但刑部在秋审时，往往会从宽处置，将其释放，康熙帝对此大为不满，认为是在纵容偷参者。康熙五十三年（1714）二月二十四日，康熙帝下谕，将刑部秋审时宽免的偷采人参犯人处以割断脚筋之刑，"若将此等人犯割断懒筋，不能复可为盗，私刨人参，则恶犯亦知警矣"④。此后刑部遵照指示，将为首私刨

① ［清］朱轼：《大清律集解附例》卷一《名例》，清雍正内府刻本。

② 《清文献通考》卷二百五《刑考》，清文渊阁四库全书本。

③ ［清］薛允升：《读例存疑》卷二十九，清光绪刊本。

④ ［清］陈梦雷等撰：《古今图书集成》卷七十七至八十九，上海图书集成印书局光绪十年。

人参者，割断两脚脚筋，为从者割断一脚脚筋，使其终身残疾。[①]

清廷的酷法，依然不能阻止采参的浪潮，直隶、河南、山东、山西……大江南北的穷困劳力纷纷涌入东北采参。每年三四月间，大量人口入山偷采人参，至九月十月返回时，死于饥寒者不知几何。虽然如此，很多人前赴后继，无惧死亡。采参者都是穷人，被贬称为"穷棒子"。因为人参又称"棒槌"，前去东北挖人参，称为"放山"或"挖棒槌"，而挖参者都是穷人，由此产生"穷棒子"这一称谓。

清代出现了所谓"飞参"团伙，由非法参商雇佣，专门从事私参运输业务。这些人员被官方称为"飞参恶棍"，皆是身强力壮之徒，夜行昼伏，运送私参。运输途中，如果遇到巡逻官兵，先以银两买路，如果收买不成，则扬言以命相搏，"巡兵壮丁畏彼凶恶，多有得银卖放"。

为了发挥巡查人员的积极性，清廷规定，山海等关巡查士兵，如搜出人参等物，可获得人参总重的二成作为奖励，其余八成收入官府。如有搜查不力导致私带过关者，将负责官员照失察例议处，巡查人等照"不应重"律治罪。

"不应重"律指虽无明令禁止，但依照道德要求及对皇权的忠诚必须作为的事。触犯"不应重"律，杖八十。明知故纵者，则负责人枷号一个月，杖一百。受贿私放买卖人参者，计赃以枉法罪从重发落。

户部曾奏定章程，山海关值班官兵拿获私带人参在十两以上者，应将该犯解送到刑部审办。操作之中，查出大量携带十两以上人参者，人员运送京师，往来费时费力，滋生无数弊端。同治十一年（1872）

---

① 马建石、杨育棠主编：《大清律例通考校注》，中国政法大学出版社1992年版，第739页。

改定，贩卖人参在百两以上者，方送交给京师刑部申办，其余均就近查办。①

对一般平民而言，出关时利用各种机会，携带少许人参返回家乡，或可以孝敬双亲，或可以赚点小钱，故而此类携带少许人参的案件极多，很多平民被捕入狱。

光绪二年（1876）十二月十八日，山海关查获济南府章丘县人王集先，从其衣服包裹内搜出人参一包，重五两，交给临榆县知县赵允祜审讯。据王集先供认，本人靠铁匠的手艺谋生，此年三月前往沈阳东山地方打铁。熟识的朋友徐弓匠托他打了一把小刀，赠给他一纸包人参。王集先老母已八十四岁，就准备将人参带回去配药，给老母治病。在进入山海关时，被查出携带人参，王集先自称："今蒙审讯，实不知人参犯禁，也没私贩的事。"②随后王集先被移交到盛京将军衙门审判。

此类私下携带少量人参为亲人治病者，与贩卖牟利者有较大区别，但清廷在审判时仍然予以较重处罚。道光十三年（1833）曾有判例，孙万资携带三两二钱人参，准备给双亲服食，在山海关被查出。判决结果是"应依偷刨人参一两至五两，杖七十，徒一年半，私贩减一等治罪。例于私贩应得杖六十，徒一年罪上量减一等，拟杖一百"③。

清代皇帝在统治时，口口声声"以孝治天下"，可当民众为了尽孝携带少许人参时，却又遭到恶法的惩戒。为了私利，皇帝垄断人参的开采与贸易，又以各种恶法打击民间私带、私用人参。孝也罢，法律也罢，仁义道德也罢，只不过是维护皇帝私利的遮羞布罢了。

---

①　[清]王先谦：《东华续录》（光绪朝）光绪十四，清宣统元年上海集成图书公司本。

②　同上。

③　[清]许梿：《刑部比照加减成案续编》卷七，清道光刻本。

清廷不但限制国内民众挖参，还多次颁布禁令，严禁朝鲜人入境采参。"无价辽参贵高丽"，高品质的辽参同样受到高丽人追捧。由于地理上的便利及采参所带来的暴利，颇多朝鲜人私下进入中国采参，由此也引发了诸多跨国纠纷。康熙二十四年（1685），清廷派遣勒楚带领官兵前往长白山调查、绘制长白山和鸭绿江地图。此年八月，中方绘制地图的官兵行至三道沟地方时，碰到越境偷采参的朝鲜人韩得完等二十八人。双方爆发冲突，朝鲜人用鸟枪将勒楚等人击伤。

为处理此事，康熙二十五年二月，康熙帝派护军统领佟宝前往朝鲜，会同朝鲜国王李焞共同审理此案。最后拟定，韩得完等二十八人俱拟立斩，约束不严之咸镜道节度使等人分别予以降职、革职处分。朝鲜国王李焞罚银二万两。中方为了显示宽大，又改将韩得完等为首六人处以斩立决，余二十二人从宽免死，减等发落。①同时，朝鲜严禁平安、咸镜两道民众持有鸟枪，并停止内外人参贸易。

随着连年过度开采，野生山参越来越少，但清廷严禁民间栽培秧参。"以苗移植者，为秧参。"②在清廷看来，人参是上天赐予之物，是地灵所产。民间栽培的秧参效力差，混乱天地灵秀。清廷规定，不许民人栽培秧参，凡被拿获者与偷参人同罪。但在关外，私下栽培秧参的事件却屡禁不止。

嘉庆朝之前，关外人参资源比较丰富，人工种植虽不多见，但已开始出现。嘉庆朝开始，山参资源日渐枯萎，开始大规模人工种植秧参。人工栽培的秧参成长周期短，形状、大小、颜色与野生人参没有大的区别，没有经验者很难区分。由于二者真假难辨，一些商人将秧参作为野

---

① 《清文献通考》卷二百九十四《四裔考》，清文渊阁四库全书本。
② ［清］吴其濬：《植物名实图考》卷七，清道光山西太原府署刻本。

生人参交给官参局。官参局官员得了贿赂，对此视若无睹。

嘉庆十五年（1810），此事暴露。经过内务府聘请的专家鉴定，盛京进贡的辽参中有六成是秧参，吉林则有九成是秧参，"盛京四等以上参六斤，内亦有秧参二斤。吉林四等以上参三斤二两，大枝参十两，竟全系秧参"①。

嘉庆帝大怒，下令将吉林将军秀林及承办人员送交刑部处理。嘉庆帝亲自召见秀林，加以责问。秀林自我辩解："选参时只挑选根枝壮大，颜色红润者，不知这是秧参。"嘉庆帝当场发怒，指责秀林办理参务十六年，竟然不能分辨山参与秧参，下令将秀林革职，派人至吉林详细调查此案。最后查明，吉林将军秀林以假乱真，侵吞参务银三万余两，令自尽。对于专贡皇帝的大枝山参，嘉庆帝特意指示，有自然最好，如果没有，据实禀报也没有关系，只是不可作伪。

内务府之中，库存人参较多，又不能长久保存，日久天长，必然腐烂。自康熙年间开始，库存过多的人参由内务府出面变卖。在南方，交给两淮盐运使、江南三织造及粤海关变价销售。在京师，则由崇文门税关售卖。正是手头有大量人参，江宁织造曹寅患疟疾后大量服用人参，以至于康熙帝告诫他："此病与服人参有关，不可再服。"

除了商人出售外，清廷还准许京师内的王公大臣购买一定数量的人参。乾隆十一年（1746），内务府决定："将应卖参斤，王等准买十斤，大臣等准买三斤，六品以上官员准买一斤，俱向银库交银领参。"京师中，官参往往有价无市，得了官参的官员无不欣喜若狂。嘉庆时期，还特意将内务府中库存的人参低价出售给大臣，相当于变相的官员

---

①　[清]刘锦藻：《清朝续文献通考》卷四十六《征榷考》十八，民国十通本。

福利，借此笼络官员。道光二十八年（1848），曾国藩尚在翰林院当穷翰林，此年其祖父生病，曾国藩级别不够，买不到内务府中的官参，花了高价从市面上购买辽参寄回。大叹所购人参"并非佳品"[①]。待曾国藩位列封疆，领兵于东南征战之际，不时服用人参，以补充精力。

到了咸丰年间，经过二百多年大规模的开采，人参资源已经基本枯竭。清廷对于人工栽培人参又持强烈的排斥乃至严禁态度。为了保护野山参，清廷一度颁布歇山养参的政策，可民间不管这些。朝廷一歇山，民间"黑人"就大量涌入偷采。咸丰年间，东北采参业基本停止，此后每年也就发放几十张或者几百张参票以供皇室之需，人参也不再是清皇室重要的经济来源。

虽然人参资源日渐枯竭，不过皇室还是能弄到上品的人参。光绪六年（1880）八月，吉林将军进献老参二枝，"连根须长尺许，其色金黄，其纹多横，其质坚硬。尝其须，味微苦，渐回甘，嚼之津液满口，须臾融化，真上品也"。卧病在床的慈禧服用了此二枝人参。据为慈禧诊治的名医薛宝田在《北行日记》中记载，"昨用人参一钱，精神顿健。皇太后甚喜，云：'吉林人参颇有效，仍照用。'"[②]在此后的岁月里，慈禧对人参越发钟爱。慈禧晚年，每日都要嚼化人参一钱，所用人参每日包好，交给太监总管伺候服用。身体虚弱的光绪帝更相信西医，经常使用西洋参与药物配制茶饮进补。

---

① ［清］曾国藩：《曾文正公书札》卷十五，清光绪二年传忠书局刻增修本。

② ［清］薛宝田：《北行日记》，河南人民出版社1985年版，第76页。

四、打牲乌拉的东珠

东珠（满语塔娜）又称北珠，产于嫩江、乌苏里江、松花江流域。东北出产的上品珍珠很早就在史书中有记载。晋郭璞注《山海经传》中载，东北地区"出名马、赤玉、貂皮，大珠如酸枣"[1]。不过，东珠在中原地区的流行却在宋代。

风流倜傥的宋徽宗赵佶爱极了北珠（东珠），于是臣子们疯狂搜罗皇帝喜欢的玩意儿，以邀帝宠。梁子美担任河北都转运使时，曾以三百万缗的高价从辽国手中购得东珠，献给皇帝。宋徽宗大观元年（1107），梁子美因为拍马有功，很快被提拔为尚书右丞（副宰相）。[2]宋徽宗将搜罗来的各种珍宝藏在宣和殿库房中，其中有北珠无数。在给宠妃的侍从发放赏赐时，宋徽宗命取了箱子来，他亲手打开，一捧一捧地将北珠取出来，一共捧了六七捧。此时，北珠（东珠）的价格颇高，"宣和年间，每围一寸者，能卖到二三百万钱"[3]。宋徽宗这一赏赐，不知几万钱。

宋徽宗追捧北珠时，恰逢辽国皇帝耶律延禧刚登基不久。耶律延禧看到宋国频繁来辽国购买北珠，大为恼怒，下令断绝交易。有大臣进谏道："宋国倾举国之力，购买无用之物，对我有利，对宋国则不利。"耶律延禧听了大喜，遂放开北珠贸易。又因为北珠贸易能带来暴利，耶律延禧逼迫女真人采捕北珠。女真各部不得不在冬季凿冰入水，采蚌取珠，导致很多人死于江中。

女真人以性命换来的北珠却被辽国人低价收走，又遭遇各种压迫，

---

① ［晋］郭璞：《山海经传·海内西经第十一》，四部丛刊景明成化本。

② ［宋］陈均：《宋九朝编年备要》卷二十七《凡七年》，宋绍定刻本。

③ ［宋］蔡绦：《铁围山丛谈》卷六，清知不足斋丛书本。

这最终诱发了完颜阿骨打起兵反叛。阿骨打起兵时，恰逢耶律延禧赴显州（今辽宁北镇一带）打猎。得到警讯后，耶律延禧也不放在心上，仅派出五千人前去镇压。女真人出奇兵，潜渡混同江，一举击败辽兵，此后迅速崛起，成为辽国大患。

北宋重和元年（1118）十二月，金国派遣李善庆作为使者前往宋国。重和二年正月，李善庆抵达宋国京师，献上国书及北珠等物作为国礼。①此次会晤后不久，宋金两国达成"海上之盟"，共同对付辽国。至辽国被灭掉之后，虎狼般的金兵却乘机推进，兵临北宋京师城下。

靖康元年（1126）正月，面对汴京城下的重重金军，刚登基的宋钦宗不得不致信大金皇子，哀求议和。信中卑躬屈膝，极尽谄媚，甚至将金国大军入侵称为"获悖旧契，永怀恩义，寤寐不忘"。宋国更献上厚礼，礼物中就有产自金国的名贵北珠。在签订临时和约后，宋国又送上重礼，其中有"珍珠束带一条，上有北珠二十五颗"②。

只是，大宋皇帝搜刮尽了京师内的珠宝，也未能逃脱悲惨的命运。翌年金兵再次出击，攻破京师，俘获宋国皇帝、太上皇及皇室三千多人。靖康之乱后，北宋王公贵族仓皇南渡，在扬子江中遗弃颇多宝物。"镇江渔户于西津沙际，曾有得一囊北珠者。"③

到了明代，因为北珠出自辽东，改称东珠。此时尚在关外的女真人生产力低下，从铁锅到布匹，各种生活用品都需与内地交换。辽东所出产的东珠、人参、貂皮等物则被用来作为交易物。在女真贵族中，东珠也备受追捧。努尔哈赤的大妃乌拉那拉氏与人通奸被发现，努尔哈赤大骂："这个福晋奸邪狡猾，诈骗窃盗。凡是人有的邪心俱备，我以东珠

---

① [宋]徐梦莘：《三朝北盟会编》卷三，清许涵度校刻本。

② [金]佚名：《大金吊伐录》上，四部丛刊三编景钱曾述古堂钞本。

③ [宋]周辉：《清波杂志》卷第七，四部丛刊续编景宋本。

装饰你头与身，不能再多了。"

万历四十一年（1613），努尔哈赤攻占了盛产东珠的乌拉部。乌拉部被灭之后，土地被努尔哈赤分割给各旗旗主。获得乌拉地方后，努尔哈赤与各旗旗主每年都派人前去采取东珠。到了皇太极时期，各旗旗主在乌拉的土地全部被收回，设置行政机构进行统一管理。天聪三年（1629），皇太极在乌拉设立了管理机构"嘎善"（村屯），却无力管理。

至顺治十四年（1657），方在乌拉设立了打牲乌拉总管衙门，管界周围五百余里。打牲乌拉衙门专为皇亲国戚从事各种贡品的采捕、保管、运输等工作。在诸多贡物之中，东珠最珍贵，最受重视。打牲乌拉衙门建立后，其职责最初就是负责采捕东珠等贡物。

负责采集的机构称为"珠轩"。每三十名壮丁编为一个珠轩，各置正副长官一人，共设五十九珠轩，每个珠轩要交东珠十六颗，总计九百四十四颗。①顺治十八年曾经议定，打牲壮丁每月给饷银五钱。康熙二十九年（1690）提升了待遇，打牲乌拉头目每人每月给饷银二两，壮丁每人每月饷银增加到了一两。打牲乌拉衙门下辖的打牲壮丁、官庄领催、铁匠、弓匠等在内，全年开销在六万两左右。②

珠轩壮丁多采或少得东珠者，均有奖惩。"各珠轩于定额之外，多得东珠一颗者，将多得东珠之人，赏给毛青布二匹；缺少东珠一颗者，将缺少之人鞭责一十。"多采东珠至三十颗者定为一级，给予主管官员赏赐。此后依照分数，分别予以赏赐。这种赏赐，与负责采捕的壮丁没

---

①　[清]张伯英：《（民国）黑龙江志稿》卷十六《物产志》，民国二十一年本。

②　[清]李桂林：《（光绪）吉林通志》卷三十八《经制志》三，清光绪十七年刻本。

有关系，只属于官员阶层。

东珠圆润莹白，光彩熠熠，又出自辽东，为清室珍视，是皇室日常生活中的装饰品。清代对东珠的使用有着严格规定，如皇帝朝冠金顶用头等东珠十二颗、二等东珠三颗，帽前金佛用头等东珠十五颗、后用头等东珠七颗，朝珠用二等东珠一百零八颗，朝带用头等东珠四颗、二等东珠十二颗等。只有皇帝、皇太后和皇后才能佩戴有东珠的朝珠，其余人即使皇子、亲王也不得使用。东珠分七等，重在一钱以上者为一等，专贡帝后使用，其余依照重量、光泽分等。乾隆四十四年（1779），六世班禅入京，乾隆帝赏给五等东珠一颗。

《大清律例》中规定，公侯文武百官，"凡应用东珠，重不得过三分，如用三分以上即同违式"①。多尔衮西平陕蜀，南下吴越，为清室坐稳江山立下赫赫功劳。他死后却被指责有篡窃之志，所罗列的罪状之中有"以黄袍东珠潜置棺内"。时人曾评论："有不篡窃于生前，而篡窃于棺内者乎？"②嘉庆四年（1799），和珅被赐死，在罗列的和珅的诸多罪状之中，也有私藏东珠一项，"并有大珠一颗，较之御用冠顶苍龙教子大珠更大"。

打牲衙门对东珠的采捕，采取的是原始的掠夺性采捕。在南至长白山，北至黑龙江、瑷珲，东到宁古塔、珲春这一广阔区域内，采珠人地毯式搜寻蚌蛤，进行采捕。

每年四月，在祭祀江神之后，打牲乌拉的采珠人便分布到各个河流采集东珠，至八月返回。采获的东珠由打牲乌拉衙门验收之后，送往盛京，再送至北京。采捕时，采珠人将木杆插入水中，停下船来。凡蚌蛤

---

① 《大清律例》卷十七，清文渊阁四库全书本。
② ［清］孙宝瑄：《忘山庐日记》，清钞本。

聚集，会有"咬杆"声，也就是木杆与蚌壳的摩擦声。探到蚌蛤后，采珠人要赤身入水采取，下水前，采珠人会猛喝上几口关东烧酒，在嘴或鼻子上插芦苇筒儿以便于在水中换气。采珠人潜入水中摸到蚌蛤后，或抱住蚌蛤，或将蚌蛤放入所携带的鱼皮兜中，摇动绳索，由人拖拽到船边，如此反复多次。

采珠人在寒冷的水中采珠，有被水冲走、淹死的危险，常年泡在寒水之中，更容易生病，而采珠人辛苦所得，不过是一饱而已。在此种残酷环境下，采珠人常被称为"水下奴"。在困境之中，采珠人中发展出了诸多与东珠有关的故事，如采珠人在水下时突然遇难，有东珠精化身为美女，将其救出，最后以身相许之类的故事。

蚌蛤采捕上来之后，以热水灼蚌壳，蚌壳即打开。此时如果发现有东珠，采珠人要当着众人的面，手持尖刀，将珠子迅速取出，放到净水碗中。如果所采的珠子光泽度不够，或者形状不符合要求，则要扔回河中，不得私藏。东珠捕捞不易，往往易数河而不能得一珠，采捕一船蚌蛤也可能得不到一颗东珠，至于高品质的东珠更难得。在一些河床上，采捕后遗弃的蚌壳累累密布。

长年的过度采捕导致东珠资源逐渐匮乏。到了乾隆初年，开始实行轮采制度。一条江河被采后，停采三年或五年，采珠人须到另外的江河采捕。乾隆四十六年（1781）至五十一年，下令全面停采五年。嘉庆四年（1799）十二月，嘉庆帝又下旨，自明年起停采三年，以资蚌蛤生长休养。①此后，开采东珠需要提前一年申请，经过皇帝朱批同意，方可在第二年开河采捕。如果皇帝连续否决，则连续几年都不开采。

---

① ［清］李桂林：《（光绪）吉林通志》卷二《圣训志》二，清光绪十七年刻本。

没有采捕任务的时候，地方官员要严格巡河，禁止民间私采。私采者所受的处罚非常严厉。《大清会典》载："宁古塔、乌拉人在禁河内偷采东珠者，照偷采人参例，为首者拟绞监候，为从者枷两月，鞭一百。"①同时禁止私下贩卖、佩戴东珠，"貂、珠、人参禁偷采，旗民有犯皆论如法。私戴、私贩与盗珠同"②。此外，清廷还在山海关设卡，严查夹带东珠者。凡查获夹带东珠者，依照查获东珠的数量，分别予以记功、赏银。若有人夹带东珠入关而未被查出，则山海关主管官员与巡查人员要被降三级、杖八十。

女真发祥于东北，将白山黑水视为清王朝的龙兴之地，此地所产的东珠也被视为珠宝饰物中最珍贵者，严禁民间开采、使用。由于严禁民间私采东珠，一些打牲乌拉的采珠人便利用此事来敲诈勒索。打牲乌拉的采珠人将采捕后的无用蚌壳扔在屯农住所外边，再指责屯农私采东珠，敲诈勒索。久而久之，民间见蚌即生出畏惧之心。干旱之年，黑龙江、嫩江一带江水干涸，河床之中，可见老蚌，却无人敢去采捕，最后"仰死泥淖而已"③。

在经历了漫长而疯狂的采捕之后，东珠资源已近枯竭。清初时，尚可采到大如鹅卵、长可径寸的东珠。到了道光七年（1827），上谕指出"所进之珠，颗粒甚小，多不堪用"，无奈之下，只好暂停采珠。到了光绪二十年（1894）三月，打牲乌拉进贡的东珠，色泽灰暗，只好再次采捕。此年之后，直至清室退位，再未进行采珠活动。到了民国年间，也有东珠在市场上出现，只是数量日益减少，已近消亡。

---

① 《大清会典则例》卷一百二十九《工部》，清文渊阁四库全书本。
② 《大清会典》卷七十三《工部》，清文渊阁四库全书本。
③ ［清］西清：《黑龙江外记》卷八，清光绪广雅书局刻本。

五、貂皮引发的冲突

貂皮是御寒的极佳之物。据称寒冬之时，放一碗凉水在冰上，覆以貂皮，虽是冬夜，碗中水也不会结冻。貂皮是中国古代制作衣帽的名贵材料，自然是产貂地区的重要贡品。东汉建武二十五年（49），乌桓国前来朝贺时，就曾献上貂皮。[①]曹魏景元三年（262），辽东郡肃慎国遣使入贡，贡品中有貂皮四百。[②]唐开元天宝年间，大室韦遣使来朝，进贡貂皮等物。[③]明代宫廷之中，"宫中征用，每年贩来貂皮一万余张"[④]。

有清一代，东北进献的贡品中，以貂皮为最重。早在崇德四年（1639），皇太极派兵征服了黑龙江中上游索伦、达斡尔等部，逼迫其每年进贡貂皮。被征服的索伦、达斡尔、鄂伦春等部，在康熙朝被编为布特哈（意为渔猎）打牲部落，至雍正朝被编为布特哈八旗，专门从事猎取貂皮等工作。

布特哈各部设总管一人，管理日常事务。康熙年间明确，布特哈各部健康的成年男子，每岁要进贡貂皮一张，"无问官兵散户，身足五尺者，岁纳貂皮一张，定制也"[⑤]。布特哈各部，每三年比测一次，立一五尺木桩，凡身高符合者，注册为纳貂之丁。因亡故、年老、残疾、重病等不能捕貂者，于比测时从丁册之中除名。布特哈各部一直依照实际壮丁数量进贡貂皮，但各部人数时常变动，也导致了进贡貂皮数量

---

① ［汉］刘熙：《释名疏证补》卷六，清光绪二十二年刊本。

② ［唐］杜佑：《通典》卷一百八十六《边防》二，清武英殿刻本。

③ ［宋］王溥：《唐会要》卷九十六，清武英殿聚珍版丛书本。

④ ［明］吕毖：《明宫史》卷三，清文渊阁四库全书本。

⑤ ［清］西清：《黑龙江外记》卷五，清光绪广雅书局刻本。

的波动。直到道光十二年（1832），清廷才明确了贡貂人数为三千四百余人。此后，布特哈各部每年进贡的貂皮张数一直维持在三千四百张以上。

清廷将貂皮分为三等，以丰厚纯黑者为上，紫次之，黄又次之。选貂皮时，黑龙江主管官员与布特哈总管一起详加审视，判断好等级后，钤小印于皮背，封贮备进。清廷严格控制民间使用貂皮，即使官方选剩下的"掷还之皮"，钤上小印后，还要砍去一爪，才能流通到民间。如皮背无印，而四爪齐全者，则是私货，"事干例禁，人不敢买"。布特哈壮丁缴纳貂皮时，根据貂皮品级赏给一定银两，由布特哈总管发放。布特哈向无商贩，每岁纳貂完毕，领取银两后，会举行商贸集会。各部不分男女，争相购买生活必需品，"为一岁之计"。布特哈八旗各部之外，其他如宁古塔、唐努乌梁海等地，每年也有大量貂皮进贡。内务府之中，储存的貂皮堆积如山。

在清廷看来，貂皮是笼络人心的有效工具。松山战役后，明军将领洪承畴被生擒，初时宁死不降。皇太极亲自召见时，将所穿貂裘解下，赐给洪承畴。洪承畴感念厚恩，涕泗纵横地称颂皇太极"真命世之主也"，于是请降。得了洪承畴，皇太极大喜云："得洪承畴，如盲人得一向导，进攻中原，安能不克？"

"冬至赐貂，唐例也。"定鼎中原后，清室也效法此例。冬至时南书房、如意馆、升平署等处供职人员各得貂皮数张不等。至于亲贵大臣，逢到重要场合或是节日，也各有貂裘赐下。

云贵总督范承勋是清代开国名臣范文程之子。康熙三十二年（1693）冬，范承勋入京陛见。当时康熙帝前往孝陵，范承勋赶往米峪口会合。君臣二人是旧相识，八九年不见，范承勋已是满头白发。郊外寒冷，康熙帝将貂帽、貂褂、白狐腋袍赐下，令其立刻更换，以免风寒所侵。雍正丁未，冯少寇被提拔为庐州知府，请训之日，雍正帝特赐貂裘、锦绮、端砚、法帖诸珍。乾隆年间，沈德潜陪同乾隆帝南巡。游西湖时，恰好大雪，君臣二人作对。乾隆帝对其"飞入梅花都不见"一句大为欣赏，亲解貂裘赐之。咸丰四年（1854）十二月，咸丰帝赐曾国藩御用黄里貂马褂。黄马褂颁到之翌日，有盗贼用小舟，于夜间靠近曾国藩座船，盗貂褂而去，曾国藩则噤不敢言。

一般臣子，机缘巧合，也能得赏貂裘。咸丰帝时，翰林吴存义入直南书房，咸丰帝偶至此处，见他所穿貂褂破旧不堪，乃询问原因。吴存义叩首道："臣自授（翰林）编修至今，已二十年矣。"[1]翰林院素以清贫著称，吴存义于其间二十年，两袖清风，一贫如洗。咸丰帝闻言叹息不已，次日即赐下黑貂。

光绪中叶以后，清朝官场奢侈之风盛行。权臣荣禄穿着极为考究，每年冬季，所着貂褂，均有编号，每日一换，从无重复。太平时日，荣禄貂褂，一日一换，但大乱时，连皇帝也没好貂裘穿。庚子之乱中，慈禧、光绪帝出逃西安因逃跑仓促，未能携带宫内貂褂。出逃途中，寒风凛冽，光绪帝还是一身秋装。到了西安后，遍觅好貂皮而不得，光绪帝只好弄了件旧貂裘罩在衣服之上。返京之后，一切如往昔，大臣们又纷纷穿起光鲜貂裘。光绪三十四年（1908）冬十二月，庆亲王奕劻在府内摆酒席，亲贵们无一不身着上品貂裘。奕劻一入军机处担任首席军机大臣，立刻就给寒酸的军机章京们每人发一笔钱，让他们置办貂裘。

清廷就貂皮的使用有所限制。康熙元年（1662），清廷下达禁令，"定军民人等，有用貂皮、狐皮、猞猁狲为服饰者禁之"。据此禁令，貂皮是大小官员、王公贵族们的专利，军民人等不得使用。

---

① 　[清]陈康祺：《郎潜纪闻》卷四，清光绪刻本。

就在京内小官陶醉在貂裘的温暖里时，不想出了个喜欢拍马屁的人，怂恿皇帝禁止中低级官员使用貂皮等物。御史任宏嘉，字葵尊，建议康熙重新厘定服制，"非三品以上不得衣貂鼠、猞猁狲"。康熙帝听从了此建议，于是禁止中低级官员使用貂皮和猞猁狲。

冬日京师，寒冷彻骨，众多中低级官员冻得瑟瑟发抖时，无不痛骂任宏嘉多事。王士禛作诗讽刺道："京堂铨翰两衙门，齐脱貂裘猞猁狲。昨夜五更寒透骨，举朝谁不怨葵尊。"

没多久，诸多三品以下文武官员，为了御寒，再穿貂裘，反正法不责众。康熙三十九年（1700），朝廷再次重申禁令，这次不但禁用貂裘，还禁用貂帽，不过禁令很快就被人遗忘。到了康熙五十六年时，已没人记得这个禁令。此年，康熙帝看着朝廷内官员们头上的貂皮帽，隐约间想起："朕记从前，曾禁貂鼠？"①

臣下用貂皮屡禁不止，还有个重要因素，即皇室牟利的欲望。清室通过布特哈八旗、宁古塔、唐努乌梁海等地，每年可获得大量的貂皮。这些貂皮远远超过了皇室冬季使用及赏赐的需要，用不掉的大量貂皮，存在库房中会慢慢霉坏。最终，清室决定将貂皮拿出来，由内务府变卖赚钱。内务府联系商人将貂皮批发出去，再由商人运往各省零卖，双方还可以讨价还价。康熙五十六年，内务府一次就将貂皮一万五千张交给商人贩卖。此后，内务府储存貂皮数量到一两万张时，就将其中部分处理掉，以免日久天长，虫蛀变色。

清初，貂皮价格还不是特别昂贵。康熙初年，关外的猎户买铁锅，惯例是用貂皮交换，"随锅大小，布貂于内，满乃已"②。到了康熙

---

① [清]王先谦：《东华录》康熙九十九，清光绪十年长沙王氏刻本。

② [清]杨宾：《柳边纪略》卷三，清光绪鹤斋丛书本。

二十二年（1683），京师之中，每张紫貂皮价格涨到银一两。雍正五年
（1727），内务府将索伦所出黄貂皮定价为每张二两银，宁古塔黄貂皮
每张一两五钱银。乾隆十八年（1753）时，内务府将发给两淮盐运使出
售的貂皮定价为每张二两三钱银。

通过内务府出售貂皮，清室获得了丰厚利润。为了确保皇室垄断
东北的貂皮，顺治七年（1650），清室下令停止宗室探捕东珠、貂鼠
等物。①康熙十七年（1678）规定，凡私自进入禁地猎捕貂皮者，不分
王、贝勒、贝子、公、台吉，皆罚俸九个月，所猎获貂皮全部充公。若
是王公贵族所属旗人、家人和捕牲人私自进入禁地捕貂，其财主与为首
之人皆拟绞监候，并没收其全部家产和牲畜。②清室将东北貂皮视为自
己的私产，虽是王公，也不得与其争利。

清廷规定，不论是中国民间偷猎貂皮者，还是朝鲜人进入中国
国境偷猎貂皮者，均参照偷盗人参之律，予以严惩。乾隆二十九年
（1764），朝鲜国人朴厚赞等十余人跨越江面，进入中国境内偷猎貂
皮，被中国驻防兵官拿获。朝鲜国人进入中国禁区偷猎貂皮，参照《大
清律》中偷盗人参的律法，应处绞监候，至秋审时再决定是否处绞。此
年九月秋之时，中方与朝鲜国沟通后，朝鲜国王同意将这批朝鲜人即行
正法。但乾隆帝从两国关系考虑，认为应从轻发落。不过，"嗣后遇有
似此罪犯，应将首恶之人，明正典刑，以昭国宪"③。

"乌拉诸山林中，多有之索伦人，以捕貂为恒业。"④索伦所产

---

① ［清］杨宾：《柳边纪略》卷三，清光绪鹤斋丛书本。
② 《大清会典则例》卷一百四十四《理藩院》，清文渊阁四库全书本。
③ ［清］王之春：《国朝柔远记》卷五，清光绪十七年广雅书刻本。
④ ［清］阿桂：《满洲源流考》卷十九《国俗》，清文渊阁四库全书本。

貂皮，毛泽润而香，毛深而皮大，被誉为天下之最。①索伦出产貂皮颇丰，是清皇室貂皮的重要来源。索伦的顶级貂皮，吸引了罗刹（俄罗斯）人的注意。俄罗斯天气寒冷，素来重视貂皮，早在《大清一统志》中，就有关于俄罗斯貂皮的记载，"有黑貂皮，甚贵，产极东北牙特库之地。"顺治十七年（1660），罗刹国遣使来华，中方的记录是"此国最精火器，地大兵多"。

康熙四年（1665），罗刹人头领"阿罗斯率八十余人，入索伦部，取貂皮而淫其妇女"。事发之后，宁古塔将军巴海轻骑往袭，此时，罗刹人正在酣睡，基本被全歼，逃脱者仅四人。罗刹兵吃了一次亏后，"筑城于雅克萨，为边患者二十余年"②。雅克萨城筑成后，索伦人不时遭到骚扰，且无法向京师进贡上等貂皮。索伦人多次向清政府请求援助，"以罗刹故，不得时贡，且数以罗刹之过上诉"③。于公，罗刹人不断侵扰中国境内，杀戮颇多；于私，罗刹人抢劫貂皮，严重侵犯了清室的利益。从公私两个方面来说，康熙帝都必须出兵，铲除雅克萨城。

康熙二十四年（1685），在扫平三藩之后，康熙帝派军讨伐雅克萨。在罗列出的罗刹人罪状中，就有抢劫貂皮一项，"越界而来，扰害索伦诸地，剿劫人口，抢虏村庄，攘夺貂皮，肆恶多端"④。此战之中，大将林兴珠领藤牌兵五百，大败罗刹援兵于江中。林兴珠乘胜登陆，欲焚雅克萨城，罗刹兵弃城逃走。此战之后，两国达成了和议，索伦人也得以顺利进贡貂皮。不过在两国接壤的乌梁海地区，两国持续围绕貂皮进行谈判，直至雍正五年（1727）方才达成协议。

---

① ［清］杨宾：《柳边纪略》卷三，清光绪鹤斋丛书本。
② ［清］何秋涛：《朔方备乘》卷十四考八，清光绪刻本。
③ ［清］刘献廷：《广阳杂记》卷二，清同治四年钞本。
④ ［清］蒋良骐：《东华录》卷十三，清乾隆刻本。

乌梁海（意为森林中人），辽代称"斡朗改"，元明称"兀良哈"。乌梁海人分布在唐努山、阿尔泰山一带，在其名前加上所游牧的山名作为区别，分为唐努乌梁海、阿尔泰乌梁海、阿尔泰淖尔乌梁海三部。乌梁海人只是外界对他们的统称，各地的乌梁海人，人种、语言均不同。唐努乌梁海人的语言是突厥语；阿尔泰乌梁海人部分操突厥语，部分操蒙古语。

17世纪，乌梁海人向喀尔喀蒙古和托辉特部纳贡，以换取保护。准噶尔蒙古崛起之后，乌梁海人改向准噶尔人纳贡，一度处在噶尔丹控制下。康熙朝时，康熙帝三次出兵塞外，击败噶尔丹，荡平漠北。康熙五十四年（1715），唐努乌梁海头目率众归附，此后他在名义上处于清国控制之下。乌梁海人所居住地区盛产各种皮毛，貂皮更是上品，每年都要上贡清室。

唐努乌梁海每年给朝廷和蒙古王公进贡貂皮，负担很重。雍正四年（1726），雍正帝为了给乌梁海人减负，与蒙古亲王会商后，将每人每年交纳给蒙古亲王的五张貂皮，减去两张，只交三张。另由中央政府拨给蒙古亲王乳牛、牧羊，以"每年孳生"，补偿所减两张貂皮的损失。

不过，蒙古王公照例索取五张，乾隆七年（1742），此事被定边副将军策凌揭发。经过奏请，将涉及的王公"交理藩院察议，仍严饬伊等嗣后照例遵行，如再私取逾额，定行从重治罪"[①]。乾隆二十七年，清政府铸"唐努乌梁海四旗总管之印"，设置四旗总管。

唐努乌梁海、阿尔泰乌梁海、阿尔泰淖尔乌梁海三部，有中国管辖的，有俄罗斯管辖的，有处于中国与俄罗斯两国之间不受任何一方管辖

---

① ［清］傅恒：《平定准噶尔方略》前编卷四十七，清文渊阁四库全书本。

的。属于中国管辖的乌梁海人，"岁以五貂贡于我朝"；属于俄罗斯管辖的乌梁海人，"岁以五貂贡于俄罗斯"；不属于两国管辖但又与两国边界接壤的乌梁海人，两国各取一貂。

雍正五年（1727）签订的《中俄恰克图界约》第三条规定："两边各取五貂之乌梁海，各本主仍旧存留。彼此越取一貂之乌梁海，自定疆界之日起，以后永禁各取一貂，照此议定。"据此条约，中俄不得对不属两国管辖的乌梁海人征收一貂。"然俄罗斯仍私征一貂如故。我朝亦姑置勿问也。"[1]

唐努乌梁海人每年将貂皮运到乌里雅苏台，再转运北京。至于蒙古王公每年收取的貂皮则自行派人前去唐努乌梁海征收。唐努乌梁海人对于进贡貂皮，素来用心。庚子年间，八国联军入京，两宫出逃西安，唐努乌梁海人照样进贡貂皮，由乌里雅苏台将军一路护送到太原，只是未曾送到西安。

清廷将唐努乌梁海地区出产的貂皮等物视为自己的私产，严禁内地商人前去该地。二百余年间，"我国商民仍守旧规，不敢违禁潜往贸易"[2]。只有每年唐努乌梁海人前来乌里雅苏台进贡貂皮时，内地商人有三天时间可以进行贸易。[3]

中国商人不能去唐努乌梁海，俄罗斯商人却大量前去贸易。到了清末，在唐努乌梁海的俄罗斯商人数量颇多，在此建盖房屋，常年居住。俄罗斯商人每年收买鹿茸、狐狼、水獭、猞猁狲、貂皮灰鼠，数量甚巨。由于俄罗斯商人大量收购貂皮，当唐努乌梁海人来乌里雅苏台时，竟无货物可与中国商人贸易。为此清室在光绪二十八年（1902）做

---

① 　[清]何秋涛：《朔方备乘》卷五《圣武述略》五，清光绪刻本。

② 　《清史稿·列传三百十一》，民国十七年清史馆本。

③ 　[清]何秋涛：《朔方备乘》卷首十二，清光绪刻本。

出变通，由乌里雅苏台将军发出许可证，准许内地商人前去唐努乌梁海贸易。

晚清时期，大量移民涌入关外，开垦山地，各捕貂地纷纷丧失。布特哈八旗无法完成任务，就放弃猎貂，自行购貂充当贡品。后来，财力日益困窘，布特哈八旗已无力承办貂贡。光绪三十二年（1906）起，清室令暂时免征。光绪三十四年正月，东三省总督徐世昌上奏，请宽免布特哈八旗此后三年的貂贡。三年还未期满，清王朝已告别历史舞台，但忠心的乌梁海人仍未曾停止进贡。1914年时，唐努乌梁海"对于我国政府，今尚贡献黑貂"。

六、关东鲟鳇雪堆霜

鲟鳇鱼一直被当作珍稀美食，只是此鱼口味虽佳，而外形丑恶，身长五尺，则鼻长四尺余。[①]在古代，鲟鳇鱼主要被用来制成鱼鲊，也就是腌制的鱼。"鲟鳇身骨脆美，肉黄白，间之为鲊，其鳃曰玉梭衣。"[②]"鲟鳇鱼极大，而骨脆肉肥，亦可为鲊。"[③]宋代杭州鱼市每日里也有鲟鳇鱼鲊出售，"大鱼鲊、鲟鳇鱼鲊等类"[④]。不过古人很挑剔，鲟鳇鱼被重视的，乃是其鼻肉。

湖广之间也出产鲟鳇鱼，"楚有黄柑、鲟鳇，可以供甘旨"[⑤]。鲟鳇鱼制成的鱼鲊成为湖广一带的特产，在明代成为宫廷贡品。《三刻拍

---

① [明]王士性：《广志绎》卷四，清康熙十五年刻本。
② [明]陈鉴：《江南鱼鲜品》，清檀几丛书本。
③ [宋]罗浚：《（宝庆）四明志》卷四，宋刻本。
④ [宋]吴自牧：《梦粱录》卷十六，清学津讨原本。
⑤ [明]鲍应鳌：《瑞芝山房集》卷十，明崇祯刻本。

案惊奇》中记载："（石不磷）此时侨寓在扬州城砖街上。秦凤仪到钞关边停了船，叫秦淮看船，带了秦京，拿了些湖广土仪，细篾、莲肉、湘簟、鲟鳇鱼鲊之类，一路来访石不磷。"①湖广镇守衙门每年都向皇室进贡鲟鳇鱼及鱼鲊。地方各州县借着进贡的名义，大肆勒索，民间不堪其重。朝廷得知此弊端后，"令湖广镇守衙门，递年止进鲟鳇鱼鲊"②。

北方少鱼，但还是能有各种鱼出售。大鱼多来自天津，因为稀少，故而价格高昂。每年冬至后，关东出产的鱼大量进入市面。渔民在十月后水结冻时打捞鱼，以冰覆盖，运输保存。过了惊蛰，鱼不能保存，市面上也不再有关东产的鱼出售了。

鲟鳇鱼在辽代名为"阿八儿鱼"，出混同江，俗名鲟鳇，又名阿金鱼。③《金史》载："鲟鳇鱼，黑龙江出。"元至元二十九年（1292），元兵攻打女真，进攻建州。金国大败，涅彻烈仅以二十骑遁走。攻下建州后，置肇州，此地特产鲟鳇鱼。被俘的女真五百余户，充作渔户，每岁捕鲟鳇鱼，通过驿站进贡。"金史所谓牛鱼者也"④。明代对于东北所产鲟鳇鱼也有记载。东北地区，"鲟鳇鱼、牛鱼，混同江出大者，长丈五尺重三百斤，无鳞骨，脂肉相间食之"⑤。

东北地区"江河横流，鱼鳞游泳于其下"，有松花江、黑龙江等江河湖泊，还有各种沼泽和湿地，出产各种鱼类。在唐宋就有记载，东北

---

① [明]梦觉道人：《三刻拍案惊奇》卷十二，明末刻本。
② [明]秦金：《安楚录》卷二，明刻本。
③ [清]多隆阿：《毛诗多识》卷四，民国辽海丛书本。
④ [清]魏源：《元史新编》卷十九，清光绪三十一年邵阳魏氏慎微堂刻本。
⑤ [明]陶承庆：《文武诸司衙门官制》卷一，明万历刻本。

地区出产高品质的鲟鳇鱼。《西阳杂俎》中云："东海人常获鱼长五六尺，腹胃成胡鹿刀槊之状，或号秦皇鱼。"宋代《太平广记》载："盛京之鱼，肥美甲天下，而鲟鳇尤奇。"盛京出产的鲟鳇鱼，巨口细睛，鼻端有角，大者重可达三百斤，冬日作为贡品，运到京师之中，充庖备赐。偶尔也有在街肆上出售者，京师中人争相购买，视为珍品。到了清代，打牲乌拉衙门每年捕捞鲟鳇鱼，作为贡品送入京师内务府。

打牲乌拉衙门辖地广阔，松花江周围五百里，皆是其采捕区域。在黑龙江、乌苏里江流域，打牲乌拉衙门也有捕鱼权。

打牲乌拉所捕捞的鲟鳇鱼，一般有一丈多长，重三四百斤，甚至还有体积更大的。康熙三十年（1691），康熙帝驾临畅春园，由传教士讲授算学课。课毕，赐御膳，有两大盘鱼，一盘是鲑鱼或鳟鱼，另外一盘是重达十二磅至十五磅的鲟鳇鱼肉。据传教士记载，这是运到北京的最好的鱼，以这么大的鱼来说，肉味确实鲜美。

嘉庆十年（1805）之前，鲟鳇鱼在京中还不是特别昂贵。自从京师中流行吃鲟鳇鱼头后，鱼市纷纷囤积鱼头，晾晒之后再发卖，价格也日渐高昂。鱼市所售卖的鲟鳇鱼甚至比内务府的还要好。有一年乾隆帝去"大祀天坛"，到正阳门外，看到菜市场上有人贩卖从东北运入京师的鲟鳇鱼，长达一二丈。乾隆帝再一看宫中所用的小鲟鳇鱼，大为不满，为此还将内务府大臣索柱革职。

京师之中，邵阁谷太守的夫人善于烹鲟鳇鱼头。友人张瘦铜与赵云松半夜找老朋友，买了鲟鳇鱼头，来到邵家，敲门狂呼。太守夫妇本已就寝，听到声音后，不得不开门让二人进来，又命夫人烹制鱼头。等到鱼熟可端上来时，东方已白，三人为之笑乐。张瘦铜有诗云，"昔年邵七同街住，半夜打门索煮鱼"①，让后人叹服前辈的风流洒脱。

打牲乌拉总管每年分两次向内务府进贡鲟鳇鱼、鲈鱼、杂色鱼等。第一次进贡鲟鳇鱼十尾，其中"盈丈者二，余八尾不立限"。此外还有鳟鱼九尾，翘头白鱼、鲟鱼、草根鱼、鳇鱼、细鳞白鱼等鱼类四百尾。第二次进贡鲟鳇鱼十尾，另有鳟鱼九尾，翘头白鱼、鲟鱼、草根鱼、鲤鱼、细鳞白鱼等四百尾。

鲟鳇鱼每年捕捞两次，第一次从谷雨时节开始，至深秋时结束。打牲乌拉派遣九十人，至边外产鱼各河捕捞。捕捞时用大眼网八块，顺江横荡，是为"三五渔舟布阵开，鸣榔声里势喧豗。浪花飞卷腥风急，喜见鲟鳇起汕来"②。康熙帝东巡盛京时，曾亲自在江中捕获鲟鳇鱼，摆开鱼宴，招待地方耆老。每年第一次的捕捞季节，天气尚热，且至北京路途较远，不易于保存鲟鳇鱼。故而先将捕获的鲟鳇鱼放入用木栅栏圈起来的鱼渚中蓄养。蓄养的过程也颇麻烦，每日里要捕新鲜杂鱼喂养，水大了栅栏可能被冲掉，水浅了鱼又养不活。立冬前后开始第二次捕捞。由打牲乌拉总管带领官丁七十七人，赴伯都讷境产鱼各河，捕打诸色鱼。

鲟鳇鱼凶猛无比，捕捞时极为艰苦。捕鱼者有时用黄檗做成木漂浮于水面，漂上有铁钩。鲟鳇鱼若用尾击打水漂，则被钩住不得走脱；或用长绳系鱼叉上，投掷到鲟鳇鱼脊背上，之后拉住绳子，追捕鲟鳇鱼；或是用柳条遍插在河道口，堵住鲟鳇鱼出路，用网捕捞。

鲟鳇鱼捕捞不易，特别是到了冬季，更需要大量人手。光绪五年（1879）冬，此年河水冻结，打牲乌拉总管亲自督导，带了大量人手，

---

① ［清］方浚师：《蕉轩随录》卷十，清同治十一年刻本。
② ［清］贝青乔：《半行庵诗存稿》卷五，清同治五年叶廷管等刻本。

至边外产鱼处所，捕获鲟鳇十尾，各色鱼四百九十尾，总计五百尾，于十一月初九日启程进贡。光绪二十一年，打牲乌拉衙门年例应进鲟鳇鱼十八尾，向分两次呈进，此年仅获四尾，拟分头次呈进二尾，二次呈进二尾，计尚缺鲟鳇鱼十四尾，于吉林属界大小江河四处捕捞，却未有所获。打牲乌拉总管自觉督捕不力，请旨交部议处。不过，朝廷对此也较为宽容，下旨称"毋庸议处"。

"按旧制，打牲乌拉有捕鲟鳇鱼壮丁，又荐新之礼，十二月用鲟鳇鱼。"至冬季进贡时期，打牲乌拉选出符合要求的鲟鳇鱼，用芦苇捆好，放在草囤里，再用贡车运输入京，"每次用驿车二十辆，输京师内务府"①。此时天气已零下二十多度，鱼出水即被冻死，能长期保存。鲟鳇鱼冰冻后，以黄绫包裹好，装在驿车上。运输途中并不停息，在每个驿站更换马匹，然后不停赶路，送至北京，交给内务府查收。

鲟鳇鱼肉质鲜美细嫩，是上好食材，康熙帝曾作诗云："水寒冰结味益佳，远笑江南夸鲂鲫。"鲟鳇鱼送入内务府后，除了供宫中食用外，也在祭祀、赏赐时使用。太庙每月祭祀，要用各色时鲜，如正月用鲤鱼、鸭蛋、韭菜，二月用鲫鱼、生菜、小葱芹菜、赤根菜之类，到了十一月则用银鱼、鹿肉，十二月用鲟鳇鱼。祭祀所用之物随四季而变化，由内务府掌仪司主之。②宋荦担任江苏巡抚时，逢康熙帝南巡，迎銮时有各种赏赐。某日有内臣颁赐食品，传谕云："宋荦是老臣，与众巡抚不同，着照将军总督一样颁赐。计活羊四只，糟鸡八只，糟鹿尾八个，糟鹿舌六个，鹿肉干二十四束，鲟鳇鱼干四束，野鸡干一束。"③

　　①　[清]李桂林：《（光绪）吉林通志》卷三十四《食货志》七，清光绪十七年刻本。

　　②　[清]阮葵生：《茶余客话》卷四，清光绪十四年本。

　　③　[清]陈康祺：《郎潜纪闻二笔》卷一，清光绪刻本。

鳇鳇鱼在《红楼梦》中也有记录。第五十三回中，贾府门下黑山村庄头乌进孝，呈上的年货之中即有"鳇鳇鱼二个，各色杂鱼二百斤"。虽说鳇鳇鱼只有两条，可鳇鳇鱼单条重二三百斤，也足够贾府一尝其美味了。曹雪芹的祖父曹寅，曾陪同康熙帝巡视打牲乌拉，自然知道鳇鳇鱼的美味。以曹家的地位与财力，逢年过节，弄点鳇鳇鱼尝尝鲜，也不是难事。

在清代宫廷菜肴之中，以家禽和猪肉等为主要肉食，鱼类用得不多，所以鳇鳇鱼在宫廷菜系中可有可无。不过，清廷要延续关外的生活习惯，表示不忘祖先、不忘骑射的功夫，每年耗费巨大的人力物力，由内务府下辖的打牲乌拉进行捕捞。皇室对鳇鳇鱼只是热衷于形式，可宫外的诸多饕餮，却将它视作无上的美味。

同治年间的翰林宝廷是饕餮之徒，在品尝了一次鳇鳇鱼后，作诗云："红如琥珀白如晶，往事围炉重此烹。"[1]据宝廷云，都中所食鳇鳇鱼，皆从关东而来。北京有专门出售关东野味的市场，鹿肉主要在正阳门街、地安门街、东西安门外、东西四牌楼、东西单牌楼等处。其中紫鹿、黄羊、野猪、山鸡、冰鱼等物，俗名"关东货"[2]。在京师的旗人，过年必用鹿肉、鳇鳇鱼等关东货，称作"年菜"。到了清末，各种西方物品涌入，年味淡去，年货也发生改变，引得诗人们大发感慨，"鳇鳇鱼鹿肉又汤羊，年菜家家例有常。旧货关东今厌食，大餐新品说西洋"[3]。在饮食上，此时民间和宫廷之中都有诸多变革。

---

① [清]吴寿昌：《虚白斋存稿》卷八《细吟集》上，清乾隆五十五年刻本。

② [清]震钧：《天咫偶闻》卷十，清光绪甘棠精舍刻本。

③ [清]宝廷：《偶斋诗草》外次集卷十九九集，清光绪二十一年方家澍刻本。

第八章

大内饮食背后的权力彰显：作为服务机构的内务府

一、御茶膳房

御茶膳房通常简称为御膳房，是内务府所辖的一个重要机构，关系到皇帝的日常饮食、祭祀、典礼等。

每日一早，天尚未亮，紫禁城东华门就缓缓打开。首先进入东华门的是押解着专供御膳房所用猪肉的屠夫，之后是御史，然后才是百官及在宫中当差者。毕竟日常饮食是宫廷之中的头等大事，虽位列九卿，朝臣也得在屠夫及猪肉之后进入东华门。

清代宫廷菜肴，在外人看来，是那么神秘，让人口水四溢而又好奇。清人记录宫廷御膳的诗中写道："松花糟蟹烧羊肉，小盏旋斟佛手酥。止渴梅汤冰振久，驰名无过九条龙。""理藩院里山鸡熟，御膳房中奶饼酥。嫩滑只疑羊肚菌，软烹百叶味尤腴。"①松花糟蟹、烧羊肉、山鸡、奶饼酥，无一不充满了诱惑。

---

① ［清］方浚颐：《二知轩诗钞》卷七，清同治五年刻本。

顺治初年，宫廷中分设茶房、饭房，负责宫中茶饮饭食。到了乾隆十三年（1748），将二者合并为御茶膳房，隶属于内务府。在颐和园、西苑、避暑山庄等处也有御膳房，称"园庭御膳房"。各行宫则设有"行在御膳房"，至皇帝出巡时，专门配备御膳班子。各处御膳房均归内务府管理。为了保证皇帝的饮食安全，内务府有很多严格的管理条例。清律中规定："擅入御膳所及御在所者绞，未过门限者各减一等。"

内务府中，有专用的御厨负责皇室日常饮食、时节供献和招待宴席等。《养吉斋丛录》载："旧时膳房匠役四百名，道光年裁二百名。"而《大清会典》载，清代内务府御膳房属下有庖长四名、副庖长四名，庖人五十名，厨役二十八名，又内膳房厨役六十七名，总计不过一百五十三名。

皇帝吃饭称进膳，开饭称传膳。皇帝每日有两顿正餐，分早晚，时段并不完全固定，但差不太多。菜肴是固定的，御膳房提前就已准备好，放在文火上慢慢炖，等皇帝说"传膳"，立刻就能端上。很多菜只是摆设，皇帝根本不会尝，但也要精心准备好，不能马虎。食物准备好后，太监们排成长队，抬着大小不同的七张膳桌，捧着几十个食盒，浩浩荡荡地直奔养心殿而去。膳桌、食盒上的饭菜，都会在东暖阁摆放好，平日里分两桌摆放菜肴，冬日则另添一桌火锅。此外还有点心、粥品、米膳、卤菜各一桌。

若误了皇帝及各位主子们的饭食，可是大事。乾隆五十三年（1788）八月二十六日，御膳房总管王进宝漫不经心，导致"主位公主饭食，至晚全未预备"。对此事故，内务府大臣很惊慌，认为"非寻常错误可比"，最后打了王进宝四十大板，罚月银两年，其他相关人员也分别被责罚。

比较起来，明代宫中所用厨师规模更为庞大。嘉靖年间，宫中厨役多至一千三百六十三名，后经徐阶等奏请，以一千名作为定额，以三百名作为后备。明代厨师还能干涉国政，实为史上罕见。嘉靖十年（1531），光禄寺厨役王福，力请迁嘉靖帝之生父兴献王的梓宫葬于北京，大合皇帝心意。嘉靖帝命群臣会议，群臣均认为不可，又指责厨师议论国家礼仪大事，亘古仅见。

据溥杰回忆，清宫中的御用厨师大多是内务府的旗人。据称御膳房的厨师最早是内务府从关外带入的，此后世代相袭，形成御厨世袭制。关外厨师到了京师后，承袭了关外时期的风格，宫内膳食以各种肉类、野味、黏食饽饽为主。菜肴中较多使用野味，如虎、熊、狍、獐、鹿、山羊、野猪、山鸡、野雉、野鸭之类。除了一小部分乾隆朝来的南方厨师外，其他御用厨师都是世袭的。御用厨师的家多安在北京西郊海淀，他们是特殊的阶层，家境比较殷实，生活富裕。到了民国之后，靠着宫廷御用厨师的招牌，或是自己开设餐馆，或是被高薪聘去担任大厨。御用厨师每月收入五六两银子，但有很多外快，来源于与宫外饭庄勾结或销售御膳房剩下的材料等。

任何东西，一旦世袭，就意味着封闭和守旧。就御膳房而言，厨师世袭意味着食物千篇一律。不过为了让食物好吃，让皇帝开心，宫廷中的御膳还是有所变革，如具有江淮菜系风格的明代宫廷菜肴就被清宫吸纳。至乾隆朝，乾隆帝下江南时带回了一些苏杭厨师，他们丰富了御膳房的菜品。虽说厨师一职世代相传，可皇帝喜欢江南菜肴，要用些江南厨师，也无人敢反对。由此宫中形成了南北两派，此时的宫廷宴席，"南北兼及，满汉融通"。

御膳房下设各局，分别是做鸡鸭鱼肉的荤局，做素菜的素局，做烧烤之类的挂炉局，做包子、饺子、烧饼、点心的点心局及负责蒸饭、熬粥的饭局。荤、素、挂炉局属于红案，点心局、饭局属于白案。各局平日分为两班，每班设一个主管，六个厨师，每班还有六七个太监，此外还有各种苏拉（杂役）。

素局专司每月朔望及神道祭日，供给各种素席。素局在御膳房中最冷清，油水最少。荤局则最有油水，每日里经手的猪肉银钱数就很可观。汤局每日要预备灌汤、制汤之法，每日选用鸡二、鸭二、猪肘子二。所用鸡鸭由专人饲养，均须有一年至两年以上工作经验。取用时，将鸡鸭洗干净，放入布袋中，加佐料用水煮。用文水煮若干时间后，取出布袋，用木棒将袋中鸡鸭击碎，入锅再煮，然后取出布袋，将汤中滤去渣滓，呈清水状，以供膳房使用。

御膳房各局每日里为皇室操劳。皇室外出时，也会钦点御膳房各局随行。光绪十三年（1887）腊月廿二日九点钟，慈禧到醇亲王府邸探亲，光绪帝十点钟乘马赶到。下午两点钟，光绪帝先乘马还宫，慈禧则在醇王府中用晚膳，至五点钟乘轿还宫。此次出行，御膳房总管等忙得不可开交，分拨荤局、点心局、饭局内监人等，提前准备好各种食材，至醇王府中以备随时传用。

宫廷菜肴，最重食材，如熊掌、鹿茸等要东北产，鲥鱼要镇江产，银耳要四川通江产，鲍鱼、海参要山东产，鱼翅要南海产，水用京西玉泉山泉水，米用京西稻和南苑稻。御膳房所用家禽家畜主要有鸭、鹅、鸡、羊、猪等。日常使用的家禽中，鸭子用得最多，家畜中羊用得最多。鱼类主要用松花江银鱼和鲟鳇鱼，归入野味类烹制。除了光绪帝喜欢海鲜之类的菜，其他时段均用得不多，也不大用虾。每逢大斋之期，御膳中例不进葱薤，立春节或值祈谷斋日则不进辛盘。

宫廷喜用鸭肉，主要是鸭肉性阴，皇帝每日公务繁忙，难免心情烦躁，多食鸭肉，可以调和阴阳。鸭子的做法多种多样，如清蒸、白煮、干烧、红烧、油焖、挂炉等。至于羊肉，则补元气、健脾胃、益腰肾，对食欲不振、腰膝酸软等症状具有良好的食补效果。到了同治、光绪年间，受出身平民的慈禧影响，增加了些旗人的家常菜，如炒麻豆腐、熬冬瓜之类。因为慈禧不吃茄子和黄瓜，这两种菜蔬也消失在菜单上。

清代皇帝办筵宴一般在乾清宫、太和殿，祭祀时进膳在坤宁宫，日常膳食则多在养心殿、重华宫等处。每个皇帝口味都不一样，御膳房会根据皇帝口味做菜。

康熙帝对于吃不是特别讲究，早上不吃早点，不喝早茶，中午也比较简单。法国传教士张诚曾陪康熙帝吃过饭，据他记载，皇帝赏赐的食物有"堆成金字塔形的冷肉，用肉冻、豆芽、菜花、菜心拼成的冷盘"。皇帝曾道："朕每食仅一味，食鸡则鸡，食羊则羊，不食兼味，余以赏人。"康熙帝很喜欢吃江南产的大米，曾道："朕每饭时，尝愿与天下群黎，共此嘉谷也。"[1]江宁织造曹寅、苏州织造李煦不时按康熙帝嗜好进贡南方的鲫鱼、冬笋、火腿、茶叶、腐乳、卤蛋、糟鹅蛋、卤菜、茭白等物。

乾隆帝对吃很讲究，每次膳食菜肴一般都在四五十种以上。他特别喜欢吃苏州菜和鸭子，每天菜单中必备，不过不喜海鲜，在保留下的食单中少见鱼翅、海参、大虾、鲍鱼之类。光绪帝喜欢海鲜，海蜇、海带等时常可见。慈禧则喜欢吃清炖鸭舌、鸭掌、熏烤菜及小窝头等点心，也喜欢吃蘑菇、木耳和新鲜的蔬菜。溥仪则比较另类，喜欢吃素食和西餐。

清帝逊位后，宫中排场照旧。溥仪回忆，用膳时，由几十名穿戴

---

　　① [清]鄂尔泰：《授时通考》卷二十《谷种》，清武英殿聚珍版丛书本。

齐整的太监组成队伍，抬着大小七张膳桌，捧着几十个绘有金龙的朱漆盒，浩浩荡荡地直奔养心殿而来。进到殿里，由套上白袖头的小太监接过来，在东暖阁摆好。平日菜肴两桌，冬天另设一桌火锅，此外有各种点心、米膳、粥品三桌，咸菜一小桌。入座之前，一个小太监叫一声："打碗盖。"其余四五个小太监便动手把每个菜上的银盖取下，放到一个大盒子里拿走。于是溥仪就开始用膳了。

慈禧嘴巴很刁，专门设立了私人厨房，由能掌握她口味的专用厨师掌勺，精心烹制各种菜肴。慈禧喜欢的面点有窝窝头、饭卷子、油炸糕、烧卖等；所食的粥也极为讲究，有肉粥、果粥、小米粥、荷叶粥等，随季节不同而变换。因为慈禧对食物很挑剔，宫廷御厨们不得不在菜肴上创新，如将豆芽菜挖空，塞入肉末蒸熟；再如，将苏造肉与熟鸭蛋一起蒸熟（称和尚跳墙）。

慈禧用餐时讲究排场，亲信太监立于院中，持黄色食盒以进，其中可放置二大碗、四小碗，碗皆黄底，其上或是龙纹，或是寿字。每次进膳，陈列的菜肴总数约一百五十品，列成长式，大碗小碟相间排列。另有两个茶几，放置果盘，均是糖莲子、瓜子、核桃等干鲜果品，供用餐后随意掇食。慈禧用膳毕，皇后、宫妃等才能吃，且只能站着饮食，不能言语。御厨供膳，小菜俱以碟盛，如腌西瓜皮之类，也粲然大备，其味精绝。慈禧太后晚年，不时咳嗽，故而一大梨切为块，以蜜渍之，以此代滋润之品。

宫廷每日里在食物上浪费颇多，历代皇帝不时加以整顿。雍正二年（1724）六月十二日，雍正帝指示御膳房，凡粥饭及肴馔等类，吃不完的切不可抛弃沟渠，可以赏给服役下人。人不可食者，则可以用来哺猫犬。再不可用，晒干了用作鸟类饲料，断不可浪费抛弃。雍正三年四月，雍正帝指示内务府："今年京城附近地方虽雨水露足，然山东、河南两省尚未得雨。进膳肴馔，宜为撤减。着每日只用菜蔬二器，饼饵二器，满菜二器，用椴盛贮进御，余物一概不用。"

雍正四年（1726），雍正帝又发布上谕云："宫廷之中，于食余之物，皆不忍弃，必令人拾取收存之。"雍正五年，又发布上谕云："朕生平爱惜五谷，每食之时，虽颗粒不肯抛弃。"[1]雍正七年，再发上谕，指责御膳房的沟水内抛弃饭粒甚多，"如朕遣人再行查出，决不轻恕"。

清代宫中，每日有大量剩菜被弃。当年雍正帝无比痛心，每日收了晒晾，积累了几石，至于如何使用，却没有下文了。此后乾隆朝是盛世光景，也不会在乎这些剩米剩菜，浪费依旧。

道光帝坐上龙椅之后，素来抠门的他，看着宫廷中每日的浪费，大为心痛。于是特意下令，将剩菜卖到宫外，与贫民一起分享。宫廷中的剩菜，到了外面却是稀罕之物。精明的小商贩在宫廷剩菜中，加入白菜、干粉、豆腐、猪血，一锅煮熟，挑到街头出卖，香气扑鼻，吸引了无数食客。据齐如山记录，他曾在京师吃过两次，颇为适口，为穷人绝好食物，且价格便宜，每碗不过两枚大钱。御膳房中各种食材的碎屑也被用来烹调。其中有道菜方还传到了宫外，称"王太守八宝豆腐"。此菜用嫩豆腐，加香蕈屑、蘑菇屑、松子仁屑、瓜子仁屑、鸡屑、火腿屑，配以浓鸡汁烹调。[2]

宫中菜肴，俱有成例，很难更改。光绪年间，云南缪素筠女士入宫教授慈禧书画。慈禧太后传旨御膳房上菜牌，御膳房将菜牌递入，请缪素筠女士点菜，且提醒她必须点满十六道。缪素筠女士点了十六道菜，

---

① [清]俞正燮：《癸巳类稿》卷十四，清道光日益斋刻本。
② [清]袁枚：《随园食单》卷三，清嘉庆元年小仓山房刻本。

品尝后发现口味一般，说不上难吃或者好吃。此后在宫中，每日均是这十六道菜肴。缪素筠女士吃得发腻，就请太监换换口味。太监则云，换菜需要奏明太后，再行文光禄寺、内务府，不可轻易更改。缪素筠无奈，只好默默接受，此后只要有机会出宫，必至亲戚家大嚼一番，方才心满意足而去。

总体而言，御膳房的菜肴，如同九天之上的神仙宴席一般，让人想起来就心生向往，可其中的五味却不为外人所知。

二、皇帝请客吃什么

后金在盛京时，各种形式的宴席名目繁多。在盛京故宫大政殿前不时举办小规模的露天宴会，以陶制火锅，涮以猪肉、羊肉，佐以盐、酱，有时还有炖猪肉、羊肉、牛肉或鹿肉等。主食有稗子米饭、秫米饭、蒸荞麦面、玉米面饽饽等。

在大宴中，主要使用牛肉、羊肉、马肉，小则几桌，多则几十桌。努尔哈赤曾在八角殿"屠四件，治四十桌"，宴请满蒙汉总兵官以下，千总以上官员。至于屠四件，根据当时食用肉类的习惯，应是牛、马、羊、猪了。宴席上烹制的肉用小刀割了自用。有的大宴持续时间较长，如努尔哈赤欢迎蒙古的明安贝勒来访，大宴长达十五日。

天聪六年（1632）元旦，皇太极改变朝仪，独自南坐。为庆贺此举，各旗分别设宴，每旗十席，总兵官职诸员设席二十桌，八旗加总兵席共一百桌，备烧酒一百大瓶，煮兽肉宴之。此时的兽肉颇为丰盛，有虎、熊、狍、鹿、兔之类。到了初二日，举办大宴，杀马一、牛三、羊五，宴之。初三日，皇太极设宴，杀牛一、羊三。此时的宴席上，较多使用牛、羊、马等，也开始效法汉人习俗，在桌子上插鲜花，以乐舞助兴。皇太极万寿节时，就曾命大力士摔跤助兴。

迁都北京以后，清王室的宴席更多，除了寿宴、婚宴以外，还有"千叟宴""元旦宴""除夕宴"等。《养吉斋丛录》记载，"顺治癸巳元旦，大宴毕，复宴内三院辅臣学士及部、院、卿、寺、堂上官、国子监祭酒、六科都给事中、各掌道御史于保和殿"。文中所指的元旦（古时春节）大宴，即为此宴，后来的皇帝都循例举行。

大宴在春节或万寿节时举行，一般在太和殿举办。如光绪十五年（1889）正月廿六日，"是日上以二旬万寿，赐王公大臣于太和殿筵宴"。紫禁城处于北京城的中心，太和殿位于紫禁城的中心，是宫中最高的建筑，可以说是整个帝国的中心所在，是皇权一统的象征。故而清代的重大庆典，如皇帝登基、庆寿、结婚、出征以及元旦、冬至等重大节日，多在太和殿举行宴席。

初期的太和殿大宴，非常热闹，但礼仪还未成熟。顺治帝在太和殿举行的朝拜仪式，给朝鲜使臣李𪩘留下了深刻印象，"天子威仪，可谓盛哉"。在太和殿广场赐宴时，朝鲜使臣记录："设宴行茶，别赐羊肉一金盘于余，是款接也。"但是，顺治帝时期的太和殿大宴，还没有走上正轨，秩序混乱，杯盘狼藉，牛羊骨节，堆积殿宇，"左右纷纷，专无纪律"。朝鲜人不由大叹"可惜礼器，误归天骄"。约莫此时的朝鲜使臣，追忆起了礼仪庄严的大明王朝。

康熙朝之后，太和殿大宴走上了正轨，一切都严格依照礼仪执行。在太和殿内宝座前，设有皇帝的御宴桌一张，殿内设有王公及一二品文武大臣宴桌一百零五张。殿前檐下东西两侧，设理藩院尚书、侍郎及都察院左都御史等人的宴桌。在太和殿前丹陛御道正中，南向设一黄幕，内设反坫（土筑的平台），内置大铜火盆，大铁锅各二口，一盛肉，一预备沸水温酒。丹墀上共设宴桌四十三张，供二品以上世爵、侍卫大臣、内务府大臣入宴。丹墀内设有法驾仪仗，两翼仪仗之外各设八个蓝布幕棚，棚下设三品以下文武官员的宴桌，外国使臣的宴桌设在西班之末。

太和殿大宴时，由内务府恭备皇帝御用宴桌，其他宴桌由亲贵们按规定恭进，如若不敷用，再由光禄寺负责增备。乾隆三年（1738）定下元旦太和殿大宴二百一十席，用羊一百只，酒一百瓶（每瓶十斤）。亲王进席八，郡王进席五，均是羊三酒三。贝勒进席三，贝子进席二，均是羊二酒二。入八分公进席一，羊一酒一。乾隆四十五年，裁减宴桌十九张、羊十八只、酒十八瓶。嘉庆、道光朝以后，此大宴的桌张，根据实际情况又有所增减。

清宫大宴，以"燔炙"（即烤羊肉）为主。重大宴会使用烤肉，历史悠久。《孟子》中云："孔子为鲁司寇，不用；从而祭，燔肉不至"，燔肉即烤肉。在金国时期，女真人就已在重大宴席上"烤全羊宴"。入关之后，清廷继续使用烤羊肉大宴。康熙二十三年（1684），康熙帝一度"改燔炙为肴羹，去银器，王以下进肴羹筵席有差"。此番变动，将以往满洲人以燔炙为主的饮食习惯改为汉人的肴羹。但此番康熙帝改革并未成功，没几年就恢复如常，继续燔炙。

筵宴之前，先行文宗人府，报明大臣的名爵、应进桌张和羊、酒的数目，宗人府汇总送礼部查核后奏明皇帝。表面上看来，这是皇帝将大宴的开支部分转移到亲王贵胄身上，实际上这点钱，对于王公贵胄们来说不过是九牛一毛。通过此举，反而可以凝聚宗室内部的感情。

太和殿大宴上，以羊肉为主角。在明清两代，满洲人食猪风俗渐盛，最为重要的祭祀典礼就使用猪肉，如坤宁宫祭祀。但在重要的宴会中，仍以羊肉为主，太和殿大宴就使用羊肉。《清文献通考》中载："凡元旦及万寿圣节，及大庆典前期，礼部疏请举行筵燕。届日，光禄寺供酒席，两翼供羊。"

清宫之中，羊肉的烹制发展得较为完善。烤羊肉、七星羊肉、满汉羊肉、蜜汁羊排、涮羊肉等是清宫宴饮上常见品种。清宫中的黄焖羊肉，用白菜与羊肉一起烹制而成，香酥肥美。蜜汁羊排，则将羊排剁成约二寸长的段，用适量酱油、绍酒腌入味后，再放入用蜂蜜融化的热油中，上笼蒸至羊排酥烂，取淀粉勾成薄芡，浇在羊排上即成。

到了光绪朝，太和殿大宴有所改变。光绪帝先率领王公大臣到皇极殿给慈禧行礼，皇后领宫眷、福晋、命妇给慈禧行礼，献万年吉祥如意。之后，光绪帝才去太和殿接受百官庆贺，然后回乾清宫受内朝礼。《春明梦录》中记载了光绪朝时宫殿宴席的情况。光绪二十年（1894），光绪帝过万寿节时，在太和殿赐宴。宴列于丹陛、接连及殿下东西，两人一筵，筵用几，席地而坐。几上摆放了数层饽饽，加以果品一层，其上又加整条烤羊腿一盘，饮品有乳茶和酒，酒微甜。宴席之中，官员们常吃些水果、饽饽及其余食物，宴席之后，可取了交仆人，带回家中食用。

此次宴席上，列席者均席地而坐，饮品有乳茶、酒之类，食物主要是饽饽、水果、整条烤羊腿，这也代表了清代御宴的一贯风格。同光朝的大臣宝鋆颇有些诗名，一次吃完烤肉后，作诗云"脍炙香添松火韵"。据宝鋆记载，日食烤肉颇有塞上风味。

太和殿大宴之外，清代宫廷大宴中，最吸引人的就是千叟宴了。为了显示尊老和大清王朝的安康富庶，在清代历史上，先后办了四次招待老年人的千叟宴，分别在康熙五十二年（1713）、康熙六十一年、乾隆五十年（1785）、嘉庆元年（1796）。

康熙五十二年，恰逢康熙帝六旬大寿。康熙帝登基后，平三藩、收台湾、定准噶尔，与民休养，国力渐丰。大清国在他的晚年更是蒸蒸日上。各省的文武官员、士绅、平民中的老年人为了表达对康熙帝的感激之情（拍马屁），纷纷"自发"组织，于此年二月下旬分批抵京，为康熙帝祝寿。许多耆老不顾年老体衰，跋山涉水，"数千里匍匐而来"。面对此情此景，康熙帝大受感动，决定万寿庆典后举行千叟宴，答谢前来祝寿的各省耆老。

三月二十五日，康熙帝万寿庆典后的第七天，在畅春园正门举办了千叟宴，列席者是入京祝寿的六十五岁以上老人，与席者主要是各省文武官员、各地士人及庶民。其中年九十岁以上者三十三人，八十岁以上九十岁以下者五百三十八人，七十岁以上八十岁以下者一千八百二十三人，六十五岁以上七十岁以下者一千八百四十六人，总计四千二百四十人。过了三日，畅春园正门又设宴，宴请六十五岁以上的满汉蒙文武大臣、护军、兵丁、闲散人等，总计有两千六百余人列席。

康熙六十一年（1722），时值康熙帝登基六十年，年满六十九岁，遂决定在此年正月举办千叟宴，分两次在乾清宫前设宴。列席者有满、蒙、汉军文武大臣、官员及致仕退黜人员。列席者的耆老年龄均在六十五岁以上。席上，康熙帝回顾自己一生，无限感慨，即兴赋《千叟宴》诗一首。此年的千叟宴中，有一少年列席观礼，这就是康熙帝的孙子弘历，未来的皇帝乾隆。千叟宴的规模与气势，给少年弘历留下了深刻印象，日后他也效法祖父，举办了规模更宏大的千叟宴。

乾隆四十九年（1784）可谓三喜临门，年过七旬的皇帝添了五世元孙，次年是他登基五十周年，又逢《四库全书》编纂完毕。乾隆帝发布上谕，定于来年正月举办千叟宴。乾隆五十年，举国大庆，乾隆帝效法祖父于乾清宫举行千叟宴。此次千叟宴将年龄降低到了六十岁，邀请了各地的普通民众与会，同时邀请朝鲜等国派遣年满六十岁的使节列席。正月初六日，宴席在乾清宫举办，以品级班列，共八百席，与宴者三千人。王公、一品大员、年满九十岁的老者都入座乾清宫内，其余人均在乾清宫外入席。

嘉庆元年（1796）正月，乾隆帝退位，当起了太上皇。嘉庆帝登基后，决定给老爹搞一场盛大的聚会，再来一次千叟宴。乾隆帝曾准备提高参与者的年龄条件，列席者必须年满七十岁，后来又将年限降低到六十岁以上，民众年龄必须在七十岁以上。

此年的千叟宴共八百席，依照东西两路，相对排开，每路六排，每排最少二十二席，最多一百席。乾清宫殿内为王公与一品大臣席位，殿檐下左右为二品大臣和外国使臣席，丹墀甬路上为三品官员席，丹墀下左右为四品、五品和蒙古台吉席。此次与宴者三千零五十六人，赋诗三千余首。此年入宴年纪最大的是号称一百零六岁的熊国沛，其次是号称一百岁的邱成龙，二人被赏六品顶戴。另有九十岁以上老民八人，赏七品顶戴。

为预备此年的千叟宴，内务府令御膳房准备了大量的食材，锅准备了一百六十口，用来送菜的服务人员安排了一百六十名。千叟宴每席用玉泉酒八两，八百席用酒四百斤（十六两一斤）。

千叟宴是钦赐宴席，根据官职不同，菜肴、盛器也不相同。

千叟宴规模宏大，在菜肴上并未有什么特别出色的地方，以火锅涮肉为主，肉类主要是猪肉、羊肉、鹿肉（一等席）、狍肉（二等席），此外还有各种面点。用火锅主要考虑的是，举办千叟宴的时间是正月，天气较为寒冷，给耆老们食用火锅，可以去去寒气。

千叟宴上，一等桌张摆在殿内和廊下两旁，每席设火锅两个（银、锡各一）、猪肉片一盘、煺羊肉片一盘、鹿尾烧鹿肉一盘、煺羊肉乌叉一盘、荤菜四碗、蒸食寿意一盘、炉食寿意一盘、螺蛳盒小菜两个，每人乌木箸一副，另备肉丝烫饭。二等桌张，入宴者为三至九品官员及兵民等，每桌有铜制火锅两个、猪肉片一个、煨羊肉片一个、煨羊肉一盘、烧狍肉一盘、蒸食寿意一盘、炉食寿意一盘、螺蛳盒小菜两个，每人乌木箸一副，另备肉丝烫饭。

传教士们描述，此年乾隆帝的千叟宴在皇宫内的大广场举行，有三千名老者参加，一些年过六十岁的传教士也被邀请。皇帝到来之后，所有人都站起身来致敬，皇子、皇孙、皇曾孙都陪同皇帝出席。宴席极为丰盛，包括涮羊肉、烤鸭、鸡、猪肉。皇帝兴致很高，希望大家将桌上所有东西都吃光，老叟们与皇帝同饮玉泉酒。皇子贝勒们从一桌走到另一桌，为老者们布菜、劝酒。皇帝的儿子非常卖力，以至于人们错把他当作经验丰富的侍者。

辉煌的千叟宴，在大清历史上也不过只出现了四次。品尝过千叟宴的老者们，对于当日的火锅滋味如何，却没有什么记载。而宫廷中的火锅也只是局限在宫廷，再美味的食物，必须走向民众，方能长存。今日四川、重庆的火锅，已遍布全国，为千家万户所青睐，浓郁的辣子香味，诱惑着无数的食客。

三、茶膳房与乳饼羊酥

清代宫中的膳食与饮品由御茶膳房负责，故而常称为"茶膳房"。乾隆五十三年（1788），皇帝指示："此后茶膳房茶膳人，俱由内务府三旗官员子弟及护军执事人内拣选，带领引见补放。"①

清宫中的茶叶，由内务府广储司茶库保管，每年收取各地进贡名

---

① ［清］刘锦藻：《清续文献通考》卷一百二十九《职官考》十五，民国景十通本。

茶三十余种，每种各数瓶、数十瓶乃至百余瓶不等。清宫各处用茶，每月定期定量从内务府广储司茶库领取。内务府广储司茶库规定每月三、六、九为开库日，可以领茶。茶库管理严格，管理官员无论职位尊卑，皆不可单独一人启封入库。出库时，锁眼必须密封并标示时日。因为是皇室的饮用之物，茶库严格管理，时刻不得放松。

宫廷中等级森严，日常饮茶也可以看出身份。嫔妃们依照各自的身份，每月各自可从内务府领取一定数量的茶叶，如皇贵妃、贵妃、妃、嫔，每月六安茶十四两、天池茶八两，贵人每月六安茶七两、天池茶四两。宫内各处办公机构的用茶也由内务府广储司供给，如造办处每月散茶二斤，武英殿每月散茶三斤，乾清宫每月散茶三斤，内阁每月散茶五斤等。乾嘉年间，由于军务繁忙，为了犒劳军机大臣们，就在军机处值班房内，由御茶房提供茶水点心。

贡茶也是皇帝赏给宗亲、内外官员和外藩的必备物品之一。对臣子来说，获得皇帝赏赐茶叶乃是无上殊荣。王士祯《池北偶谈》中载："时四五月间，日颁赐樱桃浆、乳酪茶、六安茶等物。其茶以黄罗缄封，上有六安州红印。"雍正元年（1723），陕西巡抚诺岷获皇帝赏赐茶叶。诺岷跪迎茶叶入署，又恭设香案叩拜谢恩，"荷恩高厚，如天似地"。雍正五年六月，雍正帝赏赐给鄂尔泰"丹锭九封，贡茶四瓶，香囊四匣，锦扇四匣，香器一盒"[①]。光绪末年，孙家鼐于六月初十日深夜奔赴颐和园等候召见。距离召见的时间尚早，孙家鼐就坐在前殿等待。慈禧太后得知后，以孙家鼐年高、长夜辛苦为由，特遣内务府官员率茶膳房诸人，赴前殿备茶膳赏给饮用，以去除疲乏。

清代贡茶主要来自南方，如安徽、江苏、浙江、江西、湖广、福

---

① ［清］鄂容安：《鄂文端公年谱》，清钞本。

建、云南等省，每年进贡数量最多的是安徽六安茶和浙江黄茶。

"七碗清风自六安，每随佳兴入诗坛"，史上有诸多咏叹六安茶的名篇。天下名山，必产灵草，江南地暖，故独宜茶；大江以北，则称六安。六安茶早在唐代就是贡品，在此后历朝历代均受宫廷追捧。明代从六安分出霍山县，此后一半贡茶出产自霍山，仍冠以六安之名。

清代皖属六安州、霍山、英山等县，向产芽茶。每年立春后，由省里选派精干官员，会同地方官采选进呈，以供上用。①六安茶产量不及霍山县十分之一，但霍山出力，六安得名，六安茶的大名在外。霍山地方上近百里皆产茶，商民多以此为生。嘉庆二十一年（1816）《霍山县志》中旧志云："富商大贾，骑从布野，倾囊以质，百货骈集，开市列肆，妖冶招摇，亦山中盛事。"

贡茶主要由产茶各州县向种茶户或茶商购买。官府采办贡茶的价格大致与民间市场价格相当。六安茶早期由茶户自行采摘，再行进贡。康熙三十年（1691）之后，改为由官府指定茶户焙制，再由官府收购。康熙三十七年，六安茶每年进贡三百袋，康熙五十九年为四百袋，乾隆元年（1736）已达七百二十袋，乾隆六年降为四百袋。

为确保六安茶迅速送达，六安知州可将贡茶直接送往京师，"非与别样芽茶可比"。六安茶有保胃养脾等功效，受到宫中喜爱。京师之中，多见安徽商人开茶店，其店面以金粉装饰，不过其所售的六安茶，却以茉莉花熏过，丧失了本味，是为"金粉装修门面华，徽商竞货六安茶"。

江浙地方向来出产名茶，浙江黄茶、江苏天池茶、宜兴芽茶等均是贡茶。"定例浙江省每年交送黄茶二十八篓，每篓八百包，由户部移

---

① 《采茶入贡》，《申报》1885年3月3日。

送。"黄茶属于发酵茶，其制作过程与绿茶极为相似，但多了一道工序，就是闷黄，泡出来黄叶黄汤。雍正《浙江通志》载："诸暨各地所产茗，叶质厚味重，用对乳茶最良。每年采办入京，岁销最盛。"清代宫中每年所用的黄茶在一百二十余筐。

杭州的龙井茶深得乾隆帝喜爱，每到杭州，必要一尝龙井茶，是为"我曾游西湖，寻幽至龙井"。乾隆十六年（1751），乾隆帝亲临天竺茶园，观看了采茶、炒茶过程，将所见编成《观采茶作歌》。苏州有山名天池山，山中所产之茶被命名为天池茶。"天池茶今为海内第一"，每月皇贵妃、贵妃、妃、嫔分得天池茶叶八两，贵人分得天池茶叶四两。清开国之后，宜兴每年都要进贡芽茶一百斤。每岁谷雨前一日，当地县官祭祀好山神，开茶园择取嫩茶，采摘入篓。

各地进献的贡茶注重包装，容器选择银、锡等材质，其上印出各种祈福图纹。容器外包有黄色布套或黄缎，再装入黄色木箱之中，贴上封条，运送入京。皖属六安州霍山一带所产茶叶，每岁入贡时，将贡茶盛以黄木箱，外用黄篾裹之，再签上封条起解。

清代茶贡压力颇重，对茶农而言是沉重负担。清人陈章在《采茶歌》中云："催贡文移下官府，哪管山寒芽未吐。焙成粒粒比莲心，谁知侬比莲心苦。"每至采茶时节，茶农须日夜在茶园中劳作。采完茶后，还要烘焙茶叶，打点、经营茶园，应对各种自然灾害。乾隆帝也知道茶农办理贡茶的辛苦，曾大发感叹："敝衣粝食真不敷，龙团凤饼真无味"，却不可能让皇室停止茶贡。

光绪二十七年（1901）的贡茶比较特殊，此年慈禧、光绪从京师逃亡至西安，各地贡物包括六安贡茶也转送西安。"安庆访事友人云，皖六安为产茶之区，每年采办进呈上用。正月二十六日起程，附某轮船至汉口，然后登陆解往西安。"①

贡茶对于茶农而言是种负担，但也有一定积极的效果，如可以提高茶叶名气，扩大销路。洞庭东山碧螺峰石壁，原先所产野茶被当地人称为"吓煞人香"。康熙帝巡游太湖，宋荦购此茶进贡。康熙帝认为此茶虽好，但名字不雅，改名为"碧螺春"。皇帝亲自取名的碧螺春茶，成为每岁贡品，也由此跻身名茶行列，成为东山重要的经济来源。再如云南普洱茶，成为清宫贡茶之后，四方客商纷至沓来，带动了当地茶叶经济的发展。普洱茶在康熙年间成为贡茶后，很快在民间流行开来。《儿女英雄传》第三十七回中写道："一时倒上茶来，老爷见给他倒的也是碗普洱茶。"

清宫之中，饮食渐渐地受到山东菜系与南方菜系的影响，不过清宫中的茶饮却一直未变，保持着关外时期的风格。清人有诗云："营盘风软净无沙，乳饼羊酥当啜茶。底事燕支山下女，生平马上惯琵琶。"②"乳饼羊酥当啜茶"一句，也点出了满人在茶饮上的习俗。在关外时，女真人喜饮马奶、牛奶、羊奶等，茶传入北方后，与奶结合，形成奶茶，饮奶茶遂成为女真人生活的一部分。入关之后，满人仍保持了往昔的习惯，如招待客人时，客人坐南炕，主人先递烟，再献奶茶。

清代宫中，奶茶是每日必备之物，熬茶时以玉泉山水最佳。"玉泉山之水最清，向来尚膳尚茶，日取水于此，内管领司其事。"熬制奶茶时，以牛奶、奶油、茶、盐及水搭配。所用茶，有黄茶、黑茶、普洱茶等，不同的茶，熬制出来的汤色不一，有红色和黑色的。乾隆五十六年（1791），朝鲜使臣记录，御宴上所赐酪茶，味淡而色红。

---

① 《贡茶起解》，《申报》1901年3月24日。
② [清]顾嗣立：《元诗选》初集卷五十四，清文渊阁四库全书本。

奶油是熬制奶茶时的必备之物。牛奶在煮沸之后，最上层会凝出一层薄薄的脂肪，经过风干后，形成奶皮子。奶皮子加工之后即成为奶油，又名酥油。乳茶色若咖啡，飘着奶香，入口香醇，在冬季之中饮用可驱寒暖身，更可以缓解长期食肉导致的消化不良。清宫中的奶茶口味多种多样，可以选用黑茶、红茶等茶煮熬奶茶，也可以加入瓜子、芝麻一同饮用。

熬制奶茶，要用好水、好茶和好牛奶。《养吉斋丛录》载："旧俗最尚奶茶，每日供御用乳牛及各主位应用乳牛，皆有定数，取乳交上茶房。"清廷之中，皇帝的配给是每日用乳牛一百头，皇太后用二十四头，皇后用二十五头，皇贵妃用六头，贵妃用四头，妃用三头，嫔用二头。

内务府庆丰司在京师内外均有牛圈，以供给新鲜牛乳。如果京师内外所产不够宫廷使用，那张家口、南苑等处的牧场所出，足以保证宫廷所用牛乳、乳饼、乳油等。张家口每年额交御膳房乳油达一千四百斤，此外还有乳饼六百余斤、乳酒两千余斤。[①]"内廷各宫殿寺庙，供献大白乳饼，由南苑乳饼圈成造。"[②]

乾隆帝曾写道："酪浆煮牛乳，玉碗凝羊脂。"他最喜奶茶搭配八珍糕。传教士蒋友仁曾看过乾隆帝饮用奶茶，是将多种茶放在一起研碎后，经发酵配制出茶。这些茶口味极佳，其中好几种有滋补作用。乾隆帝自我吹嘘："国家典礼，御殿则赐茶，乳作汁，所以使人肥泽也。"随马戛尔尼使团来华的乔治·斯丹东谈到乾隆帝时，称他"走起路来坚定挺拔"。根据这一描述，可以推定乾隆帝在老年时期并未发生明显的

---

① 《大清会典则例》卷九十七《礼部》，清文渊阁四库全书本。
② [清]吴振棫：《养吉斋丛录》卷二十四，清光绪刻本。

驼背等骨质疏松症状，可以说这得益于乾隆帝摄入牛乳的习惯。

清代宫廷举办的各种重大宴饮酒中都使用奶茶。每年清明、中元、冬至、岁暮四大祭中，均要使用乳茶祭祀及赏给大臣饮用。坤宁宫每年赏吃肉三次，朝中的重要大臣皆得参与。祭神之后，太后坐北、皇帝坐南，诸臣鱼贯而入，各一叩首，然后就垫，内务府大臣捧肉献给两宫，然后再给大臣分别献上奶茶，诸大臣一一叩首谢恩，之后饮用。

奶茶用途极广，大军出征之时，皇帝要赐奶茶壮行。每到大朝之日，皇帝升殿，赐给文武百官奶茶。文华殿经筵讲课时，也要赐给奶茶。同治八年（1869）正月十六日，曾国藩入宫参加廷臣宴，赐下奶茶等，"旋各赐酒一杯，又唱戏三出，各赐奶茶一碗，赐汤元一碗，各赐山茶饮一碗"。经过奶茶的频频润泽，大清的大臣自然肥了起来。

慈禧有洁癖，她所饮用的奶茶由储秀宫单独供应，一来距离较近，二来"张太监干净可靠"。慈禧太后饮茶，喜加入少许金银花，其味甚香。光绪帝每天早起后都要喝茶，虽说不喜奢华，对于茶汤、茶味等还是比较讲究的，尤喜普洱茶。

光绪二十八年（1902）时，每日用一两五钱普洱茶，一个月用二斤十三两（清制十六两为一斤）茶。光绪帝喜普洱，但在一些时候，也用奶茶待客。如光绪十一年正月初四日，光绪帝在紫光阁设宴，款待外藩蒙古王公台吉及朝鲜使臣。内务府早将筵宴备妥，侍卫数人进奶酒、奶茶、黄白烧酒等。

清帝逊位后，张家口一带仍然给清宫供应乳制品，只是茶需要自己采购了。《晚清宫廷见闻》中载："溥仪和太妃们饮用的茶叶特别讲究，味香汁浓而色淡，是吴肇祥茶店专门为宫里熏制的，记得大约是四十两银子一斤。"

四、酒醋房与玉泉酒

清代内务府下辖的御茶膳房负责菜点之类，酒醋房负责酒水之类。酒醋房又称"酒醋面局"，设置此司，是因为明初有个节俭的皇帝朱元璋，每日里在宫中大吃豆腐。朱元璋知道，虽是日常饮食之物，只要官府取办于民，必然文繁生弊。酒醋房隶属于光禄寺，为内廷提供用酒、醋、面、糖、酱、豆等物。朱元璋在宫中设置酒醋房、织染局，不劳烦民间，就能供给宫中之用。但朱元璋没有想到的是，这其中却产生了更大弊端。酒醋房所用的原料，如糯米等，由江苏、浙江等省每年供给。江南地方所纳白粮，往往被额外多征，此外还要缴纳各种贿赂。"至今，其加耗且十倍，内臣需索日增无已，江南膺此役者家立破矣。"[①]

清代承袭明制，于顺治十年（1653）在神武门内路西设置酒醋房，连房二十有三楹，别房十有四楹。[②]后酒醋房隶属于内务府内管领处，俗称"掌关防处"，主要负责供给宫中所用的点心饽饽、瓜果蔬菜、酒醋酱等佐料，并供应各种餐具。

酒醋房内设有酱匠十六名，专制清酱、黄酱、甜酱、豆豉酱等酱料和酱黄瓜、酱茄子、酱萝卜、酱瓜条、酱冬瓜、酱糖蒜、酱紫姜、酱苤蓝、酱包瓜等各种腌菜。这些酱菜供给皇室日常食用、祭祀及出巡之用。

"逍遥一杖到青山，太平春酒人同醉"，清代宫中好酒者众多，每位皇帝对酒的嗜好各不相同。就饮酒而言，清代皇帝都能做到适量，可雍正帝最为憋屈。他登基之后，有各种负面小道消息围绕，如酗酒、好

---

① [明]沈德符：《万历野获编》补遗卷二，清道光七年姚氏刻同治八年补修本。

② [清]于敏中：《日下旧闻考》卷七十一，清文渊阁四库全书本。

色、抢夺兄弟皇位、谋杀父皇康熙等。面对这些飘忽不定、口耳相传的谣言，雍正帝竟也无可奈何。雍正四年（1726）时，京内一份小报上突然刊登雍正帝在端午节与群臣狂饮作乐的消息，传播甚广。但其实雍正帝很少饮酒，四川巡抚蔡珽至京师后，数月也未见雍正帝饮酒。陕西固原提督路振扬来京觐见皇帝，离开时对雍正帝道："臣闻流言，谓皇上即位后，常好饮酒。今臣朝暮入对，惟见皇上办事不辍，毫无酒气。"

清宫之中有各地的好酒进贡，主要是汾酒、绍酒等。今日四川以产美酒而负盛名，在清代却未有这般规模。丁宝桢《丁文诚公奏稿》卷二十五记载，当日四川尚无著名酒行，全国酒肆所售之酒，"如浙江之绍酒、山西之汾酒等项，通行天下，利息甚厚"。《在园杂志》中记，"京师馈遗，必开南酒为贵重。"

京师中的井水多苦涩，三日不擦拭泡茶的茗具，就会布满水垢。凡有甜水井者，称"水屋子"，每日以车载井水，送给订水的人家，称"送甜水"。至于大内饮水，则专取玉泉山水。古来皆以扬子江之中冷水为天下第一。乾隆帝时，曾制一银斗，以评定天下之水。评定方法是以水之轻重分高下。最后玉泉水胜出，定为第一。乾隆帝喝惯了玉泉水，每逢出巡，必载玉泉水随行。

清代宫廷用酒，种类较多。内务府中常见的有玉泉酒、太平春酒、莲花白酒、樱桃酒、桑葚酒、屠苏酒、葡萄酒、雄黄酒、绍兴酒等。皇室会根据不同的时节和场合，饮用不同的酒。在清代宫廷诸酒之中，毫无疑问，内务府酒醋房酿制的玉泉酒占据了王者地位。

玉泉酒是蒸馏酒，以糯米为原料，以花椒、芝麻、箸竹叶等为辅料，加豆曲、淮曲、酵母，采用玉泉山的泉水作为酿造用水。玉泉酒酿成之后，洁白如玉，入口甘甜，是宫中必备。

玉泉酒是清宫之中的日常消耗品，正常情况下，每年需要用上万斤。除了皇帝每日的供应外，玉泉酒也用在生辰、婚嫁、赏赐、祭祀等场合。如乾隆五十八年（1793），八十三岁的乾隆帝在避暑山庄接见了马戛尔尼。在行完觐见礼之后，使团入座享用酒馔。宴席极为丰盛，乾隆帝又命执事官取其桌上的盛馔数样及酒一壶，送到马戛尔尼桌上。此酒也是乾隆帝御用的补酒，马戛尔尼记载，此酒以米、香草、蜂蜜等物混合制成，饮之颇甘美适口。当日天气寒冷，"饮此温酒体乃大畅"。马戛尔尼当日所饮用的，应是玉泉酒，只是他不知酒名而已。

乾隆二十四年正月二十九日，乾隆帝在山高水长宴请王公大臣、蒙古王公和哈萨克使臣。不想酒席之中，却发现酒醋房太监用浑浊无味的劣酒冒充玉泉酒。乾隆帝发现后大怒，下令内务府彻查酒醋房。此后又查出宫中一年所用玉泉酒，竟至万余斤。"玉泉酒一项，二十三年以前，每年用至一万余斤。"

查办之后，总管内务府大臣傅恒指出，酒醋房用酒存在诸多弊端，如宫中每次筵宴等所用酒量多寡不一，并无规则。酒醋房中的账目也是事后依靠口头传达记载，多有错讹。酒醋房主管太监漫不经心，滥支滥用。傅恒查办之后，建议将主管太监议罪，同时整顿酒醋房。

乾隆二十三年之前，酒醋房系太监管理，历年所用酒醋、酱菜等物均值银四千余两。此番整顿，将太监裁汰，"派内管领二员试办一年"。作为总管内务大臣，傅恒也自请处分。整顿之后，至乾隆二十五年六月，奏销过去一年用过的酒醋酱菜等物，约值白银两千八百八十一两一钱二厘，较上一年度少用一千一百三十六两一钱。乾隆二十五年至四十二年，每年开销递次减少。

经过乾隆二十四年内务府清理整顿，宫中玉泉酒的用量不断下降。乾隆二十五年至三十一年，每年用玉泉酒八九千斤不等。乾隆三十二年，内务府再加清理整顿，又将各处玉泉酒用量减去三千四百余斤，每年用量两千余斤。乾隆三十四年（1769），内务府再将各处领用玉泉酒减去九百余斤，每年只准用一千一百余斤。自乾隆三十四年以后，玉泉酒的用量被降到一千余斤，此后常年保持在此量。

到了乾隆四十二年，宫中使用"玉泉酒九百斤十两，每斤银五分二厘，合银四十六两八钱三分之二厘"。此外还有"白酒十七斤二两，每斤银一钱六分，合银二两七钱四分"。此年酒醋房的开销，包括酒、醋、酱、瓜果蔬菜之类，共值银一千二百六十七两五钱七分二厘。

乾隆四十三年玉泉酒的用量为一千一百余斤，乾隆帝认为所用仍然过高。在此年，定下每年只准用玉泉酒七百八十二斤十四两，如果遇告祭、筵宴，有额外增加之项除外，仍据实核销。乾隆帝珍惜玉泉酒，多次表示"不可妄费"，此后历年的用量均未超过七百八十二斤十四两。

乾隆四十八年，乾隆帝突然发现上一年所用玉泉酒的数量有所增加，下旨称："所有玉泉酒，一年为何用至许多？着军机处查察。"让军机处查，不让内务府查，也是皇帝的心思重，知道内务府自己清查自己，难免会有遮掩。

经军机大臣查明复奏："因筵席宗室及哈萨克等差，是以多用。"这也难怪，碰上善饮的哈萨克人，口味醇和的玉泉酒，就如流水般地倾倒而出了。

乾隆帝对于玉泉酒有着特殊的感情，故而格外珍惜。此年乾隆帝身体一度不适，还不忘通知御膳房，在菜肴中不要使用玉泉酒。待身体康复后，乾隆帝又下令，此后每次晚膳饮用玉泉酒二两。

乾隆帝格外看重玉泉酒，经过几次整顿之后，各种宴会上玉泉酒的用量下降。整顿之后，乾隆五十四年，从皇室宴饮、宫中祭祀、御药房配药、雍和宫念经、阿哥娶福晋、公主下嫁，总计用了玉泉酒一千零三十斤四两。此一年连闰月共十三个月，所用酒、醋、酱菜等合计值银七百九十两八钱五分五厘。此年因筵席比较多，又是闰月，故而所用酒较上年为多。

宫廷之中日常供应的玉泉酒，也在不断变化。据嘉庆初年载：内膳房每日供应玉泉酒的标准是太上皇二两、皇上一两。嘉庆帝每日的供给为一两玉泉酒，不代表他不会饮酒。事实上，嘉庆帝酒量颇豪。但是清代皇帝在饮酒上很是节制，没有贪杯的酒鬼皇帝。嘉庆九年（1804）五月十六日，恰值春盛，皇帝赏春饮酒，一次饮玉泉酒十两，太平春酒四两。太平春酒是药酒，具有活血健体的滋补功效，乾隆帝也常饮此酒。到了光绪年间，玉泉酒的供应量增加，供应范围扩大。光绪十年（1884），每日供应皇帝玉泉酒四两，慈禧太后一斤四两，内廷其余妃嫔每人三两。慈禧太后喜欢以玉泉酒调味，在烹制火腿这样的食物时，用玉泉酒最多，每日光火腿就要玉泉酒一斤，一年下来，用酒颇多。光绪十年，慈禧、光绪帝及膳房用酒，奉先殿各处供酒，御前太监添行盒饭用酒等，总计使用玉泉酒八千零八十斤二两。加上宫中其他各项用酒，一年所用酒量惊人。

清帝逊位之后，宫中还有玉泉酒的供应，只是规模不及往昔了。后来啤酒成了新宠。制作啤酒时，须选用清冽水源，方能制出佳酿。当日北京所生产销售的啤酒，如五星啤酒、玉泉山啤酒等，均声称"为北平玉泉名水所制"。

五、鹿尾与君臣交往

清代皇家宴会，在觥筹交错的宴会上，仆人们在曲栏间来回穿梭上菜，一道道精美的食物陆续上桌；身着银貂裘的少女，殷勤地唱着"小契丹"；红彤彤的烛光映照下，盛在金盘中的鹿尾，吸引了所有人的关注。在清代，鹿尾已不单单是道菜，更成为帝王炫耀武力的标志，皇室施恩的必需，臣子身份与荣耀的象征。大嚼鹿尾之后，满堂宾客皆尽欢。

鹿尾虽很早就受到珍视，但古籍中所载不多。南梁刘孝仪在款待北魏使者崔劼、李骞时，曾发出长叹："邺中鹿尾乃酒殽之最。"崔劼则回复云："生鱼熊掌，孟子所称赞；鸡跖猩唇，吕氏所崇尚。鹿尾如此奇味，竟不载书籍。"刘孝仪则云："如此或是古今所好不同。"①在唐代，鹿尾是边疆地区进献的贡品，安禄山就曾进献鹿尾酱给唐明皇。

不过在宋代，不论是野史札记还是诗词之中，均罕见鹿尾的记载，餐桌上也少了这道佳肴。与中原王朝比较起来，游牧民族更偏爱鹿尾。在辽国、金国、元代的历史上，多见鹿尾的记录。

辽太平十一年（1031），辽圣宗病逝，十六岁的辽兴宗即位。褥斤把持政权，自称"法天皇太后"，临朝听政，儿子辽兴宗被架空。重熙三年（1034）五月，辽兴宗听闻法天皇太后要废掉自己，就提前率军入宫，囚禁法天皇太后。重熙七年春，辽兴宗亲自奉迎皇太后，"居大安宫，侍养益谨。猎金山，进鹿尾茸。"②不过，进献鹿尾之类只是表面文章，母子二人实际上积怨极深。辽兴宗很畏惧她，出入必与其保持十数里距离，以防不测。

元代名医郑景贤，号龙冈居士，很得成吉思汗赏识。郑景贤与耶律楚材是莫逆之交，二人时有互相馈赠，其中多有鹿尾。某年成吉思汗打猎于秋山，赏给郑景贤的鹿尾被转赠给了耶律楚材。"龙冈托以鹿尾，可入药，得数十枚，悉以遗余。"耶律楚材喜宴饮，酒席上多用鹿尾。

---

①　[唐]段成式：《酉阳杂俎》前集卷之七，四部丛刊景明本。

②　[明]邵经邦：《弘简录》卷二百七，清康熙刻本。

友人的馈赠一多，他在诗歌中也矫情起来："今年鹿尾不直钱。"

在元代，鹿尾是上层社会的常见菜肴。"春薤旋浇浓鹿尾"是将鲜美的春薤，浇在刚烹制出来的鹿尾上，诱得人口水四溢。元代《居家必用事类全集》中还记载了一种腌制鹿尾的方法："刀剃去尾根上毛，剔去骨，用盐一钱，芜荑半钱，填尾内杖夹，风吹干。"[①]

到了明代，基本上没有关于鹿尾的消费与咏诗了。鹿尾食用的全盛期是清代。在清代，皇帝赏给臣子的礼物中，有无鹿尾成为臣子是否得宠的标志。朝中群臣，迎来送往，书信字画之外，若没有了鹿尾互赠，都显示不出庙堂的贵气。曾国藩在翰林院过穷日子时，一根鹿尾就能让他振作。

入关之前，鹿尾是八旗贵族们生活中的日常之物。入关之后，鹿尾成为东北进贡的大头。以光绪十六年（1890）为例，此年冬，内务府所辖盛京打牲乌拉总管的进贡物中就有"生熟鹿尾二十余条"，此外还有乳油、黄油、鹿筋、鹿肉干、蜂蜜等物。

康熙帝亲征塞外时，内务府仍然通过驿站将各种物品尾随送来。康熙帝特意指示："朕此处各种食物皆有，只要送鹿尾、鹿舌各五十，鳜鱼、鲫鱼等少许即可。野雉亦勿送来，此地多而且肥。"[②]新疆伊犁原也进贡鹿肉、鹿尾，后被嘉庆帝下令停止。新疆鹿尾停止进贡，让诗人大发感慨：丰腴鹿尾，由是"无缘近御厨"，不过还有东北进贡的鹿尾。

清代定制，岁暮诸王公大臣皆有赏赐。查慎行记载：除夕前三日，内廷日直诸臣，人赐全鹿一只，风羊二只，兔八只，野鸡八只，鹿尾四

---

① ［元］佚名：《居家必用事类全集》巳集，明刻本。

② ［清］温达：《亲征朔漠方略》卷三十三，清文渊阁四库全书本。

枚，关东大鱼八尾，黄封酒二坛，此年例也。①除夕前一日，查慎行得赏鹿尾等物后，作诗云："山海奇珍鼎味充，上尊罗列岁时同。"②

对于受宠信的重臣，清廷常赏赐鹿尾，如康熙帝的宠臣高士奇所载："前时见天颜喜，鹿尾、熊蹯赐独多。鹿尾、熊蹯，东方佳味，官厨以此为贵。"③康熙二十二年（1683）十二月二十三日，康熙帝赏赐已致仕的老臣张英，羊、酒、鲜鱼、鹿尾等物，交付张英之子翰林院编修张廷瓒代收。④康熙二十三年，康熙帝南巡，张英至秦淮恭迎。这一年的冬天，康熙帝又赐羊、酒、鲜鱼、鹿尾等物，仍由张廷瓒领取。⑤

康熙三十八年正月初三日，于成龙抵彭城阅河。此年春，康熙帝巡视河工，于成龙照例应在山东北界迎接。康熙帝特意指示："河工关系紧要，他可以不必来迎接。他已到济宁，就是接着朕的一样，着他星速回去。"又谕："朕赐他的东西，尽多先将鹿尾带去，赏他吃。朕到再加赏赐。"康熙帝到了南方后，于成龙前去迎接，皇帝于舟中赐御膳，又赐鹿尾、糟雉各一匣。⑥

雍正帝登基后，也赏赐亲信臣子鹿尾。雍正五年（1727）正月十七日，正在云南任职的鄂尔泰被赏给苹果、文旦、甜橙、广橘、福橘三箱，哈密瓜二个，鹿尾、鹿肉、树鸡、关东鱼四篓，汤羊一只。雍正六年正月初十日，又将赏赐给鄂尔泰的物品由驿站一路运到云南，其中有苹果、广橙共一篓，文旦、朱橘共一篓，哈密瓜二篓，鹿尾十支，鹿

① ［清］查慎行：《人海记》卷下，清光绪正觉楼丛刻本。
② ［清］查慎行：《敬业堂诗集》卷三十一，四部丛刊景清康熙本。
③ ［清］高士奇：《高士奇集·随辇集》卷七，清康熙刻本。
④ ［清］张廷玉：《皇清文颖》卷一，清文渊阁四库全书本。
⑤ ［清］张廷玉：《澄怀园文存》卷十五，清乾隆间刻澄怀园全集本。
⑥ ［清］宋荦：《于襄勤公年谱墓志铭》卷下，清道光十八年奉天于卿保刻本。

肉六方，汤羊一只，树鸡六只，细鳞鱼四尾。①鄂尔泰年谱中记载，他先后七次被赏赐鹿尾，且多次被赏给十根。乾隆朝末期，福康安、和琳领兵在前方作战，大胜，"着赏福康安、和琳，干果二匣、鹿尾十个"②。

对于赏赐来的鹿尾，臣子可以独享，也可以邀请他人分享，或转赠他人。鹿尾是清代上流社会宴席上的重头戏，鹿尾一出，满堂宾客食指大动。清代吃鹿尾时，还有个别出心裁的游戏，吃完尾巴上的肉后，在座众人"当共嚼其骨也"③。

鹿尾之所以受到清代君臣追捧，原因较多。

其一，鹿在中国古代，历来被视为瑞兽，且鹿谐音"禄"，更蕴含着吉祥意义。逢年节时，鹿尾被皇室用作赏赐之物，寓意福禄。如张玉书深得康熙帝信任，其老母生病，请假三月回去奉养。康熙帝亲自书写《金刚经》五部赐给其母，又命送其母鹿尾，寓意吉祥。

其二，时人以为鹿尾具有药补功能，滋阴补肾，与海狗鞭、熊胆、虎骨等物并列。清代人认为鲜鹿尾如嫩肝，碎切煮粥，清而不腻，香有别韵，"大补虚损"④。名将赵良栋年老卧病在床时，康熙帝派人前去问候，又赐以人参、鹿尾，给其调养身体。⑤清代朱珪在《知足斋集》中载，鹿尾极好，能通督脉，调元养神。⑥对于老年人来说，鲜鹿尾还可以细熬成鹿尾粥进补。

---

① ［清］鄂尔泰：《鄂尔泰奏稿》，清钞本。
② ［清］鄂辉：《平苗纪略》卷二十五，清嘉庆武英殿活字本。
③ ［清］何焯：《义门先生集》卷十二《七言律诗五言七言绝句》，清道光三十年姑苏刻本。
④ ［清］曹庭栋：《老老恒言》卷五，清文瑞楼石印本。
⑤ ［清］李元度：《国朝先正事略》卷十一，清同治刻本。
⑥ ［清］朱珪：《知足斋集》卷第十二，清嘉庆刻增修本。

其三，清室如同辽、金、蒙古一样，都重视马上骑射功夫。入关之后，清皇室通过定期举行木兰秋狝，以示不忘骑射功夫，同时寓兵于狩。"木兰秋合围，旷野狍鹿走"，康熙帝在木兰秋狝中就颇有斩获，"哨获之鹿凡数百""一骑飞来如电掣，黄封鹿尾进鲜来"。驱驰之间，皇帝亲手猎鹿，再割下鹿尾，赏给大臣，其中意义，不言而喻。

其四，鹿尾烹制后，味道鲜美，是上等食材。尹继善品尝后，认为天下美味，当以鹿尾为第一。袁枚曾尝过极大鹿尾，用菜叶包了蒸熟，味道果然不同，"其最佳处在尾上一道浆耳"①。这里说的浆就是烹饪时渗出的油。当肥肥的鹿尾端上来时，光如水晶，颤乎乎油腻发亮，这对清代人具有无上的吸引力。

康熙三十二年（1693）秋七月，康熙帝猎得鹿尾、鹿脯等物颇多。此时正值盛暑，皇帝便将猎获的鹿尾，亲手腌晒成鹿尾干，进献给皇太后。对于这些鹿尾，康熙帝很是关注，写信问皇太后道："未知到日，其味何如？蒙加餐否？"②

《醒园录》中记录了一道"食鹿尾法"：此物当乘新鲜，不可久放。致油干肉硬，则味不全矣。先用凉水洗净，新布裹密，用线扎紧，下滚汤煮一袋烟时，取起，煺毛令净，放瓷盘内，和酱及清酱、醋、酒、姜、蒜等，蒸至熟烂，切片吃之。又云：先用豆腐皮或盐酸菜包裹，外用小绳子或钱串扎得极紧，下水煮一二滚，取起，去毛净，安放在瓷盘内，蒸熟片吃。③

鹿尾在清代，也被列入八珍之中。早期的八珍，并不是什么山珍海味，只是寻常炮豚、炮羊之类。此后八珍多被用来指王侯将相桌上的

---

①　[清]于敏中：《日下旧闻考》卷一百五十一，清文渊阁四库全书本。

②　[清]王先谦：《东华录》康熙三十二，清光绪十年长沙王氏刻本。

③　[清]李化楠：《醒园录》卷上，清函海本。

珍稀食物、神仙酒宴上的名菜或八种不同的烹调方法。宋代吕希哲《杂记》中认为，八珍是龙肝、凤髓、豹胎、鲤尾、熊掌、猩唇、鹗炙、酥酪蝉，无鹿尾。①元代陶宗仪《辍耕录》列出八珍，其中有野骆蹄、鹿唇等，并无鹿尾。明代《西游记》中，玉皇大帝招待如来时，"安排龙肝、凤髓、玉液、蟠桃"，也不见鹿尾。

到了清代，鹿尾与熊掌、驼峰等物，一起被视为八珍。清代宫廷之中，"黄门飞鞚不动尘，御厨络绎送八珍"。鹿尾一出，诸菜黯然。纪昀《阅微草堂笔记》中载："八珍惟熊掌、鹿尾常见，驼峰出塞外，已罕见矣。猩唇则仅闻其名。"清代小说《再生缘》中描绘皇家宴席的盛况时，也开始有了鹿尾："席上边，龙肝凤脑江瑶柱，熊掌驼峰与鹿尾。"②

八珍之中，很多只是传说，或很难一见，于是鹿尾大行其道，是为"长安口腹矜豪侈，古之熊掌今鹿尾"③。康熙朝时，姚文然曾担任过刑部尚书，初到京师安顿下来后，给家中去信报平安。姚文然在信中大谈鹿尾，"此中甚重鹿尾，味果佳"。姚文然是安徽桐城人，在老家从来没有吃过鹿尾，到了京师后，方才知道人间竟有此种美味。为了让家人也能尝鲜，姚文然高价购了十数尾，用盐腌制好了，托人带回老家给家人尝鲜，"未知何如，且试一尝之可耳"④。

从皇室到官场对鹿尾的追捧，导致鹿尾价昂。一条鹿尾的价格甚至超过一头整鹿。"鹿尾京师极贵，价值白金五六两不等，他处全鹿，

① [清]陆廷灿：《南村随笔》卷一，清雍正十三年陆氏寿椿堂刻本。
② [清]陈端生：《再生缘全传》卷十九，清道光二年刻本。
③ [清]屈复：《弱水集》卷五，清乾隆七年贺克章刻本。
④ [清]姚文然：《姚端恪公集》外集卷十八，清康熙二十二年姚士塈等刻本。

不能敌京师一鹿之尾也。"①汪启淑《水曹清暇录》中载："近时宴席不甚重熊掌、猩唇，而独贵鹿尾。"②安徽全椒人吴鼒是嘉庆四年（1799）进士，在京师为官时，想吃鹿尾，只是价高难觅，托了同年帮忙，方才购得。他得意地作诗道："裙腰草浅踏宜缓，鹿尾价高求不悭。"③

嘉庆年间，梁章钜曾担任军机章京，在皇帝身边，也能分享些宫廷特贡，冬季时常能一啖鹿尾，大饱口福。后来外放到江苏做官时，每得鹿尾，梁章钜不让厨师烹制，而让其夫人操刀薄切，下厨烹调，足见珍视。道光十五年（1835），梁章钜升任广西巡抚，虽去京师万里，不过由于公文往来，差弁可携带鹿尾至桂林，与幕客共尝之。就在桂林吃鹿尾，梁章钜曾赋诗云："寒夜何人还细切，春明此味最难忘。"被桂林人传为名句。梁章钜致仕返乡之后，不能得食鹿尾，大发感慨："徒劳梦想而已。"

在清代，翰林、军机章京虽然位微，却有着许多一般官员所没有的荣耀，能得赏鹿尾也是其中之一。嘉庆末年，杭州人吴清鹏在翰林院大发牢骚："翰林职冷无酬酢，岁晚飞书得米迟。"此时友人冒着风雪，送来鹿尾，他顿时心情变好，大赞朋友："厚禄故交殊不少，如君真有古人思。"④

谭宗浚是饕餮之徒，曾创设谭家菜，为当时乃至后世好吃之徒

①　[清]王士祯：《带经堂诗话》卷二十九，清乾隆二十七年刻本。

②　[清]汪启淑：《水曹清暇录》卷二，清乾隆五十七年汪氏飞鸿堂刻本。

③　[清]吴鼒：《吴学士诗文集》诗集卷四《七律》，清光绪八年江宁藩署刻本。

④　[清]吴清鹏：《笏庵诗》卷四，清咸丰五年刻吴氏一家稿本。

所周知。但是，他作为广东南海人，素来不曾吃过鹿尾。同治十三年（1874），谭宗浚考得一甲第二名进士，入了翰林院，第一次吃鹿尾后，大为倾倒，在《初食鹿尾》中写道："朝来食指徐徐动，想有奇珍五鼎烹。喜见腥肥蒸鹿脯，不辞烂醉倒鹅觚。"[①]

到了清末，鹿尾仍然是珍稀之物。许起的《珊瑚舌雕谈初笔》中记载，某次在上海，因事到洋行中。洋行总管林秋崖安排宴会，挽留吃饭。席中菜肴极为丰盛，无非是山珍海味，席上众人都是吃惯了大餐的，均没有感到特别。当林秋崖小心翼翼地捧了一个银盘上来，介绍盘中乃是鹿尾，宴席方才进入高潮。林秋崖介绍，这道鹿尾，乃是托人从京师内务府御膳房购来的，事先已煮熟。今天一早刚以轮船运到，在座诸位，可是大有口福矣。[②]

至清帝逊位后，鹿尾失去了其政治寓意，在高档食肆之中时常可见。不过，鹿尾仍然价高，能得尝者，都来自上层社会。平民百姓之家，精心煮上几根猪尾，这味道约莫也不会输给八珍之一的鹿尾。

六、算算宫廷伙食费

入关之后，清廷还面临诸多战事，宫中一切开销力求从简。顺治七年（1650）规定，内库钱粮皆归并户部管理，内廷所用物品如皮类、丝绸、茶叶、纸张等也从户部支取。康熙初期重设内务府之后，内务府的开销主要依赖于户部拨款。

康熙帝收复台湾、平定三藩后，社会局势稳定，经济蒸蒸日上，内

---

① [清]谭宗浚：《荔村草堂诗钞》卷二《出门集》，清光绪十八年廖廷相羊城刻本。

② [清]许起：《珊瑚舌雕谈初笔》卷六，清光绪十一年木活字印本。

务府的财政状况也有所改善。除了户部拨款外，还通过皇庄、貂皮、人参等获得了不菲的收入，而且还从事房屋租赁、开设当铺等商业活动，也可获利。虽然如此，但乾隆朝之前，内务府经费仍经常不敷使用，"时檄取户部库银以为接济"。

在饮食上，康熙帝以简约自称："朕每食仅一味，食鸡则鸡，食羊则羊，不食兼味，余以赏人。"《清宫述闻》记录，康熙帝特意将自己的膳食单传示，"每日止肉九斤，米三升，他物称是"[①]。相对而言，康熙帝比较简约，且还是为了传示天下、自我标榜、自我吹嘘。在中国历史上，帝王自吹简朴仁慈，看到要杀羊羔，就动了恻隐之心，令戒吃羊羔之类的仁慈故事，也是屡见不鲜。

传教士南怀仁曾在宫中担任康熙的教师，康熙帝对他极为信任。据南怀仁记载："我单独同皇上在一起，给他读书并加以介绍。他常常留我吃午饭，并从金盘中给我夹一些精美的肉。"法国传教士张诚曾陪康熙帝吃过饭，据他记载，皇帝赏赐的食物有："堆成金字塔形的冷肉，用肉冻、豆芽、菜花、菜心拼成的冷盘。"

中年之后，康熙帝被各种琐事缠身，心脏经常不舒服。后来传教士罗德先用法国葡萄酒止住了他的心悸症，此后康熙帝长期饮用进口的西洋葡萄酒。康熙帝曾给内务府下过一道独特命令：以后如果西洋人进贡的物品，"雇包程骡子，星夜送来，不可误了时刻"。这西洋的葡萄酒，价格自然不菲。

嘉庆十四年（1809）正月，嘉庆帝曾云："前明宫内每年用度金花银九十余万两，光禄寺每年送内所用各项钱粮二十四万余两，每年柴炭等项又不下数万两。维时康熙年间，宫中用度已大加删减，较前明宫用

---

① 章乃炜：《清宫述闻》，北京古籍出版社1988年版，第356页。

尚不及十分之一。"据此推断，康熙朝宫中每年开销，在银十余万两。

乾隆一朝，内务府的财政状况得到彻底改善，一方面是原有的皇庄、当铺收入激增；另一方面则是两淮盐课、粤海关收入的稳定保障。御膳房的开销最初由光禄寺向户部领取，存在光禄寺库中，再转拨给御膳房。随着皇室经费的充沛，乾隆朝时，御膳房开始直接从内务府广储司领钱，再也不用看户部的脸色。

至乾隆朝中后期，皇帝生活日益奢华，御膳房开销明显增加。乾隆帝登基之初，宫中的馔肴也不是特别过分，如乾隆元年（1736）春节，此日早膳有拉拉（黄米饭）一品、菜四品、盘肉七盘、点心二盘、鹿尾酱、剁碎野鸡、葵花盒小菜、金碟小菜各一品。晚膳菜十品、攒盘肉一品、点心四品、葵花盒小菜一品、金碟小菜一品。一般富贵人家，春节当日的菜肴也要胜过皇家。

到了乾隆朝中期，宫中的馔肴日益丰盛。以乾隆四十年正月二十六日为例，此日在同乐园进早膳，有燕窝攒丝热锅等十六品，饽饽七品，奶子四品，黄碗菜三品，羊肚丝一品，祭神肉一品，盘肉二桌，每桌六盘。晚膳时，有鸭羹热窝等十三品，银碟小菜四品，粳米干膳一品，饽饽六品，奶子二品，黄碗菜二品，祭神肉片一品，盘肉五盘一桌。到了乾隆晚期，宫中馔肴更是丰盛无比。

乾隆做皇帝日久，排场越来越大，饮食也越发豪奢。乾隆一朝可谓是清代御膳极大发展的时期，但《清宫述闻》记录："高宗自奉简约，御膳房日用屡加核减，至末年，岁用仅二万余金，近侍虽告匮，不愿也。"乾隆朝每年各种宴饮开销，断然不止《清宫述闻》所云二万两白银。

至道光年间，财政大为吃紧。清廷的主要开销在三个方面，一是军费开销，二是治理河患，三是户部贪腐。军费开销，仅鸦片战争一项，就多达两千万两白银。道光朝多灾多难，水灾频繁。黄河、淮河、永定河，各地河流不断决口，为了治理河患，在河工上投入了巨额银两。道光二十三年（1843），仅治理河患的开销就达到一千一百九十万两白银，此后每年正常开销在五六百万两。道光帝的萧条时代，宫中日常膳食再没了乾隆朝时期的铺张景象。道光帝对宫中奢华的饮食器具和铺张的菜肴极为不满，规定"宫中岁耗不得超过二十万""宫中用膳，每日不得超过四碗"。

宫廷伙食费的开销在整个清代虽有波动，但总体上保持在每年十余万两至二十余万两白银之间。因为清宫皇室的规模、礼制的规定、皇家的气派在那里，再怎么节省，也还是得花这么多钱。清宫之中的每个主子都有自己的小厨房，如寿膳房、御膳房、寿茶房、御茶房、主位饭房、主位茶房、阿哥饭房、阿哥茶房等。

清代历任皇太后的膳房称寿膳房，寿膳房分五处，分别在慈宁宫、寿康宫、寿安宫、宁寿宫、景福宫。皇帝膳房被称为御膳房，地址在两处，一处在养心殿，一处在重华宫。皇帝的寝宫在养心殿，皇后的寝宫在养心殿后的体顺堂，故而养心殿的御膳房为帝后共同使用的厨房。光绪朝时，因为光绪帝不喜欢隆裕，和皇后分开吃饭，隆裕移居钟粹宫，另设皇后御膳房。此处的御膳房是慈安皇太后寿膳房的原址。

次于御膳房者为主位膳房，此类膳房分两个级别。凡是先朝守寡的太妃、太嫔的厨房，称主位厨房，如永和宫厨房为瑾贵妃的主位膳房，重华宫膳房为瑜皇贵妃的主位膳房；其次为主位饭房，乃妃嫔贵人等的厨房，如长春宫饭房为宣统帝淑妃文绣的饭房。其他各阿哥饭房、公主饭房散在各处。由此可见，清代皇室成员，虽然同在紫禁城内居住，但不一起吃饭，母子妻妾各有各自的宫份、月份及饮食物品的固定配额。

清代以总管内务府大臣二人总领御膳房。御膳房每岁经费主要花在鸡、鸭、猪、鱼、蔬菜、姜蒜等物上。至于牛羊，则从庆丰司取用。御膳房是个大肥差，一有机会，内务府就要向御膳房安插人手。如乾隆八年（1743），内务府"增置承办姜蒜领催、内副催总二人"。小小姜蒜也设置专门岗位，安排人员办理，这也是盛世年间皇家的富贵气派了。

以宣统二年（1910）七月清宫御膳房一月的伙食经费为例，可以大致算算清宫伙食费。

宣统帝此时虽然是个小孩儿，但一切都照常供应。宣统帝每天御膳用菜肉二十二斤、汤肉五斤、猪油一斤、肥鸡两只、肥鸭三只、菜鸡三只。每月三十天，则此月宣统帝的供应有菜肉六百六十斤、汤肉一百五十斤、猪油三十斤、肥鸡六十只、肥鸭九十只、菜鸡九十只。

皇太后隆裕此月的供应为盘肉一千五百斤、菜肉三百六十斤、肥鸡鸭各六十只。珍妃的姐姐，光绪帝的妃子瑾贵妃的供应为盘肉一百七十四斤、菜肉一百一斤八两、菜鸡菜鸭各七只。

瑜皇贵妃、珣皇贵妃和瑨贵妃三人都是去世多年的同治皇帝遗下的妃子。永和宫瑜皇贵妃分例为每日盘肉八斤、菜肉四斤，每月菜鸡共十五只、菜鸭共十四只。珣皇贵妃分例为每日盘肉八斤、菜肉四斤，每月菜鸡十五只、菜鸭十四只。瑨贵妃分例为每日盘肉六斤、菜肉三斤八两，每月菜鸡菜鸭各七只。

清宫中，每日早晚内外膳房所提供的菜肴大同小异，没有太多变化。每日供应之中，肉是大宗，其他还有玉兰片、白糖糕、鸟、鸽蛋、螃蟹、鲜鱼、火腿、薏仁米粥等，并没有特别的花样。可以说，帝王家的饮食还不如富贵之家，富贵之家吃厌了还可以去选择不同的馆子换换口味，宫中则没有选择。

宣统二年二月，御膳房各项采购开销加上其他各种杂项开销，总计白银一万八千八百七十八两四钱三分。以此类推，清宫御膳房一年的开销，在二十余万两。

宫廷采购的食材价格中有水分，但并没有想象中的那么大。宫廷开销大，一则宫廷之中排场大，如宣统二年（1910）七月，隆裕太后、皇帝、瑜皇贵妃、珣皇贵妃、瑨贵妃、瑾贵妃六人，共用去二千九百六十斤肉、三百八十八只鸡鸭，可谓极其浪费了。二则宫中每日吃饭的人多。每日军机大臣分例是盘肉四百三十五斤、菜肉五十五斤、汤馅肉八十七斤；军机章京分例是盘肉五百二十二斤、菜肉五百二十二斤；御前大臣乾清门侍卫批本奏事官一百零七人，每人每日菜肉十两；上书房师傅每日盘肉八十七斤、菜肉七十三斤；懋勤殿每日盘肉八十七斤、菜肉七十三斤。此外还有各个级别的太监、敬事房写字人、勾字匠、如意馆馆员、匠人、萨满等每日的伙食开销。

有故事云，光绪帝告诉师傅翁同龢："每日吃鸡蛋四枚，价值三十四两。"翁同龢顾左右而言他，不敢搭讪。其他各种涉及乾隆、嘉庆、道光的故事，每枚鸡蛋十两银子的情况也颇多。其实，这种事情并不存在。清宫之中，每年耗费鸡蛋几十万枚，如果每枚十两，皇帝早就破产了。清宫中采购的价格，基本上与市场价格相差无几，可能会略高，但不会太离谱。

1931年，有人对故宫中所存物品进行清点，发现故宫御膳房中尚存诸多珍馐美味，如苏造酱、木香、银耳、青酱肉、花雕酒等。有的历史长达百年，北京各大饭庄闻讯后不无激动，拟联合呈请，将这批珍馐美味公开拍卖。

第九章

从根子上烂了：和帝制一起消亡的内务府

一、艰难的改革之路

在清末的改革浪潮之中，溃烂已深的内务府被抨击最多，呼吁改革内务府的声音也最为响亮。在舆论压力之下，清廷不断就改革内务府推出各类计划，希望能铲除内务府弊端，以适应新时代。内务府改革的讨论持续不断，改革的计划不断推出，但一涉及根本利益，就无法推行。哪怕慈禧太后下旨、摄政王载沣拍案，也无可奈何。直至清亡，内务府也只改革了些许皮毛，不能深入。

光绪二十七年（1901）九月，有御史上奏，请改革官制，特别涉及内务府人员的升迁任用。据此奏，凡内务府出身人员，只准擢升上驷院、奉宸苑、銮仪卫及本衙门郎中、织造等缺，至内务府大臣止，不得外任道府等官职，也不得补授各项武职。至于内务府三旗内的聪明子弟，如有志气向上，愿入武备、工艺学堂学习或出洋留学者，由内务府大臣另编清册，照章办理，如学有成效，量才适用，可以升补各项文武实缺，但不得再充当内务府各类差使，以加限制。

清代规定，内务府各项官职乃内务府上三旗包衣专属，可内务府包衣也能外任文武各类要职。内务府包衣靠着皇帝的宠信，很容易就能得到提拔。通过科举正途，寒窗十年熬出来的士人，仕途是何其艰辛，故而包衣的命运让很多士人腹诽不已。庚子之乱后，清廷推行新政，乘机提出改革内务府官制，但涉及内务府人员的任职，此中利益牵涉太大，最终不了了之。

内务府的改革，只有在最不起眼、利益最少的部门才能推进，比如景山官学、咸安宫官学。早在光绪九年（1883），经由大学士宝鋆、协办大学士李鸿藻、尚书徐桐、麟书等共同商量后，提出改革景山官学，妥议章程，以培养人才。但此番商定之后，并无太多推进。直到光绪二十八年，清廷议准管学大臣张百熙建议，将内务府景山官学、咸安宫官学改为内务府三旗小学堂，也算是内务府改革的开端。

光绪三十年，清廷大刀阔斧推行新政，内务府势必也要加以变革。慈禧太后特意颁发懿旨："方今时局阽危，百端待理，内务府司员太多，应如何裁汰归并者，政务处会同内务府大臣妥议具奏。"皇太后发了话，改革自然要提上日程。政务处同内务府会商后，认为内务府差务较繁，额设司员相对较多，可先将内务府所属各处司员酌量裁并。

内务府决定，拟裁撤员外郎十员[①]、委署主事十四员、六品司库六员、六品库掌四员、六品司俎官一员，共三十五员。上驷院、武备院、奉宸苑、圆明园、颐和园等处裁撤四十一员。二者合计，共裁撤七十六员。又内务府所属咸安宫官学学生已归入学堂学习，故而管学务的司员之类拟一并裁撤。热河正副总管事务相对简单，也应裁撤，其所管各处

---

① 查内务府原设郎中二十八员，除历年分拨裁外，现仅二十四员，分隶十三处。

事务及所属官兵一并归热河都统管理。内务府裁撤各缺，自奉旨之日起，遇有缺出，即行裁撤。

经历了庚子之变，清廷财政处处吃紧，可处处需要用银。到了光绪三十一年（1905）三月，经过商议，将内务府所有大小臣工之饭银扣提二成，解归户部，专作练兵经费。饭银乃每日的伙食费，通盘核计，每年可得二十余万，可见内务府开销之巨。

晚清时，清廷可谓贫困至极，办路矿、兴海军均无经费，举行一切新政，莫不曰"无经费"。在困境之中，颐和园工程却一直未曾停止，宫中的日常供应也一切照旧。内务府不时声称经费拮据，为此还在光绪三十四年四月向各省通电，催解款项。此年本应解送内务府的广东厘金，欠下白银共计十三万二千三百一十二两二钱。当年广东各地水灾筹办急赈，此外赈济平粜、修筑基围等善后事项，也急需用款，故而缓解此笔款项，让内务府财政更加吃紧。每年各地都要给内务府进贡方物，御史叶芾棠认为，在此国难之际，应当暂停进贡。原本还催促各省广征贡物的内务府，不得不顺应民意。十二月，内务府大臣通致各省督抚及苏浙织造，除了祭品之外，其他各地方物暂停进贡。

宣统二年（1910）七月十三日，载沣令大学士世续，着开去军机大臣要差，专办内阁事务，这让外人很是惊讶。世续当日身兼军机大臣、总管内务府大臣等职务，也是辅国老臣。宣统二年以来，载沣推动改革内务府，厘定皇室经费，预备仿效日本，设立宫内省，不想遭到世续阻碍。世续对裁改内务府人员及改革等事并不积极，以致改革拖延，不能推进。世续出身内务府包衣，自然要维护内务府利益。载沣对此也很不满，曾抱怨道："世相如此抗议，实属瞻徇情面，袒庇私人，且身为朝廷重臣，应如何秉公持政，乃敢滥存私见，置大局于不顾。"最终决定将他革出军机处，以减缓内务府改革的阻力。

宣统二年（1910）七月底，就内务府改革，清廷内部达成一致。内务府七司，除都虞、会计、庆丰三司仍旧保留外，其余四司将陆续裁并。其中，营造一司靡费最多，舞弊最甚，往日凡皇室所需一切金银陈设，各庙殿一应祭品等物件，全由营造司匠艺制造。营造司中弊端百出，如所造物件，名为金银质地，实则一概用铜。至报销款项时又毫无限制，任意开支，积习相沿，竟有浮开至四五倍者。对营造司，清廷早知其弊，故而立刻裁撤该司，归入农工商部管理。此外应裁之掌礼司，所掌内庭礼乐等事，归入礼部管辖。慎刑司所掌内务府上三旗诉讼、讯判各事，归入法部、大理院办理。广储司所掌六库，一切收支移交度支部兼管。

八月份，毓朗、载涛二贝勒连续与内务府四大臣会议，拟定内务府全面改革的草案：（一）如上月所议，裁撤营造、掌礼、慎刑、广储四司；（二）核减各项靡费；（三）清查包衣名额粮饷。两贝勒知道内务府积弊已深，无法彻底根除，故而决议先在七司（广储、会计、掌礼、都虞、慎刑、营造、庆丰）六库（银、皮、瓷、缎、衣、茶）三处（庄头、关防、造办）及升平署等处改革，先将各处司员履历档案调齐，定期清查，以为施行改革做好准备。

宣统二年以来，内务府银库储款很是紧张，八月时最为吃紧，所有正杂各差款项，均无法开出。九月初，内务府向大清银行借银三十万两，此外还有各关解来税银数万两，度支部也将此前所欠六万七千两补发，统计约五十万两。此月，内务府财政方才松动，所欠工程等款项分别发放。

到了十月，内务府手中又没钱了，开始向四恒银号筹借款项。银号要求内务府堂官担保，以致未成。内务府司官又向大清银行商借，就在双方即将谈妥借款时，影响巨大的恒利银号出面干涉，导致借款不成。

内务府财政日益窘迫，无法筹措，时人感叹，往日堂皇的内务府，今日竟甘受银号挟制。

内务府为数百年来京师第一阔绰衙署，所有堂司各官及书吏库役，身卧金穴，挥霍无度，骄横气象令人望而生厌。改革以来，清理财政，厘定皇室经费，定内务府入裁撤之列，一时间，内务府各官吏皆垂头丧气，到署办公者寥寥无几。此年十月，军机大臣会议决定将内务府改为内务部。未来内务部设尚书一名、左右侍郎各一名、左右丞参各一名，定于次年九月施行。内务部设置之后，裁撤礼部、銮舆卫、奉宸苑、钦天监、太医院及宗人府等各衙门，统归并于内务部，分司办理。

在改革方案中，翰林院也要归入内务府（内务部），这让翰林院的文人们大为不满。为此，文人们列出不可废除翰林院之理由，如翰林院与德国博士院性质相同，职司国史，秉董狐之笔，关系数千年以后之信史，不能裁撤。内务府全系上三旗包衣，虽满洲八旗也不能附入，如何能以翰林院归并？翰林院更认为，新内阁为最高行政机关，弼德院为行政顾问机关，翰林院为最高行政人才机关，自然不能归并。

宣统三年（1911）四月，在一轮轮眼花缭乱的改革倡议之后，清廷一度确定将内务府改为皇室厅，将总管内务府大臣四人，裁去二人，保留二人。现在宫廷内的前锋护军及内务府三旗护军营，一律裁撤，从护军兵丁中挑选年富力强者，改为皇室警察，由皇室厅统辖。内务府三旗原有激桶处，改为皇室消防队。现有之银、皮、瓷、缎、衣、茶等六库，全部归并为一处。

宣统三年正月以来，内务府一直未发放护军、太监等的钱粮，以致内务府中人员无不哗然。内务府财政历来困难，靠着向银行、银号借款支撑，要改革官制，未来如何还不可知，故而内务府的贷款都是内务府官员以个人名义出面借贷，并无内务府的印信合同。将来新官制实行后，此项款断难追回，故而各大银号不肯贷款。

至于各省所解税款，除了归还银号欠款外，还要归还大清银行本利白银六十万两，根本无钱可用。四月份时，内务府统计，共积欠银行、商号银八十九万六千六百余两。内务府紧急奏请拨款项，以济急需，"惟有恳请饬下度支部筹拨银五十万两，以济急需并请饬部电催各省关，实时如数解清，以清积欠"。

内务府忙着要钱，朝廷忙着改革，各种扯皮。就改革而言，虽朝廷内有无数议论，但到了此年六月，仍未有任何实质性推进。摄政王载沣一直想要效法日本宫内省，奈何阻力甚多，遂致延宕。八月，清廷又有新的计划，准备将内务府改为皇族院，设正副大臣各一名。在一片改革议论之中，内务府仍然存在，忙碌着筹款、服务主子，一切照旧。

辛亥革命后，袁世凯组织临时政府，令所有部府院办理交接事宜，唯内务府不在其内。因内务府负责皇室事宜，袁世凯政府一度决定，"将来该府大臣应改名为供奉大臣，专为侍奉清帝之用"。民国时期，因为各种原因，内务府一直存在于故宫之中，服务于逊清小朝廷，也未加以改革。

二、民国供给的经费

辛亥革命爆发后，经过几轮激烈交战，南北双方坐到了谈判桌上。经过反复磋商，最后达成清帝退位优待条件。《清室优待条件》共八款，涉及清室经费、私产的内容规定："大清皇帝辞位之后，岁用四百万两，由中华民国支出。大清皇帝辞位之后，其'原有之私产，由中华民国特别保护'。"其中，清帝岁用银四百万两，议定待将来改铸新币后，"改两为元"，划拨银元。

内务府暂时保留，袁世凯指示，将内务府大臣改为供奉大臣。巨变之后，宫中一切状况如旧，只是不复往日的喧嚣。内务府中饱私囊也如往昔，只是收入减少，大有入不敷出之势。辛亥革命之后，政界中人均将前清顶戴花翎、官服袍褂废弃不用，只有内务府大臣及内务府大小司员、护军，均用清廷旧制，只是到了夏季时换戴凉帽。

内务府包衣，虽然属于上三旗，但一向被视为奴仆，属于旗籍包衣汉人。此上三旗的包衣汉人必官至二品以上，有殊勋特赏者，方有列入八旗，谓之"抬旗"。在清室逊位条件中，也包括给旗人的优待。在八旗生计未筹定前，旗人俸饷仍旧支放，几百万旗人的粮俸成为民国政府巨大的负担，加上清皇室的经费，每年耗费达千万两白银之巨。

辛亥革命之后，在发放旗人粮俸时，上三旗汉军包衣却未被纳入，"盖八旗人坚执成说，不认内三旗列入同等之故"。但旗人相当于户籍而不是族籍，上三旗汉军包衣属旗人，不是满人。既然是旗人，照例也能享受待遇。为此上三旗汉军包衣纷纷向民国政府财政部抗议，要求补给粮俸。财政部全部予以驳回。该上三旗汉军包衣又找到"满族同进会"提出控诉，提交给大总统，为其主持公道。一番交涉之后，又给民国政府开支加上了一笔。[1]

进入中华民国，各方面还是有很多变化，如依照清室旧例，宗室子弟的纠纷由宗人府处理，此后一概由法院审判。前清时期，内务府太监犯罪，旧例由慎刑司审判，此后也归入中华民国法庭。所有各王公贝勒贝子等府第，均应遵守民国警察法令，一律详查，编入户籍。民国时已改用阳历，政府各部门行文均用阳历，只有在紫禁城内的内务府还在用阴历并且使用"宣统四年"字样。民国政府对此加以驳斥，严令改正。

此时刚进入民国，新政府财力艰难。隆裕太后曾派内务府大臣世续

---

[1]　《呜呼奴仆苦》，《申报》1912年7月8日。

告知袁世凯："申明优待经费，不妨从缓交付。"不过，隆裕太后只是给民国表个态，宫内的各项开销已日见局促，迫切等着民国政府拨出经费。到了此年四月，民国政府所承诺的每年四百万两经费仅给了十四万两。徐世昌尽力催促，奈何政府部库之中空空如也。

在袁世凯担任大总统期间，对清室优待经费尚能恪守承诺，予以发放。此时民国政府经费紧张，袁世凯通过各种途径，筹集清室优待经费，为此甚至一度自停年俸。袁世凯之后的历届民国政府，多不能按时发放优待经费，欠款成为常态。对于贫穷的中华民国而言，清室优待经费是一笔沉重的负担。当时的评论认为，中央政府财政开支首为军费，此外是各部行政经费，再就是每月清室优待经费。

拨给清室的经费常常不能发放，无奈之下，逊清小朝廷不得不屡屡哭穷，索要经费。1918年，眼看着端午节即将到来，内务府空空如也，大有无米为炊之势。不得已之下，内务大臣世续致函国务院，请务必于旧历五月初二日以前拨给优待经费六十万元，以资维持清室体面生活。国务总理段祺瑞也是前清臣子，给了老主子面子。不过段祺瑞事先申明，现在中央财政紧张，只能先给四十万元。到了六月，清室又哭着过来索要经费，段祺瑞下令财务部迅速拨出优待经费三十三万三千三百三十三元。

段祺瑞掌握权力的时期，尚能勉强给清室发放优待经费。至1920年段祺瑞皖系战败，小朝廷又过起了干瘪日子。1921年，清室积欠木厂承修颐和园工价，现被控于地审厅，溥仪、世续被列入被告。

1922年，有风声传出，吴佩孚入京拜访大总统黎元洪时，主张废除清室优待条件。

逊清小朝廷很惊恐，议定了三项应对方法：一是民国政府发清数年来积欠清室优待经费；二是调查清室所有财产之价值，以谋自给；三是拒绝变更关于经费规定以外之优待条件。

为了应对清室优待条件被取消后的财务窘迫，逊清小朝廷搞起了小动作，将贵重财产移入东交民巷外国银行进行保管。经过清室内务府堂官钟某、绍耆、载洵、载涛等人操作，1922年6月3日（旧历五月初八日）开始，由西华门开进汽车三辆，入西新门内装载宝物，再运赴东交民巷外国银行，如此持续数日。

清室优待经费长期被拖欠，财用日匮，每遇年节开支，只好靠着变卖、抵押文物勉强维持。溥仪此时出卖、抵押的均为珍贵文物，如十二金编钟等。乾隆八十大寿时，各省督、抚进贡有黄金编钟一套。溥仪手中缺钱，就将这套十二金编钟及金器数百件抵押给了某外国银行买办，得洋四十五万元。十二金编钟价值远在四十五万元之上。庚子之变时，曾被八国联军抢去一个编钟，后以十万两白银的价格方才赎回。至于其余数百件金器，单以黄金重量而论，已值六十万元左右。

如此坐吃山空，长久以往，小朝廷势将不支。为了开源节流，溥仪也开始整理产业，派人查验小朝廷在奉天、热河、近畿三处的房屋田地，以备出租。对于宫中古董，请专家如以前的内务府包衣庆宽等人加以鉴定，以免出售、抵押时吃亏。对宫中各项费用，开始严加核销，每年可节省下数十万元。

溥仪将大量文物藏入外国银行，又将文物暗中拍卖抵押，激起了当时文人的不满。1924年3月，李燮阳等六十六人联名提出质问书，限逊清小朝廷三日之内答复陈宝琛、郑孝胥等串通溥仪盗卖文物之事。同时要求民国政府根据法律将清室手中的文物悉数提出，或交内务部派专员妥善保存，或发交给博物馆，以供人民观览。

根据内务部拟定的《保存古物暂行办法》，凡国内一切古籍古物，均不得出售给外国人。清室出售的珍贵文物，大量流失海外，内务部不得不出来表态，要严加处理。内务部通知逊清小朝廷内务府，要求此后凡清室手中的古籍古物，非经民国内务部核准，不得随意移转出卖，并请将陈宝琛等变卖文物的情况迅速查明汇报。

逊清小朝廷也开始四处活动，找人帮忙，竟然说动了当时颇有实力的大军阀，又通过大军阀找到国务总理孙宝琦，请其帮忙通融。孙宝琦插手过问，令军警机关、内务部不得过问清室文物事宜。此后清室又可以私藏、倒卖文物了。风头过去，京师就有消息称，不日清室又将有大批贵重文物出押或出卖，中外资本家纷纷筹集款项以备买入。

虽然在1922年做了一定准备，清室没有想到的是，《清室优待条件》很快取消了。1924年10月23日，直奉大军在山海关一线激战正酣，本属直系的冯玉祥突然班师回京，发动政变，囚禁总统曹锟，以黄郛代理国务总理，并摄行总统职权。数日之后，在冯玉祥授意下，黄郛以大总统名义向溥仪出示《修正清室优待条件》，宣布永远废除皇帝尊号，将其驱逐出宫，皇室优待费由原来每年四百万元减至五十万元，这实际上等于废除了优待条件。

冯玉祥一直痛恨清皇室，认为让他们留在紫禁城是民国的羞辱。早在驱逐张勋的战役中，冯玉祥就曾想把溥仪驱赶出紫禁城，但被阻止。这次北京政变后，他借机将溥仪从宫中赶出，于是也就有了电影《末代皇帝》中溥仪落魄出皇宫的一幕。负责驱逐溥仪的是北京警备司令鹿钟麟。

溥仪出宫后，李石曾等人组织办理清室善后委员会，接收故宫以及前清内务府所属一切财产，约集社会各界人士合力工作，于1925年10月成立故宫博物院。

就1924年驱逐溥仪出宫事件，当时及后世有诸多争议，争议的中心在于，驱逐溥仪出宫，削减优待经费，是否违背法律？支持冯玉祥者认为，此举并未违法，其理由有三：一是清皇室未按照约定迁出宫禁，二是溥仪参与复辟，三是溥仪愿做自由公民。

说清室赖在宫中不走，并不是历史真相。实际上，清室一逊位，隆裕太后就提出要搬去颐和园居住。1912年3月20日，前清总管内务府大臣世续拜会袁世凯时，提出隆裕太后想尽快移居颐和园。1912年3月25日，隆裕太后召见清室王公及内务府总管，商议迁宫之事。最后议定于旧历四月初一日迁往颐和园。世续随后又至总统府，请求拨付款项一百万两，作为迁往颐和园的费用。袁世凯此时手中哪里有钱，竭力劝阻世续，谓大可不必多此一举。"袁总统仍极力挽留，词意恳挚，甚至泣下数行。"民国政府手中没钱，清室又有诸多事务牵绊，迁往颐和园之事最后不了了之。

到了1924年春，溥仪命郑孝胥管理内务府。郑孝胥主张履行条约，准备派庄士敦整修颐和园，并安排溥仪巡游颐和园。只是直奉开战，颐和园远在郊外，一旦兵火蔓延，恐有不虞，小朝廷手中又被财力限制，遂告中止。

张勋复辟时，溥仪年不过十二岁，属未成年人，尚未"亲政"，自然谈不上法律与政治责任。满人大臣，哪怕是铁杆保皇派，也基本未曾参与复辟，内务府大臣世续始终拒绝参与复辟。在张勋复辟中，出力最巨的，却是张勋、康有为、雷震春、顾瑗这些汉人。

就冯玉祥取消清室优待条件，唐绍仪曾道："此项条件有更改之必要，亦当以合法之程序表示其意。"通过强力手段改变优待条件，实如胡适当日所言："真是一件最不名誉的事。"

到了1926年，冯玉祥宣布下野，并准备将国民军退回西北，自己前往苏联考察。溥仪乘机命内务府致函国务院，要求归还故宫及私产。国务院审核后认为："民国十三年十一月五日之修正条件，并不苛刻，无再变更必要。"

　　此次以内务府的名义致函国务院，中间却又有故事。1925年4月16日，清室在景山西设清室办事处，取代内务府，管理清室经费及财产。待冯玉祥一走，1926年7月13日，溥仪又恢复内务府，命载润为内务府大臣。载润当即用内务府名义，以平行公函致国务院，要求点交故宫及其附属财产。①

　　国务院轻率接收公函，又发交内务部办理，激起舆论哗然。新闻界纷纷主张，应照处置"谋叛伪机关"方法，处置此内务府，逮捕伪内务府大臣载润云云。同时指责国务院接受所谓内务府平行公函，无疑是默认溥仪帝号。焦头烂额之际，国务院只能严厉训斥小朝廷。于是内务府名字再次被取消，又改为清室办事处。

　　到了1928年，国民党北伐成功，躲藏在天津日本租界的溥仪实际上已被遗忘。对于逊清小朝廷的优待条件与每年经费，自诩为革命政党的国民党，自然不会再拨付。为了管理清室内务府官房田地，国民政府财政部特意设立河北官产处，将逊清小朝廷管得服服帖帖。小朝廷一老实，地方上就有人不客气了。1928年9月间，有人抢占清室的官房和田地，擅立卖契。河北官产处致函溥仪时，称呼颇有意思，如"溥仪先生，请多加留意，派人接洽处理"云云。

　　1931年"九一八事变"之后，日本准备扶持溥仪做傀儡。溥仪离开天津之前，国民政府突然派人至天津劝说溥仪，称可以恢复优待条件，恢复帝号，每年全额照付优待费等。溥仪则愤恨地道："国民政府早干什么去了？优待条件废了多少年，这才想起来优待，我这个人是不受什么优待的。"此后的溥仪，走上了一条不归路。

---

　　①　《反对恢复十三年原状》，《申报》1926年7月21日。

三、内务府与溥仪的成长

　　慈禧、光绪去世之后，隆裕成了皇太后，也成了这国中最有权势的人。隆裕的一生很不幸福，光绪帝对她没有丝毫感情。对这位年长三岁的表姐，现在的皇后，光绪是没有兴趣的。据叶赫那拉氏后代回忆，隆裕曾自述，大婚当夜，光绪帝对着她大哭："姐姐，我永远尊重你，可是你看，我多为难啊。"

　　大婚后，光绪帝坚持不与隆裕同房，因为从各方面他都无法接受隆裕。隆裕性格木讷，长得也不是特别可人。据当时出入宫廷的西方人记述，隆裕不爱看书，对于宫中礼法也不熟悉。玉树临风的光绪帝极为厌恶她。太监李长安回忆："光绪带着一群太监，穿过皇后住处时，便命太监用力踏地作响而过，并以自己养的哈巴狗往皇后的帘子上小便为快事。"

　　慈禧临终时指定载沣为监国摄政王，遇有重大事件必须请皇太后懿旨，也就是由隆裕定夺，这也是她留给自己侄女的最后一份礼物。隆裕没有慈禧的手段和权力欲望，她一生没有爱情滋润，没有子嗣，世间的一切美好东西似乎都与她绝缘了。每每年幼的溥仪向她请安，她都忍不住要流泪，既是为自己的一生伤心，也是为这个幼童的纯真而开心。

　　溥仪过继给了同治帝和光绪帝二人，"承继同治，兼祧光绪"。可问题也很复杂，光绪帝遗留下了隆裕太后与瑾妃，同治帝则留下了三个妃子，分别是瑜皇贵妃、珣皇贵妃、瑨贵妃。溥仪在名义上有五个母亲，可清代宫廷规矩是"皇子称母后为皇额娘，妃嫔不能当也"。依照此，溥仪只能称隆裕太后为皇额娘，可从他又是同治帝的正统继子，兼祧光绪。同治帝的三个妃子曾一度与隆裕发生争执，但终究还是斗不过隆裕。

　　溥仪三岁入宫，虽是幼童，但一切供应，都依照皇帝的待遇来。御膳房每日里照常开火，照常给溥仪摆上几十种饭菜，可这些饭菜只是走个形式，摆个排场。年幼的溥仪所吃的食物，都是隆裕皇太后送来的。如宣统二年（1910）十二月初四，"皇太后赐万岁爷早晚膳荤菜各五品，饽饽各七品，粥各二品"。溥仪回忆道："太后或妃们有各自的膳房，用的是高级厨师，做的菜肴味美可口，每餐总有二十来样，这是放在我面前的菜。御膳房做的，都远远摆在一边，不过做个样子而已。"到了太后、太妃们生日时，溥仪也会命御膳房的厨师们做一些饭菜去孝敬。这时御膳房会卖力做些拿手菜，不敢敷衍。

溥仪到底是小孩，在宫中吃御膳吃得生厌，一次在宫中偶尔看到一盘栗子，立刻抓起来就咬，差点把牙咬下来。太监们就给他剥栗子，溥仪吃得不肯罢休，把小肚皮也吃胀了起来，饭也不肯吃一口。隆裕知道后，嘱咐此后只许溥仪吃稠米粥，吃得溥仪想吐。不久之后，溥仪在宫里玩耍，看到有个屋内放了食盒，乃是宫外各王府送来的贡品。溥仪兴奋地打开一个食盒，发现里头是酱肘子，抓了一个就啃。太监们吸取上次的教训，立刻把酱肘子抢了回来。溥仪又哭又闹，要吃酱肘子，太监们无奈，立刻将他抱走方才作罢。

宣统二年十二月除夕，溥仪在翊坤宫进早膳。早膳摆了菜二十八品，此外还有大碗菜四品，杯碗菜四品，碟菜六品，片盘二品，饽饽四品，另有火锅二品，分别是金银奶猪、口蘑烂鸭子。到了晚上，溥仪在养心殿进晚膳，有各类菜肴二十九品。晚膳上的这些菜肴，溥仪稍微吃一些之后，赏给了内殿总管谦和、谙达张得安、代班小太监等。菜虽然多，可与慈禧时期除夕夜的热闹光景比起来，此年的除夕已冷清了很多。

宣统三年（1911），辛亥革命爆发之后，隆裕对外界的一切也都无所谓。当南北两方代表反复磋商，开价四百万两，达成了清帝退位的协议时隆裕也无所谓，这么多银两，足够维持她在宫中的奢华生活。清廷退位之后，在紫禁城的小朝廷中，隆裕的一切待遇照旧，由中华民国来供养她。1913年2月22日午后二时半，隆裕因病逝世。隆裕去世前指了指小皇帝溥仪，对着前清王公大臣道："他太小，你们不要难为他。"当日在侧者除载沣外，不过世续、绍英、庆芳三人而已。当时的中华民国各政府机关下半旗，并由中华民国承办了一场盛大国葬。隆裕去世后，由还活着的四位太妃继续给溥仪送菜。

溥仪在故宫之中渐渐长大，他也未曾被淡忘，旧历正月十三日系溥仪生日，此日民国政府都要遣使问候。1917年，大总统黎元洪特派内务总长范源濂为专使，前往代祝寿辰并送礼物数件。此日，大总统指派侍卫武官四人随同专使同行，由东华门至武英殿，逊清皇室派员招待，带入西新门内，内务府于此处已备好肩舆。自隆宗门至乾清门阶前下舆，步行入门，再至上书房小憩。随后由逊清内务府大臣二人引导至乾清宫。专使及门脱帽，进门后一步行一鞠躬礼，三步三鞠躬后，口述颂词，递如意等礼物。

溥仪长大之后，口味也渐渐开始改变。他喜欢吃野味，特意设置了烹调野味的膳房。他也喜欢吃宫外的菜，特别喜欢紫禁城外围西北角楼下的城隍庙内一家铺子里的苏造肉与火烧。溥仪要吃苏造肉时，御膳房就派人到铺子里来买。宫里的太监们也很喜欢吃。苏造肉铺子生意火爆，五个伙计中有三个专门往宫里送货。溥仪的英文老师庄士敦进入紫禁城后，受老师的影响，溥仪生活开始西化，对西餐产生了兴趣。

1921年，溥仪已满十六岁，依照清室惯例，要为他预备订婚。此前曾有人提议以徐世昌的女公子许配宣统，讨论了数年，没有结果。此年宫中之事，由光绪帝瑾贵妃做主，溥仪的婚姻也是。瑾贵妃之意，欲订婚徐氏，一以结托名门，一以调和汉满之计。但溥仪之生母为摄政王载沣福晋瓜尔佳氏，乃是前清大学士荣禄之女。

荣禄有子良揆，即京津间所称为良三者，良揆有女，与宣统年岁相若，丰姿秀丽。瓜尔佳氏以姑侄关系，非常希望宣统迎娶良氏，继续旧姻。由是瑾贵妃与瓜尔佳氏之间意见颇不一致，而溥仪之意则颇倾向于生母。

溥仪因御医赵子勤每日进宫，诊视平安脉，很不满意，一度向瑾贵妃请求撤换赵子勤，改派御医范雨梅入宫诊看。瑾贵妃不允许，溥仪大怒，直接派范雨梅为长春宫、永和宫、重华宫协理，每日入宫把脉。瑾贵妃气极，与溥仪大起冲突。溥仪与瑾贵妃发生纠纷后，即召溥仪生母瓜尔佳氏入宫斡旋。

瓜尔佳氏留居宫中三日，正好就溥仪的婚姻问题进行商量。瑾贵妃态度强硬，坚持溥仪的婚姻当由宫中做主，非宫外之人所能干预，双方闹得很不愉快，瓜尔佳氏还被瑾贵妃训斥。瓜尔佳氏于二十八日晚五时出宫，八月二十九日夜十时逝世，一说是吞下鸦片烟自尽。

九月初一日，载沣于早五时至神武门外等候启门进宫，将瓜尔佳氏去世一事奏知。溥仪闻奏，立即要赴醇王府看视生母死状。贝勒载涛将汽车驶至神武门内月华门旁，溥仪师傅陈宝琛随侍，载涛贝勒开车，乘汽车出神武门、东方门、地安门至醇王府探丧。溥仪因痛生母暴亡，不肯还宫，经陈宝琛等再三跪请，始挥泪而出，才乘汽车还宫。

溥仪生母去世后，溥仪的婚姻问题也被定下来。在选秀时，溥仪第一个圈中者为文绣而非婉容，但文绣家世、长相都比较普通，在瑾贵妃的坚持下，溥仪只好选定婉容为皇后。但文绣既被皇帝圈上了，也不能再嫁别的人，于是成为妃子。

清代皇帝的婚礼，从各种礼物、迎娶皇后、大婚礼仪、册立皇后的金册、大婚轿舆、婚礼宴席等均由内务府一手操办，此时仍旧。1922

年12月，溥仪迎来大婚。此年旧历十月十二日丑时，淑妃文绣入宫。旧历十月十三日寅时，皇后婉容入宫。十四日，皇后出神武门，入北上门至寿皇殿行礼。十五日午时，溥仪升乾清宫受贺。清后婉容，为长顺孙女、毓朗外孙女，其父为内务府大臣荣源。此次婚礼，民国大总统致送荣宅（后邸）奁仪四色、三镶如意一柄、百鸟朝凤银瓶一对、湘绣挂屏四幅、印度花衣绸料四色。前清遗老贺喜者甚众，送礼最厚者，徐世昌二万元、张作霖三万元、张勋一万元、陈伯陶一万元。

此番迎皇后入宫时，还是比较风光。皇后凤舆前有内城守卫队、军乐队各一队，旗锣伞扇四十对、牛角灯八十个，均皆点着。护军巡察二百余名，内有六十名分在凤舆两旁，每名各提美式小提灯。着朝服备差人员五百余人，乘马官员二十余人，有一人手举皇帝圣旨。迎亲官员有醇王载沣及各贝勒，内务府正堂均乘黄鞍白马，两旁气死风灯八个，周围护军巡警一百余名保护。

溥仪结婚后，皇后婉容过惯了西式生活，喜欢看电影、吃西餐。婚后第三天，溥仪特意举办了一次西式酒会，招待前来祝贺的各国驻京使节。到了1923年，溥仪在宫内开设了番菜厨房，专门制作西餐，又将御茶膳房裁撤，设立野意膳房，负责中餐。野意膳房高薪聘请了两名大厨郑大水、宋登科，每日列出菜单，由溥仪挑选出几样菜来烹制。这样节省了人力和食材，也提高了菜点的品质。

溥仪的菜单丰富，也有了很多变革。此时，作为以往宫廷菜标配的燕窝不再出现，以前皇室餐桌上雷打不动的烤鸭也已消失，至于让溥仪一见生厌的饽饽，更是无影无踪。一些食材如海参、鱼翅之类，在以前的宫廷菜中用得并不多，此时开始成为主角。宫外的各种菜肴，如酱肘子、熏肝之类也被采纳。可以说，现在的菜是溥仪自己真心想要吃的，而不是以前为了仪式化的表演而端出来的。

1924年11月5日（旧历十月初九），溥仪被从紫禁城驱逐。当日一早，鹿钟麟、张璧、李煜瀛等入宫，先割断电话线，又在各门布置士兵，不许宫内人员随意走动。鹿钟麟、张璧、李煜瀛等直奔溥仪住所，由内务府大臣绍英出面交涉。绍英得知要驱逐溥仪出宫后，对李煜瀛道："你是故相李鸿藻的公子吗？何忍如此？"又对鹿钟麟道："你是故相鹿傅霖一族的，何苦逼迫？"鹿钟麟不多废话，当即勒令三个小时内必须出宫。经过绍英交涉，方才答应推迟到下午三时出宫。

溥仪传知各宫太监、宫女，收拾细软物件，准备出宫，又出内帑给宫中尚存太监，每人发洋十元，宫女给发洋八元。经过去岁清理之后，宫内尚有太监四百七十余人，宫女百余人，突然得到遣散的消息，宫内一片混乱。绍英又令各守宫太监仍旧执行职务，宫内悬挂之宣统十六年十月初八日牌示，即行摘去。

溥仪出宫后，仍然留在宫中者，尚有瑜、瑨两名太妃，二人均为同治帝妃。①瑜皇贵妃已达六十九岁高龄，瑨贵妃也年近古稀，虽有冯玉祥军令，命立刻迁出宫外，内务府大臣也再三劝告，二太妃不为所动。

溥仪一行，于当日下午四时十分出宫，乘汽车至醇王府。宫内各太监宫女除少数居留原处外，其余全数出宫。溥仪近身亲随太监、宫女十数人，也随同至醇王府，余人概行散居各亲友处。瑜、瑨两太妃此前之所以不肯出宫，盖恐私人物品银钱不能带出。此后冯玉祥军表示，对于非古董之物品及私人金钱，并无留难之意。两太妃放下心来，决定在旧历十月二十五日出宫。此后宫中再无清室。

1925年2月，溥仪出京跑到天津隐居。在天津，他身着西服、戴墨镜、说英语，还设立洋膳房专门为他做西餐。有时他也会与婉容一起到

---

① 1921年，同治帝珣皇贵妃去世。1924年10月，光绪帝瑾贵妃病逝。

天津租界利顺德饭店、起士林去吃西餐，他尤其喜欢起士林的点心、奶油蛋糕和三明治。往日的皇帝出了清宫，没了内务府，仿佛稍微有了些自由。

四、翻身做主的假包衣

清代就旗人身份有严格规定，八旗户口由户部管理，建有户籍档册。旗人以所属旗为籍贯，不说居住地，只说某旗某牛录。档册三年编审一次，以杜绝冒入旗籍者。冒入旗籍主要有两类，一是民人冒入旗籍，冒领粮饷；二是旗人抢养民人之子，冒入旗籍，挑补钱粮。民人冒入旗籍者会被严惩，"原系民人继嗣，冒入旗人册档者，系官革职，无职人鞭一百"。旗人领养非旗人之子，都要被追究。"另户旗人抱养民人之子及家人之子为嗣者，从重治罪。民人之子，自幼随母改嫁与另户旗人者，该旗详记档案。俟其成人后，令其为民。"①

道光元年（1821），大学士伯麟上奏陈述八旗弊端。在奏折中，伯麟提到了八旗存在抱养冒饷的现象。因为八旗子弟每月多有禄米供养，故而无子的旗人多去领养他人子弟，以图将这份禄米传承下去。道光帝令八旗都统在三个月内严密查访冒籍者，如果自行呈报，一概免罪。八旗都统调查之后发现民人而冒入旗籍者有二千三四百人。②

此次冒籍者都被道光帝免罪，只是另册注明。此后多年，随着八旗户籍的管理变得松弛，冒籍现象屡屡出现。至光绪朝时，舆论甚至认为："八旗官兵，半系民人。语虽近激，非过论也。"老舍《正红旗

①　《清文献通考》卷二十《户口考》，清文渊阁四库全书本。
②　[清]王先谦：《东华续录》（光绪朝）光绪一百二十，清宣统元年上海集成图书公司本。

下》中也有描述："金四把叔叔送给了大姐的公公两只大绵羊，就居然补上了缺，每月领四两银子的钱粮。"

光绪年间，顺天府宛平县有一平民赵永儿，其父赵福在长芦盐运使恒庆府中担任门丁。赵永儿在恒庆府内两年，跟随画师于少兰学画，竟也得了真传。两年后，赵永儿回京，一度曾投在伯彦讷谟祜（双亲王僧格林沁之子）府为奴。之后，赵永儿上下打点，得以冒入内务府镶黄旗汉军，改名庆宽。

同治十三年（1874），二十六岁的庆宽以内务府旗人的身份向户部报捐监生并笔帖式。光绪二年（1876），庆宽加捐主事。光绪三年，清廷令主事庆宽以员外郎遇缺即补，先换顶戴。庆宽混入内务府，攀附权贵，竟然混出了头。张謇曾云："赵庆宽为醇邸旧人"，指庆宽搭上了醇亲王奕譞这条线，且关系匪浅。

光绪十一年，内务府员外郎庆宽协助正蓝旗满洲副都统耀年办理左翼税务。此事完成后，庆宽进入内务府广储司银库任职，负责保管金、银、珠、玉、珊瑚、玛瑙、宝石、朝珠等物，这也是内务府的肥差之一。

光绪二十年六月，御史钟德祥弹劾庆宽，所列罪状主要有：庆宽系顺天府宛平民籍，本非旗人，冒入内务府镶黄旗汉军赵姓，改名庆宽。之后，庆宽冒捐员外郎，兼银库差使，又总办各要务，盘踞把持，于应发库款，必密令扣除三个月息银，侵吞银两以万数计，招摇纳贿，百弊丛生。庆宽在银库任职七年，大发横财，所居豪宅规式逾制。内务府当即派人就弹劾的内容加以调查。

就庆宽本系顺天府宛平民籍一事，年代日久，根本无法查证。就庆宽冒充内务府镶黄旗汉军一事，内务府存储档案的库房年久失修，上一年大雨渗漏，以致档案霉烂不全，也无法查证。

就庆宽冒捐员外郎一事，户部查核之后称，庆宽系由幼丁报捐监生，并非由官学生报捐。光绪十年（1884）以前的户口册中均称之为"闲散人庆宽"，直至光绪十三年册内才改为员外郎庆宽。核对庆宽出身年岁及其母妹年岁，均属不符，故而户部认为，庆宽身家不清，冒入旗籍，不无可能。

就庆宽把持银库一事，内务府回复称，银库差事必须使用熟手。庆宽熟悉银库情况，是以循例长期任职，此事也得到过皇帝批准，奏明在案。此外，银库发放库款，一直按照内务府各司处应领数目，呈堂批定，四库官共同拨发。近年来遇到急需用款时，须先向银号借贷，按一分五厘出息，内务府各部门前来领取款项时，要事先扣下三个月息银。如内务府银库有存银，仍以实银发放，不扣除利息。扣除息银一事，系内务府所商定办法，非庆宽个人所定。调查后内务府认为，庆宽虽然房宅精丽，炫人耳目，但并非从银库中侵吞钱财。

最后清廷议定，庆宽久任银库，外界议论沸腾，难保没有营私舞弊之事。至于庆宽户口册档中的出身履历，种种不符，尤其明显。故着内务府将银库员外郎庆宽即行革职。至于旗籍问题，现因档册霉烂不全，应由内务府彻底清查后，照例办理。另着步军统领衙门，将庆宽房屋财产查抄，以示惩戒。

庆宽被处分后，暂时退出官场，不想乃弟又闹出风波。光绪二十三年三月，有民人于锡芬向都察院控告浙江于潜县前知县文玉，即庆宽之弟赵文玉。话说庆宽自豪宅被查抄后，由东城移居到西城，乃弟赵文玉也在西城大角胡同添置住宅，将一口官井一起圈入宅内。北京的水井素来分官井与私井，官井旁边设水屋，放有运水车等工具，由专门的营业者和水夫经营。于锡芬以挑水为生，现在官井被占，生计无着，是以控告。经查核之后，确定此口井实系官井，都察院多次传赵文玉过来质讯，赵文玉却抗拒不肯到案。都察院知会步军统领衙门，将赵文玉押解到案，并拆除其房宅围墙，恢复官井。此案之中，赵文玉目无法纪，又被人揭发冒充旗籍，即行革职。经由乃弟一案，庆宽继续韬光养晦，低调钻营。

到了光绪二十五年（1899），经御史杨崇伊保荐，庆宽、刘学询二人奉命出使日本，考察商务。刘学询是广东香山人，进士出身，却在广州通过彩票成为巨富。在日本，刘学询竟然与孙中山多次秘密会晤。一说刘学询、庆宽此行的主要目标是刺杀康有为、梁启超，故而联络孙中山，至于真相如何，却是不得而知了。在日本，刘学询、庆宽拜访了日本天皇及伊藤博文、山县有朋等政界要人，也考察了日本的工商企业，回国之后撰写了系列考察报告。

此番去日本考察商务，头脑灵活的庆宽大开眼界，回来积极运作，准备重新出山。光绪二十八年二月二十九日，清廷下令，已革花翎三品衔内务府员外郎庆宽，准其开复原官衔花翎。光绪二十九年七月，一度有消息传出，拟放庆宽为苏松太道。苏松太道乃中国最富裕之地，庆宽对此也是充满期待，但终究未曾得手。

光绪三十年六月，张謇刻成《日本宪法》，"以十二册由赵竹君（凤昌）寄赵小山（庆宽），径达内廷"①。能将书籍直接送入宫中，可见庆宽此时颇有能量。苦等两年之后，光绪三十二年（1906）十月，庆宽总算得到任命，补授江西盐法道一职。庆宽还未就任，即遣人采购价值十余万两白银的江西各类瓷器运入京师，分赠于邸第相府，以为酬劳。庆宽为人，小有才识，善于运作，精于逢迎，在京师四处钻营，虽一度去职抄家，却能再度崛起。

到江西就任之后，庆宽很积极，奔波各地，处理要务，更推行新政，

---

① 李明勋、尤世玮主编：《张謇日记》，上海辞书出版社2017年版，第1020页。

让人刮目相看。光绪三十三年八月，江西宁都州地方，温黄两姓爆发大规模械斗，地方文武出兵弹压。黄姓将领兵的刘千总囚禁，殴伤勇丁，并杀死温姓多人。庆宽迅速赶到当地，布置弹压，迅速处理完这场风波。

光绪三十四年四月十五日，暂代江西按察使的庆宽上《条陈官膏办法》，建议将所有鸦片由官方收买，在京师创总公司，发行膏票，官方专卖鸦片。就鸦片专卖，度支部商讨后认为，官方出资将鸦片全部收购需要大量款项。此时清廷财政窘困，根本没有财力推进，此议不了了之。此年庆宽还在江西推行新式监狱，绘定图纸，拨款三万两，重建南昌府、南昌县、新建县三处监狱，加以示范。

宣统元年（1909），庆宽又在监狱中推行"罪犯习艺所"。从监狱中挑选资质上佳、可以改造的犯人，由工匠分别教导，学习织造洋布、毛巾、肥皂，制作木器及军队所用操靴等手艺。监狱所出各类货品在市场上颇受欢迎。此年三月，江西巡抚冯汝骙上奏，称盐法道庆宽患病，请准回京，"奉朱批。着毋庸议"。此时恰逢清末新政，事务繁多，庆宽这样的官员被清廷视为人才，正当大用，自然不许他回京。

宣统二年十月初九，庆宽再次恳请开缺，要回旗修墓，经江西巡抚冯汝骙上奏后，得到许可。宣统三年，庆宽之子迎娶旅赣大富翁朱培真之侄女为媳。二月二十三日，在庆宽寓所，迎婚成礼，官场道贺，极为繁忙。此后新夫妇回门时，朱氏三百余名用人，先期开单，预备庆宽给赏。不料庆宽看了名单之后，认为朱氏并无许多用人，必系朱氏写手浮报，想要蒙骗钱财，扬言要将朱氏写手送官法办。大喜之事却闹出这等纠纷，经过友人劝解，庆宽出大洋四十块，了结此事。

忙完儿子婚礼，庆宽跑去上海游历一番，四月由沪回京。张謇知道庆宽在内廷有些路子，在其临行之前，"属其痛切密陈，勿以国为孤注"。此时清末危局已深，举国骚然，朝野上下，人心惶惶，嘱咐完毕，张謇长叹："可惧也！"但他托庆宽的进谏，并未能影响到摄政王载沣，辛亥革命的爆发不可阻挡。

进入民国之后，庆宽家财万贯，更精于古玩鉴定，日子过得极滋润。庆宽之画在当日颇有名气，所画佛像尤其备受追捧，在京师也是一方名角。1913年，承德避暑山庄发生宫廷文物大规模被窃事件。这批文物被窃取后，北京各家古玩店纷纷派人前去收购。案发之后，民国政府内务部进行了调查，牵涉到永宝斋、隐秀斋、延清堂、仿古斋、三合斋等古玩店，庆宽也无端卷入此案。

据警方称，东四牌楼永宝斋店主贾某供称，庆宽曾劝他前往热河购买清宫古物。巡警总监吴炳湘派徐麟臣前去调查。徐麟臣初访庆宽时，想要敲诈钱财，再三诱导暗示，庆宽只答以："我实不知。"徐麟臣拍案大骂，将庆宽带去警察厅，由总监吴炳湘亲自讯问。及至警察厅，总监吴炳湘含糊云："这是大总统要这样办，你总得替我想个法子下台吧。"其潜台词乃是让庆宽花钱消灾。

庆宽唯唯而退，却理解错了意思，只以为吴炳湘所云下台的法子，不过是面子，乃具保于警厅，自以为给足警察厅面子。不想保结递进后，总监吴炳湘大骂："庆宽不替我帮忙，反来坏我的事。"于是庆宽第二次被带到警察厅讯问。

此前庆宽劝贾某赴热河一事已经由贾某亲自招供画押。庆宽提出要与贾某当面对质，警察厅同意。待贾某来后，庆宽问："你认得我是谁？"贾某答："不认得。"庆宽问："你何以供我劝你赴热河，买清宫古物？"贾某狐疑道："我何时曾供过？"在场的警察当即将贾某画押供词出示，贾某恍然大悟道："这我就真是糊涂了，想系在厅上被刑讯时，把我弄昏了。我就乱供，这却是没有的事。"由此庆宽乃得脱。庆宽之所以被列入供词，实是其大名在外，警察厅想乘机敲诈钱财而已。

在民国的政坛上，庆宽也小试牛刀。1918年，庆宽以赵庆宽之名当选为京兆地区的议员。1921年5月6日，大总统任命庆宽为正蓝旗蒙古副都统。庆宽蒸蒸日上时，清室却日益窘迫，民国政府长久未曾拨出清室优待经费，每遇年节开支，小朝廷只能靠变卖古董维持。1923年，清宫之中出售了两批古董，委托往日的内务府"奴才"庆宽鉴定，也节省了一笔鉴定费用。

庆宽以一社会底层、冒籍旗人，混上了内务府肥缺，家财巨万。被人弹劾，抄家去职后，却能再度崛起，在晚清民国呼风唤雨，颇有传奇色彩。至庆宽去世之后，围绕他有一些传说，被后人津津乐道。其中最有名者，一是说他敲诈光绪帝；二是他奉旨设计绘图，颐和园各处宫殿楼台，均出自他的手笔。《春明梦录》中记载，光绪二十年（1894），慈禧太后六旬寿辰，光绪帝想要送个镯子给太后做礼物，命庆宽准备。庆宽备了四个镯子，光绪帝拿了，献给太后挑选，结果这四个镯子都被太后看中了。事后光绪帝问庆宽价格，庆宽报价四万两，光绪帝惊呼："岂不是要抄我家了。"慈禧太后生日是十月初十，而光绪二十年的六月，庆宽已被人弹劾去职，根本不可能见皇帝。庆宽虽然画技精湛，可还不至于由他来设计颐和园，各类档案资料中也未有他参与颐和园设计的记录。可见这两个传说，不过是民国文人的遐想罢了。

后　记

大约在2017年，央视《探索·发现》栏目的司老师从北京赶到苏州，与我吃了个饭，探讨了下纪录片的选题。当时我刚刚完成《军机处》的书稿，与司老师聊天时，他提到了一个很有意思的选题——内务府，我当即被这个选题吸引。

之后与浙江人民出版社的编辑接触，他们也对这个选题感兴趣。于是，我进入了系统的写作环节。不过，本书在写作过程中仍有诸多困扰之处，从资料上来讲，目前虽有诸多与内务府相关的史料整理出版，但这些史料于本书的可读性上不会有太大的帮助。

本着自己的爱好，我选择了一些小选题切入，在几个小选题的基础之上，扩大、外延，进而形成章节，再形成系统的书稿。我对这些小选题的写作是比较满意的，如对清代的鹿尾与君臣关系的描写，探讨了一根普通的鹿尾如何在清代身价倍增，被列入"八珍"，受到达官显贵们的追捧；再如探讨了貂皮背后的系列争端，清廷对貂皮贸易的垄断等。

此种小选题，既是对往昔社会生活史的探讨，也是从新的角度切入政治史。我是颇为享受这种写作过程的。写作之后，部分文章发在"澎湃新闻·私家历史"上。在此种平台上，文章的阅读者反而比学术杂志更多。

受到时间与日常精力的限制，稿件的写作是相当紧张的，只能忙里偷闲，利用寒暑假的时间。在忙碌近两年之后，书稿最终形成。之后，送交给第一历史档案馆赵增越先生修改，赵先生对全书文稿的修改让我大受启发，在此对赵先生的学养与敬业精神表达深深的敬意，也向赵先生表达谢意。但对于书稿，我仍然有诸多不满意之处，在今后会进一步完善修改。

在本书的写作中，我接触到了一些学者的作品，如祁美琴、腾德勇等的专著、文章。他们对内务府的掌握、对史料的运用乃至对选题的把握，都让我钦佩。本书的写作是建立在这些学者的基础之上的，在此也向他们表示敬意与谢意。

由于功力欠缺，本书必然有诸多不足之处，恳请各位读者指正、包涵，并期待与读者朋友进一步交流。

袁灿兴

2022年4月29日